日本語の文法

高橋太郎
［他著］

ひつじ書房

目次

第1章　文法とはなにか

1. 文法とはなにか —————————————————————— 1
    1.1. 文と単語の分化 ————————————————————— 1
    1.2. 文法と語彙の分化 ———————————————————— 3
    1.3. 形態論と統語論 ————————————————————— 3
2. 文と単語 ————————————————————————— 4
    2.1. 文について ——————————————————————— 4
    2.2. 単語について —————————————————————— 5

第2章　文のくみたて

1. 文の拡大 ————————————————————————— 7
2. 文の部分の種類 ——————————————————————— 8
    2.1. 主語と述語 ——————————————————————— 9
    2.2. 補語 ————————————————————————— 9
    2.3. 修飾語 ————————————————————————— 11
    2.4. 状況語 ————————————————————————— 12
    2.5. 規定語 ————————————————————————— 14
    2.6. 陳述語 ————————————————————————— 15
    2.7. 独立語 ————————————————————————— 15
    2.8. 側面語 ————————————————————————— 16
    2.9. 題目語 ————————————————————————— 16
3. 主語と述語 ————————————————————————— 17
    3.1. 主語と述語の意味的な関係 ————————————————— 17
    3.2. 主語になる「〜は」と「〜が」のかたち ———————————— 19
4. 文の部分の省略 ——————————————————————— 20
    4.1. 主語がないのがふつうである文 ———————————————— 21
5. 文のパターン ———————————————————————— 22

第3章　名詞(1)　名詞とは

1. 名詞とはなにか ———— 25
   - 1.1. 名詞の意味 ———— 25
   - 1.2. 名詞の，文中でのはたらき ———— 26
   - 1.3. 名詞の語形 ———— 26
   - 1.4. 名詞の定義 ———— 31

第4章　名詞(2)　格

1. 格 ———— 33
   - 1.1. 格 ———— 33
   - 1.2. 格と連語 ———— 34
2. 格形式の用法(1)　連用格 ———— 35
   - 2.1. ハダカ格 ———— 35
   - 2.2. ガ格 ———— 35
   - 2.3. ヲ格 ———— 36
   - 2.4. ニ格 ———— 37
   - 2.5. ヘ格 ———— 39
   - 2.6. デ格 ———— 40
   - 2.7. ト格 ———— 41
   - 2.8. カラ格 ———— 42
   - 2.9. マデ格 ———— 44
   - 2.10. マデニ格 ———— 45
   - 2.11.「—より」について ———— 45
3. 格形式の用法(2)　連体格 ———— 46
   - 3.1. ノ格 ———— 46
   - 3.2. ヘノ格 ———— 48
   - 3.3. デノ格 ———— 48
   - 3.4. トノ格 ———— 48
   - 3.5. カラノ格 ———— 49
   - 3.6. マデノ格 ———— 49

第5章　名詞(3)　特殊な名詞

1. ふつう名詞と固有名詞 ———— 51

- 2. 代名詞 —— 51
  - 2.1. 代名詞 —— 51
  - 2.2. 人称代名詞 —— 52
  - 2.3. 指示代名詞 —— 53
- 3. 数量名詞 —— 56
- 4. 形式名詞 —— 56

第6章 動詞(1) 動詞とは

- 1. 動詞とはなにか —— 59
  - 1.1. 動詞の意味 —— 59
  - 1.2. 動詞の，文中でのはたらき —— 60
  - 1.3. 動詞の，文中での語形変化 —— 60
  - 1.4. 動詞の定義 —— 61
- 2. 動詞の活用 —— 61
  - 2.1. 動詞の基本的な語形変化 —— 61
  - 2.2. 機能による語形変化 —— 63
  - 2.3. ムードによる語形変化 —— 64
  - 2.4. テンスによる語形変化 —— 65
  - 2.5. ていねいさとみとめかたによる文法的派生動詞 —— 65
  - 2.6. 基本的な活用表のくみたて —— 65
  - 2.7. いろいろな文法的カテゴリーの動詞 —— 66
  - 2.8. マークされない語形とマークされた語形 —— 67
- 3. 他動詞と自動詞 —— 67
  - 3.1. 動詞の格支配 —— 67
  - 3.2. 他動詞と自動詞 —— 68

第7章 動詞(2) ヴォイス

- 1. ヴォイスとはなにか —— 71
  - 1.1. 動詞のあらわす動作への参加者と文メンバーの関係 —— 71
  - 1.2. 構文論的な側面と形態論的な側面 —— 72
- 2. ヴォイスの種類 —— 72
  - 2.1. 能動態（はたらきかけのたちば）と受動態（うけみのたちば） —— 72

    2.2. 使役態 ——————————————————— 73
    2.3. 相互態 ——————————————————— 73
    2.4. 再帰態 ——————————————————— 73
  3. うけみの用法 ——————————————————— 74
    3.1. 能動と受動の，3種類の対立構造 ——————————— 74
    3.2. 第3者のうけみ（めいわくのうけみ）———————— 75
  4. 使役動詞の用法 ——————————————————— 76
    4.1. 本来の使役 ———————————————————— 76
    4.2. 許可・放任の使役 ————————————————— 77
    4.3. 他動詞相当の使役 ————————————————— 77

第8章　動詞(3)　テンスとアスペクト

 I テンスとアスペクトについての基本的なこと ——————— 79
 1. テンスとアスペクトの4語形 ————————————— 79
 2. アスペクト ——————————————————— 80
    2.1. アスペクト．そして，その2語形：完成相と継続相 —— 80
    2.2. 動作動詞と変化動詞 ————————————————— 81
    2.3. 完成相と継続相の基本的な用法 ———————————— 82
 3. テンス ——————————————————— 83
    3.1. テンス．そして，その2語形：非過去形と過去形 ——— 83
    3.2. 完成相のテンスと継続相のテンスの基本的な意味 ——— 84
 4. アスペクトとテンスの関係 ———————————————— 84
    4.1. 完成相の非過去形が現在をあらわさず，
        継続相の非過去形が現在をあらわす理由 ———————— 84
    4.2. 完成相の非過去形が現在の運動をあらわすとき ———— 85
 II アスペクトにかかわって ————————————————— 86
 1. 完成相の用法 ——————————————————— 86
    1.1. 〈運動のまるごとのすがた〉 ————————————— 86
    1.2. 〈動作が進行のなかにあるすがた〉 —————————— 86
    1.3. 〈状態をあらわすばあい〉—————————————— 86
    1.4. 〈はなし手のこころのうごきをあらわすばあい〉———— 87
 2. 継続相の用法 ——————————————————— 87

2.1. 〈持続過程のなかにあるすがた〉─────────── 87
　　2.2. 〈くりかえし過程のなかにあるすがた〉─────── 87
　　2.3. 〈ある局面の完成後につぎの局面のなかにあるすがた〉
　　　　〈パーフェクトの用法〉──────────────── 88
　　2.4. 〈以前の動作やできごとを経歴・記録としてあらわすすがた〉─ 90
　3. アスペクトからの解放 ────────────────── 90
　Ⅲ テンスにかかわって ─────────────────── 91
　1. 非過去形がテンスから解放されるとき ─────────── 91
　2. のべたて形の過去形が特殊なモーダルな意味をあらわすとき ── 92
　Ⅳ くみあわせテンス形式に相当する継続相の用法について ──── 94
　1. 以前をあらわす「シテイル」形式 ────────────── 94
　　1.1. 終止形でない用法 ────────────────── 94
　　1.2. 前非過去形と前過去形に相当する「シテイル」と「シテイタ」── 95

第9章　動詞(4)　いろいろなカテゴリーの動詞

　1. いろいろなカテゴリーの動詞のつくりかた ─────────── 97
　2. アスペクトにかかわる動詞 ───────────────── 98
　　2.1. してある ───────────────────── 98
　　2.2. してくる ───────────────────── 99
　　2.3. していく ───────────────────── 100
　　2.4. 不完成相とのかかわり ───────────────── 101
　3. 局面動詞 ───────────────────────── 102
　　3.1. しはじめる ──────────────────── 102
　　3.2. しつづける ──────────────────── 102
　　3.3. しおわる ───────────────────── 102
　　3.4. してしまう ──────────────────── 102
　　3.5. しようとする ─────────────────── 103
　4. もくろみ動詞 ──────────────────────── 103
　　4.1. してみる ───────────────────── 103
　　4.2. してみせる ──────────────────── 104
　　4.3. しておく ───────────────────── 104
　5. やりもらい動詞 ─────────────────────── 105

- 5.1. してやる（あげる・さしあげる） —— 106
- 5.2. してくれる（くださる） —— 107
- 5.3. してもらう（いただく） —— 107
- 5.4. サービスの方向 —— 108
6. 可能動詞 —— 110
    - 6.1. うけみ形式と可能形式 —— 110
    - 6.2. 3種の可能動詞 —— 111
    - 6.3. 可能動詞の意味 —— 111
    - 6.4. 自発について —— 114
7. 尊敬と謙譲の動詞 —— 114
    - 7.1. 尊敬の動詞 —— 114
    - 7.2. 謙譲の動詞 —— 115
    - 7.3. 敬語動詞といろいろなカテゴリーの動詞 —— 115
8. 仮定動詞 —— 116
9. 例示動詞 —— 119
10. 経験動詞 —— 119
11. 文法的な派生形容詞 —— 122

第10章　動詞(5)　動詞が文の述語でなくなるとき

1. 機能に影響される動詞の性格 —— 123
    - 1.1. 動詞の機能と品詞性 —— 123
    - 1.2. ムード語形でない連体形 —— 123
2. 連体形の動詞の形態論的な性格 —— 124
    - 2.1. 絶対的なテンスと相対的なテンス —— 124
    - 2.2. 運動から解放された連体形 —— 126
    - 2.3. 形容詞的になった動詞の連体形（動詞の連体形から形容詞へ）—— 126
    - 2.4. 関係をあらわす連体形 —— 127
3. 動詞が中止形になったとき —— 128
    - 3.1. 述語の性格をうしなわない中止形のいろいろ —— 128
    - 3.2. 中止形の動詞が述語性をうしなうとき —— 129
    - 3.3. 動詞の中止形から副詞へ —— 130
    - 3.4. 動詞の中止形から後置詞へ —— 132

        3.5. ならべたて形 ———————————————————— 133
    4. 副動詞 ———————————————————————— 134
    5. 動名詞 ———————————————————————— 136

第11章　形容詞

    1. 形容詞とはなにか ——————————————————— 137
        1.1. 形容詞とはなにか ——————————————————— 137
        1.2. イ形容詞とナ形容詞 —————————————————— 137
    2. 属性形容詞と感情形容詞 ——————————————— 140
        2.1. 属性形容詞と感情形容詞 ———————————————— 140
        2.2. 属性形容詞述語文の構造と，感情形容詞述語文の構造 ——— 141
        2.3. 感情形容詞の周辺 —————————————————— 142
    3. 形容詞のテンスについて ——————————————— 143
        3.1. テンスから解放されるときと，テンス的な意味があるとき —— 143
        3.2. 過去の特定時に成立したものごとの特性をのべるとき ——— 144
        3.3. 形容詞の過去形が感情調をおびるとき —————————— 145
    4. 述語名詞の活用 ——————————————————— 146
    5. 用言的なカテゴリーと動詞的なカテゴリー ———————— 148

第12章　副詞

    1. 副詞とはなにか ——————————————————— 151
        1.1. 副詞とはなにか ——————————————————— 151
        1.2. 「〜く」「〜に」は副詞か，形容詞か ——————————— 151
        1.3. 副詞のとりたて形 —————————————————— 152
    2. 副詞の種類 ————————————————————— 153
        2.1. 情態副詞 ————————————————————— 153
        2.2. 程度副詞 ————————————————————— 154
        2.3. 時間副詞 ————————————————————— 155
        2.4. 陳述副詞 ————————————————————— 155

第 13 章　陳述副詞

1. 陳述副詞とはなにか ——————————————————— 157
2. 陳述副詞の種類 ———————————————————— 158
   - 2.1. ムード副詞 —————————————————— 158
   - 2.2. 評価副詞 ——————————————————— 159
   - 2.3. とりたて副詞 ————————————————— 160

第 14 章　接続詞

1. 接続詞とはなにか ——————————————————— 163
2. 接続詞の種類 ————————————————————— 163
3. 接続詞への転成 ———————————————————— 165
   - 3.1. 接続詞の出発点 ————————————————— 165
   - 3.2. 接続詞のタイプ ————————————————— 165
4. 接続詞の機能 ————————————————————— 166
   - 4.1. 節と節との接続 ————————————————— 166
   - 4.2. 文と文との接続 ————————————————— 167
   - 4.3. 単語と単語の接続 ———————————————— 170
5. 接続詞と陳述副詞のちがい —————————————————— 171

第 15 章　感動詞

1. 感動詞とはなにか ——————————————————— 173
2. 感動詞の種類 ————————————————————— 173
3. 感動詞の諸性格 ———————————————————— 175
   - 3.1. 感動詞による独立語 ———————————————— 175
   - 3.2. 感動詞の自然性と言語性 —————————————— 176
   - 3.3. 感動詞とていねいさ ———————————————— 177
   - 3.4. うけこたえの感動詞の性格 ————————————— 178
   - 3.5. はたらきかけの感動詞の性格 ———————————— 178
   - 3.6. あいさつの感動詞の性格 —————————————— 179

第 16 章　補助的な品詞

1. 補助的な品詞とは ———————————————— 181
2. コピュラ（コプラ，むすび，繋辞，連辞）———————— 181
   - 2.1. コピュラの役わりと語形変化 ———————————— 182
   - 2.2. コピュラのとらえかたの発展段階 ————————— 183
   - 2.3. 「だ」の単位的な性格 ——————————————— 184
3. 後置詞 ————————————————————— 185
   - 3.1. 格的な意味をもつ後置詞 ————————————— 185
   - 3.2. とりたて的なはたらきをもつ後置詞 ———————— 186
4. つきそい接続詞 ————————————————— 187

第 17 章　品詞

1. 品詞とはなにか ————————————————— 189
2. 品詞にとっての意味・機能・形態 —————————— 190
   - 2.1. 品詞における意味と機能と形態の関係 ——————— 190
   - 2.2. 品詞らしさと意味，機能 ————————————— 190
3. 主要な品詞と名づけ的な意味をもたない品詞 —————— 192
   - 3.1. 主要な品詞と，名づけ的な意味をもたない品詞 ——— 192
   - 3.2. 補助的な品詞 —————————————————— 193
4. 品詞の種類わけ ————————————————— 193
5. 品詞の転成 ——————————————————— 194
   - 5.1. 転成とは ———————————————————— 194
   - 5.2. 個別的な転成と一般的な転成 ——————————— 194
   - 5.3. 転成のタイプ —————————————————— 195
   - 5.4. 生産力のある転成 ———————————————— 196
6. 具体的な品詞分類の問題点 ———————————— 196
   - 6.1. 「連体詞」の処置 ———————————————— 196
   - 6.2. 形容詞のひろがり ———————————————— 197
   - 6.3. コピュラのはんい ———————————————— 197

第18章　文の部分のとりたて

1. とりたて ——————————————————————— 199
   - 1.1. とりたてとは ————————————————— 199
   - 1.2. とりたて形のつくりかた ——————————— 200
2. 注意すべきとりたて形の用法 ——————————————— 200
3. とりたて形式の用法 —————————————————— 201
   - 3.1. 「は」によるとりたて——————————————— 201
   - 3.2. 「も」によるとりたて——————————————— 202
   - 3.3. 「こそ」によるとりたて ————————————— 204
   - 3.4. 「さえ」によるとりたて ————————————— 204
   - 3.5. 「しか」によるとりたて ————————————— 205
   - 3.6. 「でも」によるとりたて ————————————— 205
   - 3.7. 「くらい（ぐらい）」によるとりたて ——————— 206
   - 3.8. 「ほど」によるとりたて ————————————— 207
   - 3.9. 「だけ」によるとりたて ————————————— 208
   - 3.10. 「ばかり」によるとりたて———————————— 211
   - 3.11. 「など」「なぞ」「なんぞ」「なんか」によるとりたて ——— 213
   - 3.12. 「なんて」によるとりたて ——————————— 213
   - 3.13. 「まで」によるとりたて———————————— 213

第19章　文と陳述—述語の形式—

1. 文の内容とのべかた ——————————————————— 215
2. 文ののべかた ——————————————————————— 215
   - 2.1. のべたてる文，たずねる文，はたらきかける文 ——— 215
   - 2.2. のべかたの変容 ———————————————— 218
   - 2.3. いいきる文，おしはかる文 ——————————— 220
   - 2.4. 文のとき ——————————————————— 220
3. モダリティー ——————————————————————— 220
4. いろいろな述語の形式 —————————————————— 221
   - 4.1. 推定，伝聞などをあらわす述語 ————————— 222
   - 4.2. 条件形や中止形に「よい（いい）」「いけない」「ならない」「ほしい」をくみあわせてつくる述語——————— 224
   - 4.3. 連体形と「ほう」「はず」「わけ」「もの」「こと」などの

形式名詞をくみあわせてつくる述語 ──────────── 226
　5. 陳述副詞とモダリティー ──────────────────── 235

第20章　終助辞

　1. 終助辞とはなにか ─────────────────────── 237
　2. 終助辞の意味・用法 ────────────────────── 238
　　2.1.「よ」──────────────────────────── 238
　　2.2.「ね」──────────────────────────── 239
　　2.3.「さ」──────────────────────────── 241
　　2.4.「わ」──────────────────────────── 242
　　2.5.「ぞ」──────────────────────────── 244
　　2.6.「ぜ」──────────────────────────── 245
　　2.7.「な」──────────────────────────── 246
　　2.8.「とも」─────────────────────────── 248
　　2.9.「もの」─────────────────────────── 248
　　2.10.「こと」────────────────────────── 248
　3. 接続助辞の終助辞的な用法 ──────────────────── 249
　　3.1. から ──────────────────────────── 249
　　3.2. け(れ)ど ───────────────────────── 249
　　3.3. のに ──────────────────────────── 249
　4. 性差と終助辞 ──────────────────────────── 250

第21章　あわせ文(複合文)(1)　重文と複文

　1. あわせ文 ────────────────────────────── 251
　2. 重文 ─────────────────────────────── 251
　　2.1. 重文のタイプ ──────────────────────── 251
　　2.2. 重文のはたらきのまとめ ─────────────────── 254
　　2.3. 重文と複文のあいだ ─────────────────── 254
　　2.4. 先行節の陳述性 ─────────────────────── 254
　3. 複文(1)　規定語節，主語節，補語節，述語節，修飾語節，
　　　　　状況語節をもつ複文 ──────────────────── 256
　　3.1. 規定語節 ───────────────────────── 256

  3.2. 主語節・補語節 ———————————————————— 257
  3.3. 述語節 ———————————————————————— 258
  3.4. 修飾語節 —————————————————————— 258
  3.5. 状況語節 —————————————————————— 259

第22章　あわせ文（複合文）(2)　条件節，ふたまた述語文

 1. 複文(2)　条件節，譲歩節をもつ複文 ———————————— 263
  1.1. 条件節・譲歩節をもつ複文の性格 ——————————— 263
  1.2. 条件節の用法 ———————————————————— 266
  1.3. 譲歩節の用法 ———————————————————— 269
 2. 複雑なあわせ文 ————————————————————— 271
 3. ふたまた述語文 ————————————————————— 272

第23章　文法的なカテゴリーと文法的なてつづき

 1. 語形変化と文法的なカテゴリー ——————————————— 275
  1.1. 語形と語形変化 —————————————————— 275
  1.2. 文法的なカテゴリー ———————————————— 275
  1.3. 曲用と活用 ————————————————————— 276
  1.4. とりたて —————————————————————— 277
 2. 語形つくりのてつづき —————————————————— 278
  2.1. 屈折と膠着 ————————————————————— 278
  2.2. 語幹，語尾，接辞 —————————————————— 279
  2.3. その他の語形つくりのてつづき ———————————— 280
  2.4. 語構成（単語つくり）のてつづきについて ——————— 280
  2.5. 語構成論からかりた概念 —————————————— 281
  2.6. 総合形と分析形 —————————————————— 282
 3. 動詞の語形つくりのてつづき ——————————————— 282

(付) 図表もくじ

主語と述語の意味的な関係	18
名詞の格のパラダイム	27
格のとりたて形のパラダイム（1）	28
格のとりたて形のパラダイム（2）	29
人称代名詞	52
指示代名詞	53
コソアド（指示語）	53
動詞の基本的な活用表	62
他動詞と自動詞の対	69
いろいろな文法的カテゴリーの動詞の，いろいろなつくりかた	97
イ形容詞の基本的な活用表	138
ナ形容詞の基本的な活用表	139
述語名詞の基本的な活用表	147
用言的カテゴリーと動詞的カテゴリー	148
格的な意味をもつ後置詞	185
とりたて的なはたらきをもつ後置詞	186
品詞の種類わけ	194
終助辞の図	247
語構成のてつづき	281
動詞の語形つくりのてつづき	284, 285

第1章　文法とはなにか

1. 文法とはなにか

1.1. 文と単語の分化

　われわれは，いろいろなできごとやありさま，また，きもちやかんがえをことばによって，ひとにつたえる．ことばは，時間のながれにそってつらなる音声のまとまりでできているのだが，この音声のつながりは，文と単語という2種類の基本的な単位によってくぎられている．

　問題1　つぎの絵は，どちらも，ふたつにわけられないのに，文はふたつにわけれる理由をかんがえてみよ．

　　　　イヌが はしる．　　　　　　　ボールは まるい．
　　　　ものの側面：イヌ　　　　　　ものの側面：ボール
　　　　運動の側面：ハシル　　　　　性質の側面：マルイ

　　　できごと，ありさまなど（現実）……………………文であらわす．
　　　もの，運動，性質，ようすなど（現実の断片）……単語であらわす．

　現実のできごとやありさまはひとまとまりのものであるが，人間の言語では，その

現実からもの，運動，性質などの側面をひっぱりだして単語であらわし，その単語をくみあわせて文にしてあらわすのである．つまり，ひとつのまとまりである現実のできごとやありさまを，分析と総合の過程をとおしてあらわすのである．

　文と単語というふたつの単位が分化しているおかげで，わたしたちはいろんな現実をあらわしわけることができる．つまり，文と単語の分化によって，言語は有限の単語によって無限にちかいさまざまの現実をあらわしわけることができるのである．もし，このことがなかったら，さまざまな現実のできごとやありさまのかずだけ，記号が必要になるはずである．

	はしる	とぶ	なく	………
いぬ				
さる				
きじ				
⋮				

　　$2 \times 2 = 4,\ 10 \times 10 = 100,\ 100 \times 100 = 10000$, etc.

　文は，単語をくみあわせてくみたてられることによって，場面からの独立が可能になる．1語だけの文では，めのまえにないできごとやありさまをのべることができないが，2語の文になると，それが可能になる．

　　バス！　　　きた！　　　バスが きた．

　このことによって，言語は，過去のことでも未来のことでも，また，確かなことでも不確かなことでも，あらわすことができるようになった．そのため，そういうことをあらわしわけることが必要になった．つまり，文の，場面からの独立は，あらためて，文のあらわすことがらが現実とどうかかわるかをあらわす手段を，文に要求したのである．

　問題2　つぎのア，イふたつの対は，それぞれa，bのどちらののべかたについての対立か．
　　a．発話時との前後関係　　　b．事実の確認のしかた
　ア）もうじき バスが くる．―さっき バスが きた．
　イ）バスが くる．―バスが くるだろう．

　このこととかかわって，運動をあらわす単語は，文の内容が現実とどうかかわるか

をあらわすための形式を発達させてきた．

問題3　例にならって単語を変化させよ．
　　例　はしる―はしった―はしろう―はしれ
　　　　よむ，かく，たべる，おきる，くる，する

　ふたつ（以上）のものによってなりたつできごとをあらわす文は，ものをあらわす単語をふたつ（以上）つかってくみたてなければならない．このばあい，それぞれのものが，そのできごとのなかで，運動に対してどのようなかかわりかたをしているかをあきらかにしなければならない．
・イヌが ネコを おいかける．
・ネコが イヌを おいかける．
　ものをあらわす単語は，文のなかで他の単語とのかかわりをあらわすやくわりをになわされることによって，他の単語とのかかわりかたをあらわすための形式を発達させてきた．

問題4　例にならって単語を変化させよ．
　　例　やま―やまが―やまを―やまに―やまから
　　　　かわ，いし，ネズミ，はは，がっこう，あなた

　文と単語が分化していることは，言語の本質的な性格である．このことがもとになって，（うえにあげた諸例のように）文と単語のさまざまな性格がうみだされた．

1.2.　文法と語彙の分化

　ひとつの言語がもっている単語の総体を語彙という．そして，単語を材料にして文をくみたてるきまりの総体を文法という．
　語彙と文法は，言語の成立過程で，文と単語というふたつの単位の分化におうじて分化したものである．もし，文と単語というふたつの単位がなかったら，語彙と文法の分化はみられなかったはずである．

問題5　ニホンザルは30種類のことばをもつといわれるが，ニホンザルのことばには文法があるか．

1.3.　形態論と統語論

　文法体系を研究対象とする言語学の分野は文法論といわれるが，文法論はおおきく形態論と統語論にわかれる．形態論は単語の文法的な側面をあつかう分野であり，統

語論は文または単語のくみあわせの文法的な側面をあつかう分野である．

問題6　ネコ　ネズミ　ウチ　トル　キノウの5単語で文をつくれ．

単語を材料にして文をつくるとき，2種類の法則をつかう．
　　A：単語の形態に関する法則：ネコ→ネコ＋ガ，ネズミ→ネズミ＋ヲ，
　　　ウチ→ウチ＋ノ，トル→トール＋ッタ，キノウ→キノウ．
　　B：文に関する法則：（語順）キノウ ウチノ ネコガ ネズミヲ トッタ．
　　　　（イントネーション）しりさがり．

問題7　つぎの法則を，形態論的なものと統語論的なものにわけよ．
　a．日本語の名詞はくっつきをつけて語形変化をおこなう．
　b．イントネーションをしりあがりにすると，たずねる文になる．
　c．うけみ文は，動作対象を主語にする．
　d．うけみ文の述語になる動詞は，レル（ラレル）をくっつける．
　e．動詞「はしる」は，「はしった」になって過去のことであることをあらわし，「はしって いる」になって持続中であることをあらわす．

2. 文と単語

2.1. 文について

〈文の内容とのべかた〉

　文の内容としてのことがらは，現実のできごとと関係づけられることによって，コミュニケーションのなかでのやくわりをはたす．

　そのできごとが，まだすんでいないか，もうすんでいるかによって，つぎのようにあらわしわける．
　・（これから）子どもが はしる．
　・（さっき）子どもが はしった．
これらは断定してのべているのだが，推量してのべるときは，つぎのようにいう．
　・（たぶん）子どもが はしるだろう．
　・（たぶん）子どもが はしっただろう．

　このように，文の内容としてのことがらは，はなし手のたちばからする，文ののべかたという形式をとって実現する．

　文ののべかたには，断定か推量かというような現実のとらえかたにかかわるものの

ほか，きき手に対するのべかけかたにかかわるものがある．文は，きき手に対するのべかけかたによって，つぎの3種類にわけることができる．
　①のべたてる文
　　・子どもが はしる．
　　・子どもが はしるだろう．
　②たずねる文
　　・子どもは はしったか．
　　・子どもは はしるだろうか．
　③はたらきかける文
　　・子どもよ，はしれ．
　　・さあ，いっしょに はしろう．

　問題8　子どもがはしっている絵をかいて，うえの①・②・③のようなことをあらわしわけられるかどうか，かんがえてみよ．

　文は，のべかたをもっていることによって，ひとにものごとをつたえることができる．そして，はなしや文章をつくる要素となる．文は，はなしをくみたてる最小の単位である．それで，「言語活動の単位」，「コミュニケーションの単位」などといわれる．

〈文の定義〉
　文は，はなしをくみたてる，いちばんちいさい単位であって，一定ののべかたのかたちをとって，できごとやありさまやかんがえをのべる．

2.2. 単語について

〈単語の意味〉
　単語には意味がある．単語の意味は一般的であるが，単語は文のなかでは個別的な現実の断片をさししめす．

　　ひとが はしる．　　　　　　イヌが はしる．

　　ウマが はしる．　　　　　　汽車が　はしる．

ひと．

〈単語の文法的な性格〉
　単語は，文の材料として，主語，述語，補語など，いろいろな文の部分としてはたらく．
　また，このとき「ネコが」「ネコを」「ネコに」……，「とる」「とった」「とろう」「とれ」……のように，一定のかたちをとる．
　この，文中での文法的なはたらきと，語形（単語の文法的な形）とは，単語の文法的な側面である．

〈単語の定義〉
　単語は，現実の断片をさししめして一般的に名づける，意味をもつ単位であり，一定の語形をとって文の材料となる．つまり，単語は，語彙・文法的にもっとも基本的な単位である．
　※このような，単語の基本的な性格が品詞を区別する基準になる．

第2章　文のくみたて

1. 文の拡大

　文は，いくつかの部分によってくみたてられており，その部分は，単語からできている．
　イヌが／はしる．
　イヌが／ネコを／おいかける．
　きれいな／はなが／たくさん／さいた．
　文は，ほねぐみとなる部分に他の部分をつけくわえて，しだいにながくしながら，内容をくわしくしていくことができる．これを「文の拡大」という．
・太郎が なぐった．
・太郎が **次郎を** なぐった．
・太郎が 次郎を **ぽかんと** なぐった．
・**きのう** 太郎が 次郎を ぽかんと なぐった．

問題1　つぎの文をいろいろに拡大してみよ．
　ア）太郎が つった．
　イ）花子が ぶつかった．

問題2　文を拡大したばあい，文のもつつぎの側面は，ふえるか，へるか．
　a. 文のながさ　　b. 文があらわすなかみ
　c. 文がさししめすことのできる現実の範囲

　文の部分は，ふたつ以上の単語からできていることがある．
（A）花子は かちきな 学生でした．
（B）花子は かちきな 性質でした．
　うえの（A）は「花子は 学生でした．」というほねぐみの文を「かちきな」で拡大

したものであるが，(B) は「花子は 性質でした.」という文がなりたたないので，「花子は かちきな 性質でした.」が，ほねぐみの文になる．ここでは，<u>かちきな 性質でした</u>.」という2単語のくみあわせが，文の部分になっている．

問題3　つぎの各文の拡大の過程をかんがえよ．
ア）おいしは がんじょうな ばあさんだった．
　　おいしは がんじょうな たちだった．
イ）わかい 青年の かみは ながかった．
　　ながい かみの 青年は わかかった．
ウ）ゾウは はなが ながい．
　　ゾウは 体重が おもい．
エ）かれは ながい あいだ まって いて くれた．

　文をくみたてる要素を「文の部分」というが，文の部分は，文を直接的にくみたてる要素である．2単語以上のくみあわせがひとつの文の部分になっているばあいは，その単語は，文の部分ではなく，文の部分の部分になっている．2単語以上のくみあわせでできた文の部分を「あわせ部分」という．単語は，文をくみたてる材料ではあるが，「単語」という概念は，「文の部分」とはちがう概念である．
　おなじ2単語のくみあわせが，文の部分としては，ふたつになったり，ひとつになったりすることがある．
　・少女は <u>ながい かみを</u> みじかく きった．
　・<u>ながい かみの</u> 少女が たって いる．
　ひとつの連語（単語のくみあわせ）がどのような文の部分としてはたらくかは，文のなかにおいてはじめてきまることである．

問題4　つぎの文を部分にわけよ．
ア）太郎は 敵にも 旗を ふって いる．
イ）太郎は 旗を ふって 次郎を 応援して いる．

　単語がどんなまとまりで文の部分になるかということが，文のなかにおいてはじめてきまるのは，文の部分がばらばらにあつまって文をくみたてているのではなく，一定の秩序にしたがって文をくみたてているからである．

2.　文の部分の種類

　文の部分には，主語，述語，補語，修飾語，状況語，規定語，陳述語，独立語，側

面語，題目語がある．
　※側面語，題目語は，一般にはまだみとめられていない．

2.1. 主語と述語

　主語と述語は，文をなりたたせるために，ほねぐみとなる部分であり，主語は，その文ののべるものごとをさしだし，述語は主語のさしだしたものごとについてのべる．主語は，ふつう「〜が」,「〜は」，または，ハダカのかたちでつくられる．
　　ア）日が しずむ．　　イ）うみは あおい．　　ウ）あなた いたの．
　述語は，のべる部分であって，文の陳述をあらわすための中心的なやくわりをになっている．

2.2. 補語

　補語は，主語と述語があらわすことがらのくみたてをあきらかにするために，そのなりたちに参加するものをおぎなって，文を拡大する文の部分である．なりたちに参加するものには，つぎのようなものがある．
　　うごきの対象，かかわり場所
　　状態や性質がなりたつための基準
　　（うけみや使役の文では）動作の主体
　つまり，主語でしめされなかった必要な参加者をおぎなうのが，補語のやくめである．
　①対象
　うごきが，ひとやものにはたらきかけるうごきであるときには，し手のほかに，はたらきかけのうけ手が，文のあらわすことがらの要素になる．はたらきかけのうけ手は，「対象」という．
　・太郎が 次郎を なぐった．：主体と対象とうごき
　・弟が 自転車を なおして いる．：主体と対象とうごき

　問題 5　うえの 2 文を絵にし，主体のほかに対象を絵にかけることを確認せよ．

　対象がふたつあるうごきもある．このばあい，ひとつは「〜を」のかたちをとる単語でできた文の部分であらわされるが，これを直接対象といい，他の対象を間接対象という．
　・太郎が　<u>花子に</u>　<u>本を</u>　かりた．
　　　　主体　　間接対象　直接対象　うごき
　・おかあさんは　<u>さとうを</u>　<u>しょうゆと</u>　まぜた．
　　　　主体　　　直接対象　　間接対象　　うごき

間接対象だけがあるうごきもある．
・春子が <u>秋子に</u> ぶつかった．：主体と間接対象とうごき
・夏彦が <u>冬彦と</u> けんかした．：主体と間接対象とうごき

直接対象には，はたらきかけをうける対象，つくりだす対象，やりとりする対象，こころのうごいていく対象などがある．
・いもうとが <u>だいこんを</u> きった．
・おとうとが <u>オムレツを</u> つくった．
・父おやが むすこに <u>土地を</u> ゆずった．
・母が あにの <u>ことを</u> 心配して いる．

間接対象には，くっつくところ，とりはずすところ，あいて，材料，道具，態度の対象などがある．
・からすが <u>じぞうさんに</u> とまった．
・わたしは 父の <u>てがみから</u> 記念切手を はがした．
・きのう 能楽堂で <u>山田先生に</u> あった．
・ぼくたちは あす <u>A校と</u> サッカーの しあいを する．
・きつねは <u>木の葉で</u> おさつを つくりました．
・えんまさんは <u>くぎぬきで</u> したを ぬきます．
・漁師は 松の木の したで <u>天女に</u> みとれて いました．

② うごきがかかわる場所

うごきが，移動するうごきであるときは，し手のほかにゆくさき，出発点，とおりすぎるところ，とおりゆくところなどが，文の名づけ的な意味の要素となる．
・サケの むれが <u>川へ</u> やって きた．
・にいさんが <u>山から</u> かえって きた．
・汽車は ながい <u>トンネルを</u> とおりぬけた．

あり・なしや，おおい・すくないの状態は，ありかを要求する．
・兄は <u>熊本に</u> いる．
・<u>北山には</u> 杉が おおい．

③ 状態や性質の対象

感情の状態は，感情のむかっていく対象を要求する．感覚の状態は，感覚の生じる場所を要求する．
・祖母は <u>よう子が</u> かわいくて たまらないのだ．
・父は <u>みかんが</u> きらいです．
・きのうから <u>歯が</u> いたい．

④ 可能動作の対象

可能動詞のあらわす，可能性のある動作，実現する動作の対象をあらわす．
・彼女は 中国語が はなせます．
・ようやく 原稿が かけた．
⑤状態や性質がなりたつための基準
状態や性質がなりたつために，基準が必要になることがある．
・かきつばたは あやめに にて いる．
・学校は 町から とおい．
・この 服は わたしには はですぎる．

問題6 つぎの文を部分にわけて，その部分の名をいえ．
ア）子ツバメが おやツバメから えさを もらう．
イ）ふねが みなとに ついた ようだ．
ウ）じゅん子は 入学式が まちどおしかった．
エ）与吉が おつぎに しかられて いる．
オ）ははおやは むすこの ことを かんがえて いた．

補語は，ふつう，斜格の名詞によってつくられる．「～を」というかたちで直接対象をあらわす補語を直接補語といい，その他の補語を間接補語という．斜格ではないが，「～が」というかたちで感情，感覚や可能動作の対象をあらわす補語も直接補語である．
　　※格のうち，ハダカ格・ガ格をのぞいた格を「斜格」という．格については，第4章参照．

問題7 つぎの文から直接補語と間接補語をぬきだせ．
ア）弥平が リヤカーで おきぬを 病院へ はこんだ．
イ）子どもたちが たびびとに みちを おしえた．
ウ）きよみは やきいもが たべたかった．

2.3.　修飾語

修飾語は，できごとやありさまをくわしくのべるために，述語のさししめすうごきや状態のようすや程度をつけくわえて，文を拡大する文の部分である．
　・出勤の ひとたちは さっさと あるく．
　・三吉は これまで まじめに はたらいて きた．
　・あの えんとつは とても たかい．
修飾語は動詞でつくられた文の部分にかかることがおおいが，程度の修飾語は，形

容詞や副詞でつくられた文の部分にかかることを基本とする．このため，ひとつの修飾語を，程度の修飾語がさらに拡大するということがおこる．

- きょうは <u>ばかに</u> あついね．
- この おかしは <u>なかなか</u> おいしい．
- 彼女は <u>やや</u> らんぼうに しゃべった
- <u>もう</u> すこし ゆっくり あるいて くれ．

問題8　つぎの文から修飾語をぬきだせ．
ア）次郎が すごすごと かえって きた．
イ）わたしは 2回 富士山に のぼって いる．
ウ）どぶが ちょっと くさい ようだ．
エ）村長さんは はおりはかまで 式に 参列した．
オ）これから もっと 気を つけて よみなさい．

量をあらわす修飾語も述語にかかっているが，意味のうえでは，述語のさししめすうごきや状態の量をあらわすばあい，主語や補語のさししめすものの量をあらわすばあいがある．

カ）わたしは 源氏物語を <u>2回</u> よんだ．
キ）母は 父より <u>10キロ</u> おもい．
ク）女が <u>3人</u> あつまった．
ケ）みつよは だいふくもちを <u>13こ</u> たべた．

問題9　うえの修飾語は，それぞれ，なにの量をあらわしているか．

おなじ語が，どんな語にかかるかによって，量をしめしたり，程度をしめしたりすることがある．（参照：第12章-2.2）

- はらが ふくれた．<u>かなり</u> くったようだ．
  この あたりも <u>かなり</u> さむいね．
- ことしは うめの みが <u>すこし</u> なった．
  うめの みが <u>すこし</u> きいろく なって きた．
- わたしたちの クラスは 今月 <u>かなり</u> やすんだね．
  わたしたちの クラスは 今月 <u>かなり</u> すすんだね．

問題10　程度の修飾語をうけるのは，どんな語か．

2.4. 状況語

状況語は，できごとやありさまのなりたつ状況をのべるために，ときや場所，原因や目的をしめして，文を拡大する文の部分である．
・来週 S百貨店で 東欧名画展が ひらかれる．
・いまの うちに おふろに はいって おきなさい．
・全県に わたって アメリカシロヒトリが 発生した．
・ささいな ことから けんかが はじまった．
・なんの ために わたしが そんな とこへ いかなきゃ ならないの．
[とりまく状況]
　できごとやありさまが成立する場所やときや原因や目的のような要素は，できごとやありさまのなかにあるのではなく，それらをとりまく状況になっている．
・きのう オートバイが トラックに ぶつかった．
・かわらで 子どもたちが たこあげを して いる．

問題11　うえの文を図式化すると，状況語はがくぶちのようになって，できごとをそとがわからとりかこむような感じになることを確認せよ．

　原因や目的は，ほかのできごとであるにもかかわらず，とりまく状況として，この文のしめすことがらの要素になるのである．
・子どもの 火あそびから 大火事が おこった．
・けさ ねぼうして 学校に おくれた．
・おばあさんは かわへ せんたくに いきました．
・わたしは くう ために はたらくのだ．

問題12　うえの文を絵にすると，主語と述語であらわしていることがらをあらわす絵と，原因や目的をあらわす絵とが，べつの絵になることを確認せよ．

　状況語は，できごとやありさまをあらわす部分のかたまりのまえにおかれるのがふつうである．主語のまえにおかれることもよくある．

問題13　つぎの「〜で」のかたちの文の部分の名をいえ．
ア）わたしたちは ゆきで しろくまを つくった．
イ）太郎さんは スパゲティを おはしで たべます．
ウ）義夫は わかい ころ てづかみで アユを とった．
エ）この あたりでは，ねる とき，みんな うまれた ままの すがたで ふとんの なかに はいるんだよ．
オ）おまえの おかげで ずいぶん くろうさせられたな．

問題 14 つぎの疑問詞は，それぞれどんな文の部分になっているか．
ア）わたしの るすの あいだに <u>だれが</u> きたのだろう．
イ）あなたは そこへ <u>だれを</u> つれて いきましたか．
ウ）あなたは そこで <u>だれと</u> あいましたか．
エ）カニは <u>どのように</u> あるきますか．
オ）彼女は ケーキを <u>いくつ</u> たべましたか．
カ）かれは <u>どんなに</u> つらかったろう．
キ）その コンサート，<u>いつ</u>，<u>どこで</u> あるの．
ク）あなた，<u>どうして</u> そんな こと きくの．
ケ）かれは <u>なんの ために</u> そんな ところへ いったのだろう．
コ）<u>なにが</u> あったのですか．
サ）あなたは <u>なにが</u> すきですか．
シ）犯人は この 戸を <u>なにで</u> こじあけたのだろう．
ス）おれは 作業服で いくけど，おまえは <u>なにで</u> いく．

　修飾語と状況語の区別は，他言語の文法ではふつうはされていない．ロシア語の状況語（обстоятельство）にあたる用語は修飾語もふくむ．中国語の「状語」，スペイン語の状況語（complemento circumstancial）なども同様である．

2.5. 規定語

　規定語は，ものをあらわす文の部分にかかっていて，そのものがどんな特徴をもつかということでかざりつけながら（特徴の付与），そのものがどのものであるかをきめつける（ものの限定）文の部分である．
・<u>ちいさな</u> すもうとりが <u>おおきな</u> すもうとりを なげとばした．
・なみさんが <u>あかい かおを した</u> <u>ちぢれげの</u> 男の子を つれて きた．

　規定語には，きめつけのはたらきだけをもつものや，かざりつけのはたらきだけをもつものがある．きめつけの規定語は，特徴を付与することなく，規定される文の部分のあらわすものを限定し，かざりつけの規定語は，そのもののもつ特徴を付与するだけで，限定のはたらきをもたない．
・<u>その</u> くつを とって ください．
・<u>上述の</u> 文が それを あらわして いる．
・<u>ちいさな</u> のみが <u>おおきな</u> すもうとりを なやました．
・かねくらさんの うちには <u>おおきな</u> 門が あった．
・あかんぼうは <u>ふとった</u> おかあさんに だかれて いた．

問題 15　うえの 5 文の規定語をきめつけの規定語とかざりつけの規定語にわけて，理由をいえ．

　きめつけのはたらきが前面にでると，そのものの特徴をくわしくのべるかざりつけのはたらきのもつ一般性がよわまることがある．たとえば，つぎのア）の「おおきな」は一般的な基準にてらしておおきいのだが，イ）は，そうではない．
　ア）むかし 山おくに おおきな ネコが すんで いました．
　イ）ニュートンが 近所の ひとから 二ひきの ネコを もらいました．二ひきは おおきさが おなじでは ありませんでした．そこで ニュートンは おおきな ネコと ちいさな ネコの ために，小屋に おおきな いりくちと ちいさな いりくちを つけて やった そうです．

問題 16　うえのア）とイ）の「おおきな ネコ」は，両方とも「おおネコ」と，いいかえることができるか．また，それはなぜか．

2.6.　陳述語

　陳述語は，文のあらわすことがらのくみたてにはくわわらないで，述語といっしょに，文ののべかたをあらわす文の部分である．（参照：第 13 章）
　（おしはかり）あすは たぶん あめが あがるだろう．
　（うちけし）かれが 病気に なるとは とうてい かんがえられない．
　（うちけし・おしはかり）彼女が こないなどと いう ことは よもや あるまい．
　（ねがい）ご来京のせつは，どうぞ おたちよりください．
　（にかよい）この たくわんは まるで 石の ようだ．

　陳述語のなかには，文の名づけ的な意味に対して，はなし手の注釈をつけくわえるものがある．
　・さいわいにも わたしたちの くみが かちました．
　・じつを いえば，彼女は ぼくの 恋人じゃ ないんだ．

問題 17　うえのそれぞれの陳述語と同類のものをあげて，例文をつくれ．

2.7.　独立語

　独立語は，ほかの文の部分と直接むすびつかない文の部分である．
　（さけび）ああ，くたびれた．
　（よびかけ）おおい，中村君，こっちへ こいよ．
　（うけこたえ）はい，すぐ いきます．

（あいず・かけごえ）<u>それ</u>，いけ．
（あいさつ）<u>ごめんください</u>，わたなべです．
（まえの文とのつながり）<u>ゆえに</u>，AはCである．

問題18　うえのそれぞれの独立語と同類のものをあげて，それぞれの例文をつくれ．

2.8. 側面語

側面語は，述語のあらわす属性が，主語のあらわすもののどの側面の属性であるかをあらわすために，文を拡大する文の部分である．

ア）ヤギは <u>性質が</u> おとなしい．
イ）坊さんは <u>年の ころ</u> 50くらいだった．
ウ）この 会は <u>ようすが</u> まえと だいぶ かわって きた．

側面語は，述語が性質や種類などをあらわすばあいには，述語のあらわすものの上位概念をあらわすことがおおいが，述語が変化をあらわすばあいには，主語とならんで変化の主体をあらわす．

※側面語は，名詞のガ格またはハダカ格でつくられる．

問題19　つぎのうち側面語はどれか．
ア）ゾウは <u>はなが</u> ながい．
イ）アリは <u>さとうが</u> すきだ．
ウ）タマムシは <u>いろが</u> きれいだ．
エ）この 子は <u>めかたが</u> とても おもい．
オ）彼女は <u>あしが</u> うつくしい．

問題20　つぎの文を側面語で拡大せよ．
ア）この シャツは ちいさい．
イ）この シャツは あかい．
ウ）かれは 運転手だ．

2.9. 題目語

題目語は，さしだしの機能をもつ文の部分であり，文の内容的なくみたてにも参加しているが，述語との関係が直接的でないものである．

・<u>あとの ことは</u> 弁護士も 力を そえる．
・<u>エサは</u> リンゴを もって いった．

題目語のしめすものが，あとの文の部分のなかで，おなじ単語や同類の単語，または「これ」「それ」「この」「その」などでくりかえされているものがある．
・**サルは** 屋久島の **サルを** つかった．
・**順序は**，もちろん 会の ときの **順序に** したがいたい．
・**ブルジュワスキー** 以来 <u>ヘディンも</u> <u>アンドリュースも</u>，**探険家たちが** たくさんの 断片的観察記録を のこして いる．
・<u>諸般の 問題は</u> いちおう **これを** 検討せねば ならぬ．

ハダカのかたちで題目語になって，それを「これ」「それ」「この」「その」などでうけるものがある．
・<u>あたらしい 生涯</u> ―**それが** 連太郎には 偶然の 身の つまずきから ひらけた もので ある．
・<u>自業自得</u> ―**そんな** ことばも かれは いった．
※この種の題目語は「提示語」とよばれてきた．

3. 主語と述語

3.1. 主語と述語の意味的な関係

主語と述語の意味的な関係には，つぎのようなものがある．
〈ものの属性をあらわす文〉 述語が属性をしめす
①できごとをあらわす文：述語が一定時間位置での属性をしめす
　動的なできごとをあらわす文：述語が運動をしめす
　　1）・あめが ふって きた．
　　　・子どもが へやに はいる．
　静的なできごとをあらわす文：述語が状態をしめす
　　2）・へやは くらかった．
　　　・まどが しまって いる．
②ものの特徴をあらわす文：述語が時間をこえた属性をしめす
　ものの性質をあらわす文
　　3）・さとうは あまい．
　　　・アサガオは なつに さく．
　ものの種類をあらわす文
　　4）・サツマイモは アサガオ科の 植物です．
　　　・彼女は 植物学者だ．

〈ものの同一性をさだめる文〉 述語が主語と同一のものをしめす
 5)・これは ペンです．
  ・おれの くつは あれだ．

問題 21　つぎのア）〜キ）は，それぞれ，うえの 1）〜5）のどれとおなじか．
ア）このあたりは しずかだね．
イ）おや，ベルが なりました．
ウ）だれか きたらしい．
エ）こちらは 大原さんです．
オ）大原さんは 絵かきさんです．
カ）大原さんは 山の 絵ばかり かきます．
キ）あ，にしの そらが あかるいね．

問題 22　主語のかたちと述語の品詞との関係をしめしたつぎの表の a〜d に，主語と述語の意味的な関係 1〜5 をかきこみ，動詞述語文・形容詞述語文・名詞述語文の用法の中心はどれかについてかんがえよ．

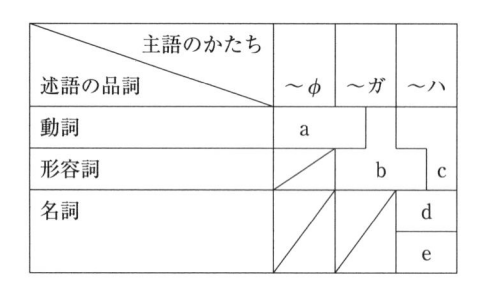

述語の品詞 \ 主語のかたち	〜φ	〜ガ	〜ハ
動詞		a	
形容詞		b	c
名詞			d
			e

なお，うえの表で，〜φは，ガもハもつかない名詞のハダカのかたちをしめす．

 ※「属性」という単語は，せまい意味では，時間をこえた恒常的な性質をあらわすが，ひろい意味では，特定の時に成立した運動や状態のような，一時的にあらわれたものもあらわす．

主語と述語が同一のものをあらわしているばあいには，側面語で拡大することができない．これは，述語が主語のあらわすものの属性をあらわしていないからである．このことは，側面語の定義をみれば，わかるだろう．

問題 23　「かれは 車掌だ．」という文は，「職業が」という側面語で拡大できるのに対して，車掌をゆびさして「あれは 車掌だ．」という文は，そのような拡大ができないのはなぜか．かんがえてみよ．

3.2. 主語になる「～は」と「～が」のかたち
　（なお，ここでのべるのは，第18章でのべる「は」によるとりたて形式一般ではなく，主語になる「～が」のかたちと「～は」のかたちの対立についてである.）

① 主語になる「～は」と「～が」のかたちは，情報伝達のはたらきによって，つぎのように対立する.

　ニュースが述語グループでのべられるときは，主語は「～は」になる．ニュースが主語グループ，または全体にあるときは，主語は「～が」になる.
- 「あなたは どなたですか.」「わたしは 野村です.」
- 「中村さんは いらっしゃいますか.」「わたしが 中村です.」
- 「あなたは きのう どこへ いきましたか.」「わたしですか. わたしは きのう 美術館へ いきました.」
- 「どこの サクラが いちばん きれいですか.」「もちろん わたしの ふるさとの サクラが いちばん きれいですよ.」
- ある ところに じじいと ばばあが おった. じじいは 山へ しばかりに いった. ばばあは 川へ せんたくに いった.

　問題24　「だれ」「なに」が主語になるたずねる文は，「だれが」「なにが」のかたちになり，「だれ」「なに」が述語グループにあらわれる文の主語は「～は」になるのはなぜか.

② 主語になる「～は」と「～が」のかたちは，全体があたらしい情報であるとき，または，中立的な用法のなかでつぎのように対立する.

　できごとをあらわす文では，主語は「～が」のかたちをとり，ものの特徴をあらわす文では，主語は「～は」のかたちをとる．できごとをあらわす文は「ものがたり文」，ものの特徴をあらわす文は「しなさだめ文」といわれることがある．
- あめが やんだ.
- そらが まっかだ.
- ことりが ないて いる.
- 信州は 山国だ.
- ダイヤモンドは 鉄より かたい.
- かれは 学生だ.

　動詞は「～が」の主語をとることがおおいが，これは動詞述語文ができごとをあらわすことがおおいからであって，動詞述語文でも，時間をこえた属性をあらわすばあ

いには，主語が「〜は」のかたちをとる．
　・サクラが さいた．
　・サクラは はるに さく．
　形容詞が性質をあらわすとき，主語は「〜は」になるが，一時的な状態をあらわすときは，主語が「〜が」になる．
　・すみは くろい．
　・にしの そらが くろい．

③ 主語になる「〜は」と「〜が」のかたちは，いりくんだくみたての文のなかでつぎのように対立する．
　文の主語は「〜は」になる傾向がつよく，従属節の主語やあわせ部分の主体をあらわす単語は「〜が」になる傾向がつよい．
　・おおゆきが ふったので，みんなは 学校を やすんだ．
　・みんなは，おおゆきが ふったので，学校を やすんだ．
　・ゾウは はなが ながい．
　くみたてのうちがわになるものは「〜が」になり，そとがわになるものは「〜は」になる傾向がつよい．

　問題25　うえのことをそのうえの例をとおしてかんがえよ．

　条件節の主語は「〜が」になり，規定語節の主語は「〜が」または「〜の」になる．
　・かぜが ふけば，おけやが もうかる．
　・太郎は 花子が うんだ 子に にて いた．
　・わたしの よんだ 本が 100 さつに なった．

　問題26　つぎの，各文のどこかに読点をうち，また，どこかに「コトネが」をおぎなって，文を完成せよ．また，各文で，だれがおどったのか，こたえよ．
　ア）サスケが ふえを ふくと おどった．
　イ）サスケは ふえを ふくと おどった．

4. 文の部分の省略

　日本語では，（他のおおくの言語のばあいと同様）文脈や場面などで，その，さししめすものがあきらかなとき，文の部分を省略することがよくある．
　［主語の省略］

・はるが きた．どこに きた．山に きた．里に きた．
・「あの子は だれ？」「となりの みよちゃんじゃ ないかな．」
・「いま かえったよ．」「ああ．つかれなかったか．」
・「おかえりに なるのでしたら，おおくりします．」
［述語の省略］
・「どこへ おいでに なりますか．」「おにがしまへ おにせいばつに．」
・「おいそぎの かたは こちらへ どうぞ．」
・「うなぎが くいたく なったな．」「わたしも．」
［補語の省略］
・せんばやまには たぬきが おってさ，それを りょうしが てっぽうで うってさ，にてさ，やいてさ，くってさ．
・「ここに あった さけ，だれが のんだ．」「おれが のんだ．」
・こんど あいつが あらわれたら，ここへ つれて こい．
・あのかたが おみえに なったら，しらせて ください．
　しかし，さすものがあきらかであっても，それをさししめす文の部分をいつも省略するとはかぎらない．
・ばあさまが 川へ あらいものに いった．すると，川の かみの ほうから きれいな はこが ながれて きた．ばあさまが はこを ひろって なかを あけて みた．
・にいさんは にもつを うけとると，それを 自転車の 荷台に しばりつけました．
・うでまくりを した おとこが いんねんを つけて きたので，おれは その やろうを なぐって やった．

4.1. 主語がないのがふつうである文

文のなかには，主語がないのがふつうであるくみたてのものがある．
［はたらきかける文］
・あすは 6 時半に 駅に あつまれ．
・さあ でかけましょう．
［ときをあらわす文］
・もう じき あきに なります．
・まだ 10 時だ．
［はなし手の感情や生理的な状態］
・なにか おいしい ものが たべたいなあ．
・いたいね．

［主体が一般化されているばあい］
・おひたしには かつおぶしを かけます．
・この 山の むこうへは ふねでしか いけない．
　主語がないのがふつうであるばあいでも，とくに主体をはっきりさせなければならないときは，主語をおく．
・<u>おまえは</u>，長野へ いけ．
・あすの ばんは <u>小林が</u> とまれ．
・この 山の むこうへは <u>ふつうの ひとは</u> ふねでしか いけない．

5．文のパターン
①述語文と独立語文
　文は主語と述語からなりたつことを基本とするが，主語と述語の未分化な独立語だけによってなりたつ文もある．このことから，文のくみたては，述語文と独立語文にわけられる．述語文は主語と述語の分化した構文であり，独立語文は，独立語だけの，または規定語をうけた独立語の構文である．（述語文については，前章と本章でのべてきたので，ここでは，独立語文についてのべる．）
　独立語文にはつぎのようなものがある．
　　さけび　　　：ああ．おう．くそっ．
　　よびかけ　　：おい．もしもし．中山さん．ちょっと そこの おにいさん．
　　うけこたえ　：はい．ああ．うん．いいえ．えっ．
　　あいさつ　　：こんばんわ．ありがとう．おめでとう．おはよう ございます．
　　かけごえ，あいず：それ！（いち にの）さん，はい！
　　できごとの名詞でできた１語文：火事だ！ あめだ！
　　形容詞語幹でできた１語文：あつっ！ おお，さむ！
　述語文は，主語が省略されていたり，主語がないのがふつうであったりするばあいでも，文の名づけ的な意味とのべかたが分化していて，述語がのべたての中心としてのやくわりをはたしている．
・［いきを つきながら］ただいま 到着いたしました．
・はやく おきなさい．
・そろそろ 12 時ですね．
・これから さむく なりますよ．

②ひとえ文（単純文）と あわせ文（複合文）　　第 21 章参照．

③語順

　文の部分をならべる順序を語順という．語順は文の部分のあいだの関係をあらわす表現手段のひとつであって，一定のきまりをもっている．

　問題27　語形の分化と語順のきびしさについて，日本語，英語，中国語をくらべよ．

　日本語では，述語は文のいちばんおわり，規定語はその規定語がかかる文の部分のすぐまえにおかれる．（このきまりは，かたいきまりである．）

　問題28　いろいろな文で，述語と規定語の位置を検討せよ．

　独立語はいちばんまえにおかれることがおおい．補語と修飾語は，主語と述語のあいだにおかれることがおおく，状況語は，よく主語よりまえにおかれる．

　問題29　つぎのセットはそれぞれどうちがうか．また，ちがいかたのどあいについてもかんがえよ．
　ア）ぬれた てぬぐいが かわいた．
　　　かわいた てぬぐいが ぬれた．
　イ）上級生が 下級生を 3人 つれて きて いた．
　　　上級生が 3人 下級生を つれて きて いた．

　語順のうえから文には正置文と倒置文がみとめられる．正置文はふつうの語順をもつ文であり，倒置文は，それとちがった語順をもつ文である．
　述語のあとに主語がおかれるばあい，規定される部分のあとに規定語がおかれる文などが，代表的な倒置文である．
　・笑っている，にやにやと，だれかが．
　・そんなに いいのかい，こんな 古くせえ 町が．
　・ほれてんのかよ，あの コに．
　・どこが いいんだ，あいつの？

④イントネーション

　はなしことばのなかでは，文は，時間のながれにそって展開しながら，一定の高低のメロディーをともなってあらわれる．この高低のメロディーの変化を中心とした文の抑揚のことをイントネーション（音調）という．イントネーションの中心は高低のメロディーの変化だが，これにさらに，強弱，長短などの特徴もくわわる．単語にあらわれるアクセントとともに，イントネーションは言語の韻律的な体系をかたちづく

っている.

　問題 30　単語「あめ（飴）」,「あめ（雨）」を（終助辞をつけない）このままのかたちで, たずねる文にしてみて, 単語としてのアクセントはちがうが, 文としてのイントネーションはひとしいことをたしかめよ.

　イントネーション表現の中心はふつう文末にあって, 文のひとまとまり性やのべかけかたのタイプのちがいを区別する. 文がまだ完結しないことをしめすイントネーションにも, いくつかのタイプがある.

　はなしの文のなかでイントネーションのはたすおもな役わりは, 文をひとまとまりにかたちづけたり, 文を部分に分割して, まだ完結しないことをしらせたりすることと, のべかけかたのタイプ（のべたてる文, たずねる文, はたらきかける文）を区別することとである. これらは文法的なイントネーションとして言語体系にくわわり, 接辞づけ（膠着, 屈折）や語順などとともに, 文法的なてつづきのひとつといえる.（膠着, 屈折については, 第23章参照.）

　それ以外に, はなし手の感情を表現したり, 文のうらの意味をほのめかしたりするなどのはたらきをイントネーションの役わりにふくめることもあるが, これらははなし（言語活動）の領域にかかわっている.

　問題 31　「イク」を例にして, のべたてる文, たずねる文, はたらきかける文のイントネーションをしめしてみよ. また, いろいろなタイプのたずねる文を, いろいろなイントネーションにして, そのちがいをかんがえてみよ.

　問題 32　文がまだ完結しないことをしめすイントネーションを,「おれがさきにいくか, おまえがさきにいくか, どっちかだ. どっちにする？」をヒントに, いくつかかんがえてみよ.

第3章 名詞 (1)
名詞とは

1. 名詞とはなにか

1.1. 名詞の意味

名詞は，(語彙的意味についていえば) ものをあらわす (または，いろいろなものごとをものとしてとらえてあらわす) 単語である．

もの： (ひと) おんな 労働者 病人 おとうさん
　　　 (動物) サル スズメ ミミズ
　　　 (植物) もも ささ こけ
　　　 (もの) いた ふね へそ
場所： 日本 台所 山道
時間： 来年 二十世紀 あさ なつ
その他：運動 状態 性質 オリンピック ストライキ 病気 可能性

　名詞であらわされるものは，属性のもちぬしである．
　「おもい <u>病気</u>」「のぞましい <u>性質</u>」「はげしい <u>運動</u>」
　かんがえやはたらきかけの操作の対象は，名詞であらわされる．
　「<u>可能性を</u> かんがえる」「いちばん みやすい 形で <u>状態を</u> とらえる」
　「かれの <u>行為を</u> 評価する」

このように，ものごとを，属性のもちぬし，または，操作の対象としてとらえることを「ものとしてとらえる」という．いろいろのことがらは，ものとしてとらえるとき，名詞であらわされる．

　「心臓が <u>はやく うごく</u>．」→「はやさが (うごきが) 正常でない」
　　　　　　　　　　　　　　　　「はやさを (うごきを) しらべる」
　　　　　　　　　　　　　　　　「はやさを (うごきを) 調節する」

問題1　つぎの下線部の単語を名詞にかえて，例文をなおせ．
ア）美代は 高校2年の とき 太田先生と <u>であった</u>．
イ）ゾウと カバは どちらが <u>おおきいか</u>，くらべよ．

1.2.　名詞の，文中でのはたらき

名詞の，文中での基本的なはたらきは，主語または補語になることである．
・<u>はな</u>が さいた．
・<u>こどもたち</u>が <u>たいこ</u>を たたいて いる．
・<u>植物</u>は <u>二酸化炭素</u>を <u>酸素</u>に かえる．
名詞のはたらきは，これだけではない．
・<u>サクラの</u> はなが さいた．
・サクラは <u>バラ科の</u> <u>植物で</u>ある．

しかし，名詞の名詞らしい，もっとも基本的なはたらきが，うえの2者であることは，他の品詞の性格をしらべることによって，しだいにわかってくる．

問題2　名詞の文中でのはたらきは，主語または補語になることを基本とする．どうしてそうなるのか，かんがえてみよ．　（参照：第17章-2）

1.3.　名詞の語形
1.3.1.　名詞の格語形

名詞が，文や連語のなかで，他の単語に対してどんな意味的な関係をもつかをあらわすことについての文法的なカテゴリーを，格という．日本語の名詞の格形式は，格助辞（格のくっつき）をくっつけてつくる．（参照：第23章-2）

　　　3本マストの <u>ふねが</u> きた．
わたしたちは 海岸へ <u>ふねを</u> はこんだ．
　　わたしたちは <u>ふねに</u> のった．
　　　　はやく <u>ふねへ</u> ちかづこうと けんめいに およいだ．
かれらは ちいさい <u>ふねで</u> 太平洋を わたった．
　　とのさまの ふねが
　こやしを はこぶ <u>ふねと</u> ぶつかった．
とのさまの けらいが <u>ふねから</u> おりて きた．
　　　　あそこの <u>ふねまで</u> なんキロ あるか．

あの ふねの なまえは なんと いうのか.

※「山を いく」と「山へ いく」は,ことなった意味をあらわす.それは,「山を」という格形式と「山へ」という格形式が,「いく」という単語に対してことなった意味的な関係(陳述的な関係でない関係)をあらわす形式だからである.つまり,「山へ」はゆくさきを,「山を」はとおりみちをあらわしている.
(なお,格的な意味の成立条件は,第4章-1.2参照)

問題3 「山を いく」と「山へ いく」のちがいを,絵にかいてあらわせ.

〈名詞の格のパラダイム〉
日本語の名詞の格は,連用格と連体格が分化している.
①連用格

(φ)	ハダカ格	なまえ格(名格)	nominative
が	ガ格	ぬし格,し手格(主格)	agentive
を	ヲ格	うけ手格(対格)	accusative
に	ニ格	ありか−あいて格(与格)	dative
へ	ヘ格	ゆくさき格(方向格)	allative
で	デ格	しどころ−てだて格(所−具格)	locative-instrumental
と	ト格	なかま格(共格)	comitative
から	カラ格	でどころ格(奪格)	ablative
まで	マデ格	とどき格	terminative
までに	マデニ格	かぎり格	limitative

②連体格

の	ノ格	もちぬし格(属格)	genitive
への	ヘノ格	連体ゆくさき格	
での	デノ格	連体しどころ格	
との	トノ格	連体なかま格	
からの	カラノ格	連体でどころ格	
までの	マデノ格	連体とどき格	

1.3.2. 名詞のとりたて形

一定の手段をもちいて,文の部分のあらわすものごとをとくに強調して,他の同類のものごととてらしあわせてのべることを,文の部分のとりたてという.

・ぼくは 夏休みに 富士山へも いきました．
・おじいさんは スズメとまで はなしを する ことが できました．
・彼女は みしらぬ ひとにさえ えがおを ふりまいた．
・三郎は みぎてだけを ふって はしる くせが ある．

問題4 「山へも いく」は，ひとつの絵ではあらわすことができない．それはなぜか．

問題5 つぎの各文の下線部は，マデ格か，それとも，「まで」によるとりたて形か．
ア）さっき ぼくは 駅まで 自転車で いった．
イ）おまえまで そんな ことを 信じるのか．
ウ）わたしたちは あさまで はなしつづけた．
エ）あしあとが おざしきまで つづいて いた．
オ）おざしきまで よごされて いた．

名詞の格を「は」や「も」でとりたてるときは，格助辞のあとにとりたて助辞をくっつけて，とりたて形式をつくる．ただし，ガ格とヲ格は，格助辞をとりさって，とりたて助辞をくっつける．
・わたしには それを ください．
・あなたからも その ことを かれに つたえて おいて ください．
・太郎は，パンも 食べなかった．
・立春は すぎたが，まだまだ さむい．

①格のとりたて形のパラダイム（1）

ハダカ格	山	山は
ガ格	山が	山は
ヲ格	山を	山は
ニ格	山に	山には
ヘ格	山へ	山へは
デ格	山で	山では
ト格	山と	山とは
カラ格	山から	山からは
マデ格	山まで	山までは

マデニ格　春までに　　春までには

　名詞の格を「だけ」や「ばかり」でとりたてるときは，「は」や「も」でとりたてるときとおなじてつづきのほかに，格助辞のまえにとりたて助辞をくっつけるてつづきがある．
　[「は」や「も」とおなじてつづき]
　・太郎は 花子にだけ それを おしえた．
　・花子は 次郎とばかり はなして いた．
　・太郎だけ うしろを むいて いる．
　・花子は いもばかり たべた．
　[格助辞のまえに，とりたて助辞をくっつけるてつづき]
　・太郎は 花子だけに それを おしえた．
　・花子は 次郎ばかりと はなして いた．
　・太郎だけが うしろを むいて いた．
　・花子は いもばかりを たべた．
　・このことは ここだけの はなしだよ．

②格のとりたて形のパラダイム（2）

		(1)とおなじ	(1)とちがう
ハダカ格	山	山だけ	
ガ格	山が	山だけ	山だけが
ヲ格	山を	山だけ	山だけを
ニ格	山に	山にだけ	山だけに
ヘ格	山へ	山へだけ	山だけへ
デ格	山で	山でだけ	山だけで
ト格	山と	山とだけ	山だけと
カラ格	山から	山からだけ	山だけから
マデ格	春まで	（春までぐらい	春ぐらいまで）
マデニ格	春までに	（春までにぐらい	春ぐらいまでに）
ノ格	山の		山だけの
ヘノ格	山への		山だけへの
デノ格	山での		山だけでの
トノ格	山との		山だけとの
カラノ格	春からの		（春ぐらいからの）
マデノ格	春までの		（春ぐらいまでの）

名詞の格のとりたて形は，格形式のあとにとりたて助辞をくっつけてつくるのを基本とするが，格助辞のまえにとりたて助辞をくっつけたり，格助辞をとりさって，とりたて助辞をくっつけたりもする．

③係助辞と副助辞
　名詞の格のとりたて形は，「は」「も」タイプのものと「だけ」「など」タイプのものにわかれる．しかし，全部が完全なかたちでわかれるのではなく，中間的な性格をもつものや，一部のかたちをかくものがある．
　「は」「も」タイプの助辞を係助辞（または，第1種のとりたて助辞）といい，「だけ」「など」タイプのとりたて助辞を副助辞（または，第2種のとりたて助辞）という．
　「は」「も」「こそ」「さえ」「しか」「でも」「すら」「なんて」「まで」は係助辞である．また，「だけ」「ばかり」「くらい（ぐらい）」「など」「なんか」は副助辞である．
　問題6　「なんか」が副助辞であり，「なんて」が係助辞であることはどのようにして確認できるか．

　とりたて助辞をふたつかさねて，とりたて形がつくられることがある．
　・食費だけしか はらわないのは ぼくなんかも おんなじだよ．
　・こればかりは どうしようも ないね．

　問題7　「山に」という格の形について，係助辞「は」と副助辞「だけ」をいっしょにつかってとりたて形をつくるとどうなるか．また，他の係助辞・副助辞のくみあわせでもやってみて，助辞のつづきかたをたしかめよ．

1.3.3. 名詞の並立形
　文中でおなじ資格にたつ単語や単語のあつまりをならべることを並立（ならべ）という．
　名詞の並立形（ならべ形）は，並立助辞（ならべのくっつき）をつけてつくる．並立助辞には「と」「や」「か」「なり」「だの」「とか」「やら」「だか」「に」などがある．
　・太郎と 花子に こづかいを やる．
　・イヌや ネコは 代表的な ペットだ．
　・イヌか ネコが かいたいな．
　・レコードなり テープなり なんでも すきな ものを かいなさい．
　・レコードだの テープだのと，よく おかねが あるね．

・<u>本とか</u> <u>ノートとか</u>は もって こなくても よい．
・かれは くる たびに，<u>肉やら</u> <u>魚やら</u>を もって くる．
・あいつは このごろ <u>お茶だか</u> <u>お花だか</u>を ならいはじめた そうだ．
・あしたの 時間割は <u>算数に</u> <u>国語に</u> 体育だ．

問題 8　ならべ形をつかって名詞をならべるとき，さいごの名詞がならべ形をとるかどうかを，それぞれのならべ形について，つぎの基準にてらしてかんがえよ．
   a. かならずならべ形になる．
   b. ならべ形になりやすい．
   c. ならべ形になってもよいし，ならなくてもよい．
   d. ならべ形になりにくい．
   e. ならべ形にならない．

名詞をいくつかならべるには，ならべ形のほかに，ハダカ格をつかうばあいと，とりたて形をつかうばあいとがある．
・<u>窒素</u>，<u>燐酸</u>，カリを 肥料の 3 要素と いう．
・<u>ぼくも</u> <u>わたしも</u> 1 年生．
・<u>矢でも</u> <u>鉄砲でも</u> もって こい．

1.3.4.　名詞の語形変化

日本語の名詞は，格と並立のカテゴリーのもとに語形変化をおこなう．これを曲用という．曲用とは，名詞的な語形変化のことである．日本語の名詞は，さらに，とりたてのカテゴリーによっても語形をかえる．

日本語の名詞は，語形変化のさいに，膠着のてつづきをとる．膠着というのは，語形変化のために単語に接辞をくっつけるてつづきのことである．

問題 9　第 23 章の「1.3. 曲用と活用」および「2.1. 屈折と膠着」をよんで，同章 2.1.2 の問題をやってみよ．

日本語では，曲用のばあい膠着のてつづきを基本とし，活用のばあい屈折のてつづきを基本として語形をつくる．名詞が名詞らしいのは，曲用するからであって，膠着のてつづきをとるからではない．同様に，動詞が動詞らしいのは，活用するからであって，屈折のてつづきをとるからではない．

1.4.　名詞の定義

ものをあらわし（あるいは，いろいろなものごとを，ものとしてとらえてあらわ

し），曲用して，文中で主語や補語になることを基本的なはたらきとする単語の種類を名詞という．

※品詞を定義するときには，①意味（語彙的な意味），②文中でのはたらき（統語論的な性格），③語形のつくりかた（形態論的な性格）について，のべなければならない．このことは，単語とはなにかという，単語の基本的な性格とむすびついている．

第4章　名詞 (2)
格

1. 格

1.1. 格

　名詞が，文や連語のなかで，他の単語に対してどんな意味的な関係をもつかをあらわす文法的なカテゴリーを，格という．日本語の名詞の格形式は，名詞のあとに格助辞をくっつけてつくる．

　　　ふねが いく　　　　いぬが ほえる
　　　ふねを つくる　　　いぬを だく
　　　ふねに のる　　　　いぬに えさを やる
　　　ふねへ ちかづく
　　　ふねで いく
　　　ふねと ぶつかる　　いぬと あそぶ
　　　ふねから おりる　　いぬから うまれる
　　　ふねまで およぐ
　　　ふねの へさき　　　いぬの しっぽ

日本語の名詞の格は，連用格と連体格が分化している．
・店舗の 建築に ついて <u>現地と</u> 交渉して いる．
・<u>現地との</u> 交渉は てまどる もようで ある．
・技師が 来週 <u>現地へ</u> 出張する．
・<u>現地への</u> 出張が 来週に きまった．
・きのう 町の <u>公民館で</u> 公聴会を おこなった．
・<u>公民館での</u> 公聴会は どうでしたか．
連用格の助辞と連体格の助辞は，かならずしも，あい応じない．
・<u>わが子を</u> 愛する．

・わが子への 愛.
・新聞紙で ひこうきを つくった.
・新聞紙の ひこうき
・新聞紙に よる ひこうきつくり

(格の名称は，第3章参照.)

1.2. 格と連語

〈格関係〉

　格関係は，格形式をとった名詞の，文または連語のなかでの他の単語に対する関係である．

〈格の関係が成立する条件〉

　一定の格関係は，①一定の格形式をとった ②一定の名詞が ③一定の単語をかざるという3つの条件のなかでなりたつ．

　「山をいく」という連語のなかで，「山を」が〈いく〉という移動動作のおこなわれる場所，つまりとおりみちをあらわすという格関係は，「ヲ格」という格形式をとった「山」という場所名詞が，「いく」という移動動作をあらわす動詞をかざるという条件のなかでなりたつ．

　もし，「山を」でなく，「山へ」という格形式をとって「山へいく」にすると，「山へ」はとおりみちでなく，ゆくさきをあらわしてしまう．

　もし「山を」を具体名詞にかえて「ネコを いく」にすると，連語がなりたたなくなる．なぜなら，とおりみちをあらわすためには，場所名詞をつかうことが条件になるからである．だから，これをなりたたせるためには，場所の形式名詞をくみあわせるというてつづきで，「ネコの ところを」「ネコの そばを」などのように，具体名詞を場所名詞化しなければならない．

　「山を」がかかる単語「いく」を「つくる」という生産動詞にかえると，「山を」は生産物をあらわす．「山を」がとおりみちをあらわすためには，「山を」が移動動詞をかざらなければならないのである．

〈連語論〉

　格形式をとる名詞と動詞のくみあわせが，どんなむすびつき（意味的な関係）をしめすかについての研究は，名詞と動詞のくみあわせの研究といわれ，連語論のなかで重要な位置をしめている．

　名詞の格形式の意味は，名詞と動詞のくみあわせや，名詞と形容詞のくみあわせの

研究によって，精密に記述される．

2. 格形式の用法（1） 連用格
　ここでは，それぞれの格形式のもつ，はたらきと意味のおもなものをあげて，概略をのべる．はたらきと意味をあわせて用法といっておく．

2.1. ハダカ格
①よびかけの独立語になる．
　・ブルータス，おまえもか！
　・きみ，これを もって いって くれ．
②並立のまえ部分になる．
　・赤，緑，青を 光の 3 原色と いう．
　・太郎は 小学校，中学校，高校と 男女共学だった．
③数量名詞や程度名詞のハダカ格は，数量や程度の修飾語になる．
　・転校生が 3人 きた．
　・この 会社の 社員は 大部分 独身で ある．
④ときの状況語がハダカ格であらわれることがよくある．
　・祖母も その 翌とし なくなった．
⑤会話文では，ガ格，ヲ格，ヘ格のかわりにハダカ格がつかわれることがある．
　・あなた わたしの パン たべた？
　・ねえさんは もう 会社 いったよ．

問題 1　つぎのハダカ格の名詞はうえのどの用法か．
　ア）先週 いなかから きた 母を 新宿，銀座などに つれて いった．
　イ）おととい 50通 だした てがみ もう 何通 ついたかしら．
　ウ）おかあさん わたし きょう 学校 いかないよ．

2.2. ガ格
①運動の主体をあらわす．
　・ははが あまどを あける．
　・つなみが おしよせる．
②状態や性質や関係のもちぬしをあらわす．
　・つきが あかるい．

・わたしが 次郎の いもうとです．
③原因をあらわす．
　・かれの 病気が みなを かなしませた．
④感情や能力の対象をあらわす．
　・わたしは 夢が ほしかった．
　・彼女は タイ語が はなせます．

2.3.　ヲ格
①動作の直接的な対象をあらわす．
　［はたらきかけをうける対象］
　・おじいさんが 梅の えだを きって いる．
　・ぼくは 封筒に 切手を はった．
　［つくりだす対象（動作のまえには存在しない）］
　・太郎は 雪で うさぎを つくった．
　・公園で おばさんたちが 絵を かいて いた．
　［やりとりする対象］
　・いもうとが 子いぬを もらって きた．
　・かれは むすこには 土地を ゆずらなかった．
　［知覚・認識活動の対象（動作が対象に影響するところまでは意味しない）］
　・けさ この 夏 はじめて セミの こえを きいた．
　・みよちゃんは わたしの かおを みて わらった．
　［言語・思考活動の対象（ヲ格の名詞は抽象名詞）］
　・はじめる まえに 手順を よく かんがえて おきなさい．
　・あなたの ご主人の ことを きいて きましたよ．
②動作のかかわる場所をあらわす．（場所名詞）
　［移動の出発点］
　・ぼくは３時に 会社を でた．
　・長門の 浦を 船出して３日に なる．
　［とおりすぎる場所］
　・汽車は トンネルを ぬけて 鉄橋を わたった．
　［とおりゆく場所］
　・歩行者は 歩道を あるきます．
　・列車は いま アルプスの たにまを はしって いる．
　　※これらのヲ格の名詞については，補語における位置づけ，デ格の状況語とのちがい

など，さらに検討する必要がある．また，ヲ格をとる移動動詞が自動詞であるか，他動詞であるか（参照：第6章）も，のこされた課題である．
③形式的な意味をあらわす動詞とくみあわさって，実質的な内容をになう．
　　しごとを する．　　　しごとを はじめる．　　　しごとを つづける．
　　しごとを おわる．　　失敗を くりかえす．　　　被害を うける．
　　損害を あたえる．　　犠牲を しいる．　　　　　めいわくを かける．
　　いやな かおを する．　　まるい かおを して いる．
④後置詞とくみあわさる．
　　・本日を もって おわる．
　　・友人を とおして きく．
　　・この しごとを やれるのは，かれを おいて ほかに ない．
　　（なお，後置詞については，第16章-2.2参照）

問題2　つぎのヲ格の名詞はうえのどの用法か．
ア）ごはんを たべる まえに 手を あらいなさい．
イ）沖縄ゆきの ふねが みなとを ゆっくり でて いく．
ウ）洗濯を する バケツで 植木の はちを つくる．
エ）映画館の まえを あるいて いる とき，Tさんを みかけた．

2.4.　ニ格
①間接的な対象をあらわす．
　[くっつくところ]
　　・手に ペンキが つく．
　　・アルコールに みずを まぜる．
　[あいて（ひと名詞）]
　　・きょう，広場で 先生に あった．
　　・かれに ペンダントを もらった．
　[態度の対象]
　　・太郎は ゲームに むちゅうだ．
　　・わたしは あえて 時代に 逆行したい．
　[なしとげ（成就）の対象]
　　・実験に 成功する．
　　・試験に おちる．
　[状態や性質がなりたつための基準]

・旅館は 駅に ちかい．
　　　・いもうとは 父に にて いる．
　　　・もちはこびに 便利だ．
　　［いれるところ，はいるところ，のせるところ，のるところ］
　　　・てがみを 封筒に いれる．
　　　・電車に のる．
　　［(うけみ文や使役文で) 動作の主体］
　　　・わたしは また 母に しかられた．
　　　・母は おとうとに ふろを たかせた．
②動作や状態のかかわる場所をあらわす．（場所名詞）
　　［ありか］
　　　・イワナは 渓流に すむ．
　　　・都会に おおい タイプ．
　　［移動の到着点］
　　　・金曜から 日曜に かけて 山に いく．
　　　・故郷に おくる おみやげ．
　　［あらわれる場所，きえる場所］
　　　・やなぎの したに ゆうれいが でる．
　　　・ゆうれいが やなぎの したに きえて いった．
③動作や状態がなりたつ状況をあらわす．
　　［動作や状態がなりたつとき］
　　　・わたしは 毎朝 6時に おきる．
　　　・ことしじゅうに 結婚したい．
　　［移動動作の目的（動作名詞，事件名詞）］
　　　・工場の 建設に 技師を 派遣した．
　　　・おじいさんは 山へ しばかりに いきました．
　　［原因（できごと・現象をあらわす名詞．ふつうはデ格）］
　　　・社長の 突然の 死に 社員たちは おどろいた．
　　　・ながい ひでりつづきに，野菜は すっかり だめに なった．
④結果やようす，認識の内容をあらわす．
　　［結果］
　　　・太郎は やがて りっぱな 青年に 成長しました．
　　　・信号が あおに かわった．
　　［ようす］

・イスが コの字型に ならべて ある．
　　　・カニは よこに あるく．
　結果とようすのさかいめは，はっきりしない．うえの「コの字型に」の例やつぎの例は，結果のようでもあり，ようすのようでもある．
　　　・いろがみを キリンの かたちに きる．
　　［認識の内容］
　　　・すすきの ほが ゆうれいに みえた．
　　　・ネコの こえが あかんぼうの こえに きこえる．
　　［認識の対象をあらわす名詞があらわれるばあいもある．］
　　　・この 男を 敵に みたてて なぐって みろ．
⑤補助的な単語とくみあわさる．
　　［「なる」「する」とくみあわさる］
　　　・オタマジャクシが カエルに なる．
　　　・あしを ぼうに して あるく．
　　［コピュラとくみあわさる］
　　　・やつこそ 真犯人に ちがいない．
　　　　（コピュラについては，第16章-2.1 参照）
　　［後置詞とくみあわさる］
　　　・文法に ついて はなす．
　　　〜に よって，〜に おいて，〜に 関して，〜に 対する，〜に 応じて

　問題3　つぎのニ格の名詞はうえのどの用法か．
　ア）こんどの 日曜に おはかまいりに いこう．
　イ）おばあさんに もらった ソバの 実を 粉に ひく．
　ウ）会社の 方針に 反対する ひとたちを とおくの 支店に おいやる．

2.5.　へ格
　①移動の到着点
　　　・千葉へ いく．
　　　・東京へ ミカンを おくる．
　②方向
　　　・ひだりへ まがれ．
　　　・東の 方へ 300メートルほど あるいた．

③あらわれる場所やきえる場所
・ゆうれいが やなぎの したへ あらわれる．
・ゆうれいが やなぎの したへ きえる．
④あいて（これは，つぎのような用法に固定されている．）
・ご用の かたは かかりへ もうしつけて ください．
・祝開店．田中屋さんへ．清水屋．

問題4　つぎのへ格の名詞はうえのどの用法か．
ア）「関西方面へ 行かれる かたへ．」
イ）わたしが きた 方へ いく 人は いるかい．
ウ）けしゴムが ゆかの あなへ おちた．

2.6.　デ格
①道具（具体名詞）
・とうふは 刃の ない ほうちょうで きる．
・ぼくは 土の うえに 石で 字を かいた．
②材料や原料や構成要素（参照：2.8）
・ひろちゃんが つみきで いえを つくって いる．
・わたしは ごくぶとの 毛糸で セーターを あんだ．
・日本酒は，こめで つくる．
・みずは 酸素と 水素で できて いる．
③ようす，すがた
　ようすや方法をあらわす名詞のデ格．身につけるものをあらわす単語のデ格は，服装をあらわすことができる．
・きみは さかだちで 何メートル あるけるか．
・あの 日本語学校は あたらしい 方法で おしえる そうだ．
・中学生たちが あかい ランニングで はしって いる．
道具と材料，また道具とようす（方法）のあいだには，中間的なものがある．

問題5　つぎの各例のうちどれが，どの用法とどの用法の中間か．
ア）この 字は ペンキで かいて ある．
イ）この 字は クレヨンで かいて ある．
ウ）この 字は ペンで かいて ある．
エ）わたしは 自転車で 学校へ いく．
オ）わたしは あるきで 学校へ いく．

④うごきや状態がなりたつ場所（場所名詞）
　・武田信玄と 上杉謙信が <u>川中島</u>で たたかった．
　・<u>おもて</u>で ひとごえが する．
⑤ことがらのはじまりやおわり
　・いろはがるたは <u>「い」</u>で はじまり，<u>「京」</u>で おわる．
　・もの みな <u>うた</u>で おわる．
　　※歴史的には二格のほうがふるく，ふるいいいまわしなどでよくみられる．
　・武道は <u>礼</u>に はじまり <u>礼</u>に おわる．
⑥原因（できごと名詞）
　・信号機の <u>故障</u>で 列車が とまって いる．
　・きょうは <u>ふつかよい</u>で あたまが ぐるぐる まわる．

問題6　つぎの下線の名詞は，デ格のどの用法か．
　ア）<u>木</u>で つくった <u>飛行機</u>で あそぶ．
　イ）こんどの <u>洪水</u>で おおくの <u>家</u>が ながされた．
　ウ）むりな <u>姿勢</u>で 仕事を すると，腰を いためる ことが ある．

2.7.　ト格
①いっしょにするなかまやおたがいに対立する一方のものをあらわす．
　［いっしょにするなかま］
　・姉は となりの <u>おばさん</u>と かいものに いった．
　・ゆうべは <u>彼女</u>と 映画を みた．
　［相互的な動作のあいて］（双方が参加しておこなうひとつの動作のあいて）
　・自転車が <u>自動車</u>と ぶつかった．
　・太郎が <u>花子</u>と 結婚した．
　［関係が成立するために必要な対象］（このばあいは相互的な関係の一方）
　・兄は <u>父</u>と にて いる．
　・10の 10倍は 1000の <u>10分の1</u>と ひとしい．
　・かれは <u>吉田君</u>と 犬猿の 仲です．
②内容や結果をあらわす．
　［内容］
　・わたしは あなたを <u>親友</u>と みとめない．
　・やつの 実力は <u>中学生ていど</u>と ふめば よかろう．
　［結果またはようす］（この用法は，あまりない．）

・戦場の 花と 散って いった 兵士たち．
・地主の くらの なかには 米だわらが 山と つまれて いた．
※はなしやかんがえのなかみをしめす引用節についた「―と」は，内容や結果をあらわすト格にちかいが，これをト格にくわえるかどうかの検討は今後にまわす．（参照：第21章-3.4）

③補助的な単語とくみあわさる．
  [「なる」「する」とくみあわさる]（②の用法から）
    ・その 年も やがて 冬と なった．
    ・1両を 1000円と すれば，1000両は 100万円だ．
  [後置詞とくみあわさる]
  ①の用法から：～と ともに，～と いっしょに，～と ならんで，～と ちがって
  ②の用法から：～と して，～と いう

問題7　つぎのト格の名詞はうえのどの用法か．
ア）上杉と したしい ものは 敵と みなすべきだ．
イ）花子は 太郎と けんかして かち，ついに ガキ大将と なった．
ウ）あすは おにいさんと つりに いく．

2.8. カラ格

①間接的な対象をあらわす．（もの名詞，ひと名詞）
  [とりはずすところ]
    ・ノミは ひとや 動物の からだから 血を すいとる．
    ・8から 3を ひくと，5に なる．
  [あいて]（ひと名詞）
    ・サルは 桃太郎から きびだんごを もらった．
    ・父は 祖父から きいた はなしを わたしに おしえた．

問題8　あいてをあらわすカラ格を，あいてをあらわすニ格とくらべて，どちらが使用範囲がひろいか，しらべてみよ．

  [いいだすひと]
    ・その 要求は 母から でた もので ある．
  [直接つたえるひと]
    ・わたしから 彼女に つたえて おきましょう．
  [原料]（もとのすがたがわからない点で，材料とことなる．）

- プラスチックは 石油から つくる．
- ソバから つくった 焼酎を そば焼酎と いう．

［構成要素］（もとのすがたが，わかっても，わからなくてもよい）
- 昆虫の からだは あたまと むねと はらから できて いる．
- ダイヤモンドは 炭素から できて いる．

問題9　原料や構成要素をしめすカラ格を，材料や原料や構成要素をしめすデ格と くらべて，その使用範囲を検討せよ．

問題10　材料や原料をあらわすデ格やカラ格の使用範囲について，じっさいにつかわれた多くのかきことば資料や，いろんな年齢，職業のひとの意識をとおして，しらべてみよ．

②動作や状態のかかわる場所をあらわす．
　［移動の出発点］
- 春に なると，みなみの くにから ツバメが やって きます．
- 工場から ちょくせつ 製品を はこばせた．

　［動作をおこす場所］
- 敵は 城壁の うえから 矢を はなった．
- 客席から 拍手が おこった．

問題11　つぎの文は，それぞれ二様にとれる．どのようにか．
ア）おかあさんは 庭から 正夫を よびよせた．
イ）太一が おどりばから にもつを ひっぱりあげた．

　［経由する場所］
- どろぼうは まどから はいって きた らしい．
- こっちの みちから いけ．

　［あらわれる場所やきえる場所］
- ゆうれいは やなぎの したから あらわれて，やなぎの したから きえて いった．

　［ひろがりのいっぽうのはし］
- この 道は あの 山の ふもとから つづいて いる．
- 町はずれから じゃりみちだ．

③動作や状態のはじまる時間や場所
　［はじまるとき］

・あすは <u>3時から</u> 総会が ある．
・年末は <u>28日から</u> やすみます．
[（移動しながらの）動作や状態がはじまる場所]
・トラックは，<u>高崎から</u> スピードを あげた．
・彼女は <u>高崎から</u> ずっと 病人みたいだ．
④原因をあらわす．
・タバコの 火の <u>ふしまつから</u> 火事が おこった．
・ことばの <u>ゆきちがいから</u> 外交上の 大問題が おこった．

問題12 原因をあらわすカラ格を，その範囲のひろさからみて，デ格とくらべよ．

⑤動作のしかたをあらわす．
[方向・がわ]
・潜水艦が <u>左の ほうから</u> きた．
・「Ｎ ヨ Ｎ 686I」この 字 <u>どっちから</u> みるんだ？
[順序]
・<u>1年生から</u> 順に 教室へ はいりなさい．
・すきな <u>ものから</u> くって いくから，さいごに きらいな ものが のこるのだ．
[判断の根拠]
・あの <u>あわてぶりから</u>，かれの 性格が わかる．
・<u>血液型から</u> 犯人を わりだす．
⑥位置づけの基準をあらわす．
・<u>くびから</u> 下　　・<u>福島から</u> 北　　・<u>室町時代から</u> のち

2.9. マデ格

①動作や状態のおよぶ範囲をあらわす．
[移動のおよぶ範囲]
・<u>盛岡まで</u> 新幹線に のって，在来線に のりかえる．
・バスは <u>5合目までしか</u> いかない．
移動の範囲が到着点であるばあいには，ヘ格とおなじになる．
・<u>駅まで</u> 人を むかえに いった．
・「どこへ いくのですか．」「ちょっと <u>市場まで</u> いきます．」
[ひろがりのおよぶ範囲]
・<u>くびまで</u> つかって 100 かぞえなさい．
・<u>役場まで</u> 1キロ ある．

［うごきや状態のおわるとき］
・きょうは <u>9時まで</u> ねた．
・<u>入学式まで</u> おおいに あそぼう．
②動作のあいて．
これは，つぎのような用法にかぎられている．
・拾得品は <u>かかりまで</u> とどけて ください．
※「<u>おまえまで</u> そんなことを いうのか．」のようなものは，とりたて形である．

2.10. マデニ格
動作がそのときよりもまえに成立する／したことをあらわす．
・<u>門限までに</u> かえって きなさい．
・<u>十時までに</u> 30人の もうしこみが あった．
新聞などでは，しばしばつぎのような用法がみられる．
・（ある大学で）9日，12日の２日間に，ごみ箱や 掲示板の ポスターなど 8件 が 焼ける ぼや騒ぎが あった ことが <u>13日までに</u> 分かった．

問題13　時間を「＿＿＿正午＿＿＿」であらわすと，つぎの各文において，かれがいた時間をこの時間線のうえにかきあらわせ．
ア）かれは 正午まで いた．　　　　　　　　　＿＿正午＿＿
イ）かれは 正午までに かえった．　　　　　　＿＿正午＿＿
ウ）かれは 正午までに いちど きた．　　　　＿＿正午＿＿
エ）かれは 正午までに きて いた．（すぐ かえった．）　＿＿正午＿＿
オ）かれは 正午までに きて いた．（ずっと いた．）　　＿＿正午＿＿

2.11.「―より」について
「より」は比較の基準をあらわす．
・クマは <u>タヌキより</u> おおきい．
・特急は <u>急行より</u> はやく はしる．
「―より」は文中の他の名詞のあらわすものとの比較の関係をあらわして，格的な関係をあらわさない．
・花子が <u>太郎より</u> はやく はしった．……格的な意味は「花子が」とおなじ．
・花子は <u>ごはんより</u> パンを よく くう．…格的な意味は「パンを」とおなじ．

問題14　つぎの文はそれぞれ二様にとれる．どのようにか．
ア）花子は 夫より こどもを 愛して いる．

イ）次郎は 太郎より 花子と よく あそぶ．

「―より」は比較の基準から，ほかのものがないことをあらわす用法も派生している．
・<u>かれより</u> ほかに だれも いない．

文語的なニュアンスをもつものには，格の用法がある．このヨリ格はカラ格とほぼおなじ意味をあらわす．
・<u>明15日より</u> 3日間 休業いたします．
・先日 <u>米国より</u> 帰国いたしました．
　※「―より」の位置づけについては未研究である．

3. 格形式の用法（2） 連体格

3.1. ノ格
ノ格は基本的な連体格で，その用法はひろい範囲におよんでいる．
　①かざられる名詞に関係するものをあらわす
　　［部分や付属物や側面に対する全体や本体］
　　　はこの ふた，学校の 門，あにの くせ，文の 構造，かべの いろ
　　［もちぬし，つくりぬし，メンバー］
　　　父の いえ，ミレーの 絵，むすめの 学校，花子の グループ
　　［関係のあいて］（かざられるのは関係者の名詞）
　　　山田の あね，かれの 先生，義経の けらい，左の 反対，うちの となり
　　［うごき，状態，性質の主体］
　　　みよ子の 運命，父の 賛成，山の しずかさ
　　［うごきやきもちの対象］
　　　自動車の 生産，結社の 禁止，かねの ほしさ，わが子の かわいさ
　②かざられる名詞のあらわすものの属性をあらわす
　　［ようすや特徴］
　　　茶いろの 小びん，ふとめの ペン，ふだつきの 不良
　　［部分の特徴］
　　　あげぞこの とっくり，ながい かみの 少女，ひげの おやじ
　　［材料や原料］
　　　ダイヤの ゆびわ，ゴムの ながぐつ，ガラスの かけら，エビの てんぷら

［出身や経歴］
　　大学出の 社員，カナダ産の 木材，ドイツ製の 機械
　［種類や身分など，位置づけ］
　　さかなの サワラと 木の サワラ，いぬの タロー，おんなの 先生，

問題15　「AのB」を「このBはAだ」にいいかえられるものが存在する傾向をとおして，①と②をくらべよ

③もともとはかざられる名詞に関係するものをあらわしながら，属性をあらわすほうへ転じているもの
　［つかいみちやつかいぬし］
　　かぜの くすり，ホチキスの はり，版画の えのぐ，子どもの くつ
　［部分，付属品，生産物の所属さき］
　　かきの へた，ドアの とって，おんなの かお，ビールびんの せん
　［対象，場所などが職種をあらわしているもの］
　　タクシーの 運転手，英語の 教師，きのこの 研究者，病院の 看護婦
　これらは，ノ格をとる名詞が不特定のものをあらわしている．これがもし特定化して「この 子どもの くつ」「花子の かお」「あの タクシーの 運転手」のようになると，①にもどる．

問題16　つぎの文のふたつの下線部をくらべよ．
　　あれっ，この ネコの しっぽ，まるで イヌの しっぽ みたいじゃ ないの．

④かざられる名詞のあらわすものの場所，時間，目的などの状況をあらわす
　［存在する場所や組織］
　　奈良の 大仏，大学の 時計台，日本の 労働者，文部省の 役人
　［出身地や産地］
　　Y校の 卒業生，スイスの 時計，岡山の もも，なだの 生一本
　［ゆくさきの場所］
　　東北の 旅，病院の ゆきかえり，トンネルの 通過
　［時間］
　　さいきんの わかもの，明治の うまれ，夏休みの 宿題
　［原因］
　　成功の よろこび，しごとの つかれ，ながあめの 被害
　［目的］
　　ばんめしの したく，会社設立の 資金，試験の 勉強

⑤かざられる名詞のあらわすことばや作品や思い・考えの内容をあらわす
　　［はなしの内容］
　　　　結婚の はなし，結婚の 約束，禁酒の 声明
　　［作品の内容］
　　　　無法松の 映画，おどりこの 絵，エジソンの 伝記
　　［ゆめの内容］
　　　　富士山の ゆめ，死んだ おやじの ゆめ
　　［思いや考えの内容］
　　　　男尊女卑の 思想，退校の 決意，旅行の 計画
　　［感情や感覚の内容］
　　　　怒りの 情，つめたさの 感覚
⑥かざられる名詞の抽象的，一般的な意味を具体的に内容づける．
　　　　正方形の かたち，あなほりの 仕事，自由化の 傾向
　　　※参照：鈴木康之 1978〜1979「ノ格の名詞と名詞のくみあわせ」『教育国語』55〜59．

3.2.　ヘノ格
①ゆくさき，おくりさきをあらわす．
　　　東北への 旅，むすこへの 送金，母への 手紙
②のべかけや態度のむけさきをあらわす．
　　［のべかけのあいて］
　　　　生徒への 訓示，大衆への よびかけ
　　［態度の対象］
　　　　むすこへの 期待，わが子への 愛，政府方針への 批判

3.3.　デノ格
①うごきや状態のなりたつ場所をあらわす．
　　　禁猟区域での 狩猟，式場での あいさつ
②手段をあらわす．
　　　電話での はなし

3.4.　トノ格
相互的なあいてをあらわす．
　　　県民との 対話，恩師との 離別

3.5. カラノ格

①出発点をあらわす．
　　上野駅からの　始発列車，ニューギニアからの　客
②ものやことばの　おくりぬしをあらわす．
　　サンタからの　おくりもの，おばからの　ことづて，先輩からの　忠告
③動作をおこす場所をあらわす．
　　そらからの　ながめ，月からの　引力
④ひろがりの一方のはしをあらわす．
　　県境からの　でこぼこみち，東京駅からの　距離
⑤うごきや状態のはじまるときをあらわす．
　　3時からの　授業，以前からの　うらみつらみ

3.6. マデノ格

①ゆくさきをあらわす．
　　マニラまでの　ふなたび，京都までの　運賃
②ひろがりの一方のはしをあらわす．
　　太陽までの　距離，玄関までの　しばふ，ひざまでの　スカート
③うごきや状態のおわるとき（時間的な範囲）
　　2時までの　授業，出発までの　時間，去年までの　失敗

問題17　ヘノ格，デノ格，トノ格，カラノ格，マデノ格の意味・用法のひろがりを，それぞれ，ヘ格，デ格，ト格，カラ格，マデ格のそれとくらべて，どのようなちがいがあるかについて検討せよ．

第5章　名詞（3）
特殊な名詞

1. ふつう名詞と固有名詞

　特定のものにつけた名まえである名詞を固有名詞という．名詞の意味は，ふつうは一般的であって，ふつうの名詞のことを，固有名詞に対して，ふつう名詞という．

　　ふつう名詞：つくえ　ほん　シロナガスクジラ　電気　理想　構造
　　固有名詞：太郎　ポチ　富士山　最上川　東京都　日本

　固有名詞とふつう名詞のさかいめははっきりしない．ひとつしかない「地球」はふつう名詞とされるが，固有名詞とかんがえる人もある．一方，おなじものがたくさんある大量生産される商品名は固有名詞とされるが，ふつう名詞とかんがえる人もある．

　おおくのヨーロッパ語で，固有名詞は大文字で，ふつう名詞は小文字でかきはじめられて区別されている．そのため，表記法の習慣のちがう言語のあいだでズレがおこることがある．

日本語	:	月曜日	1月	日本語	日本人
英語	:	Monday	January	Japanese	Japanese
フランス語	:	lundi	janvier	japonais	Japonais
タガログ語	:	Lunes	Enero	Nihonggo	hapon

2. 代名詞

2.1. 代名詞

　代名詞も一般の名詞と同様，ものをさししめすが，そのさししめしかたがことなる．代名詞は，意味的には，はなし手，きき手または第3者をあらわし，それが，はなし手ときき手のあいだで実際につかわれることによって，ダレをさすか，ナニを

さすがきまるのである．つまり，代名詞は，はなし手ときき手の関係をとおしてひとやものをさししめす特殊な名詞である．

　日本語の代名詞には，数のカテゴリーがあって，単数と複数が分化しているものがある．このことは，一般の名詞とことなった特徴である．

　代名詞には人称代名詞と指示代名詞がある．人称代名詞はひとをさす代名詞で，人称によって区別する．指示代名詞は3人称に相当するものやひとなどをさししめす名詞で，はなし手ときき手とからの遠近関係などで区別する．指示代名詞は，使用のさいに，ゆびさしをともなうことがおおい．

2.2.　人称代名詞

　人称代名詞は人称によってわかれ，それぞれが単数・複数の対立によって変化する．複数形は単数形に接尾辞をつけてつくる．また，上下関係やしたしさや文体，性などによる分化もみられる．

　問題1　「学生は3人とも きた．」といえるのに「かれは3人とも きた．」といえないのはなぜか．

	1人称	2人称	3人称	疑問称	不定称
単数	わたし ぼく おれ	あなた きみ おまえ	かれ かのじょ	どなた だれ	どなたか だれか
複数	わたしたち ぼくら おれたち	あなたがた きみたち おまえら	かれら かのじょら		

　問題2　日本語の人称代名詞は，待遇のしかたによって，いろいろにいいわけられる．うえの表にないものを，それぞれのワクごとに，いろいろあげてみよ．

　問題3　「わたくしたち」と「わたくしども」とはどうちがうか，かんがえてみよ．また，「うちでは」と「おたくでは」はどのようにつかわれているか，いろいろなひとにきいてみよ．

　なお，待遇というのは，はなしのあいて，または，素材にたいする，みあげ-みさげにかかわるカテゴリーである．したがって，「きさま」や「おれさま」などの卑語や尊大語などもふくむことになり，尊敬，謙譲，ていねいなどの敬語よりひろい概念

である.

問題 4　第 23 章の「1.2.文法的なカテゴリー」のところをよんで，日本語の代名詞は数のカテゴリーをもっており，ふつうの名詞はそれをもっていないということを，文法的なカテゴリーの定義にしたがって説明せよ.

2.3.　指示代名詞

指示代名詞は，ひと，もの，ことがらなどをさししめすのにつかわれる代名詞である．日本語の指示代名詞は，近称（自称），中称（対称），遠称（他称）の 3 つにわかれている．

	近称（自称）	中称（対称）	遠称（他称）	疑問称
もの・ひと・ことがら	これ こいつ このひと	それ そいつ そのひと	あれ あいつ あのひと	どれ どいつ どのひと
場所・部分	ここ	そこ	あそこ	どこ
方向・がわ・選択したもの	こちら こっち	そちら そっち	あちら あっち	どちら どっち

なお，この表で「がわ」というのは，「こっちが おもてで，あっちが うら．」のようなばあいのことで，「こっちがわ」「あっちがわ」などのいいかたもある．「選択したもの」というのは，「どちらに しようか」「こっちの ほうが よい．」などのばあいをさす．

2.3.1.　コソアドの体系

指示代名詞は，他の品詞に属する，おなじ語頭音節をもった指示語とともに，コソアドの体系をなしている．指示代名詞はうえにあげたので，それ以外の指示語をつぎにあげる．連体詞については，第 17 章〈参考〉参照．

	近称（自称）	中称（対称）	遠称（他称）	疑問称
連体詞 （きめつけ詞）	この	その	あの	どの
連体詞 （形容詞）	こんな こういう	そんな そういう	あんな ああいう	どんな どういう

	コ	ソ	ア	ド
副詞	こういった こうした	そういった そうした	ああいった ああした	どういった どうした
	こう こんなに	そう そんなに	ああ あんなに	どう どんなに
動詞	こうする こうなる	そうする そうなる	ああする ああなる	どうする どうなる

　コソアドには，はなし手ときき手で構成する場面に存在するものごとを直接にさししめす用法と，はなし手またはあい手ののべたことをうけてさししめす文脈的な用法とがある．

2.3.2. コソアドの直接的な（空間的な）用法

　はなし手ときき手の関係のなかで，はなし手のがわから具体的なものをさししめす．

　コソアのあらわれかたは，はなし手ときき手が接近しているかいないかによってことなる．

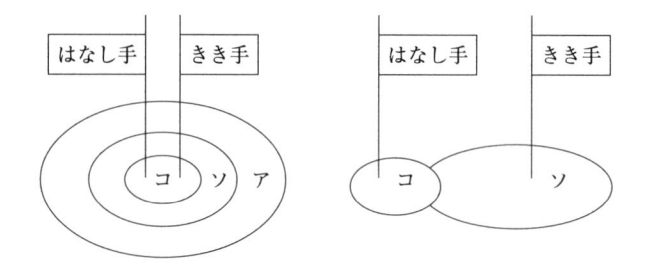

①はなし手ときき手が接近しているばあい，「われわれ」という領域をつくり，その「われわれ」の領域内のものをコ系であらわし，領域外で，比較的ちかければソ系で，それよりとおければア系であらわす，というようにはなし手，きき手から対象までの距離の遠近によって指示される．

　・「これは だれの 絵ですか．」「はい，これは 去年 わたしが かいた 絵です．」
　・そこに みえるのが 小学校で，あの たかい 山が てんぐ山です．

②はなし手ときき手がはなれているばあい，または，はなし手ときき手を対立するものとしてとらえるばあい，はなし手ときき手はそれぞれのなわばりをもつ．はなし手のなわばりはコ系であらわし，きき手のなわばりはソ系であらわす．そのほかのところは，ア系であらわす．ア系でさししめす範囲は，もとは，はなし手ときき

手から，ほぼおなじ方向にみえるところにかぎられていたが，しだいに範囲をひろげてきている．
  ・「<u>これは</u> だれの 本ですか．」「あっ，<u>それは</u> ぼくのです．」
  ・「<u>そこは</u> あたたかそうですね．」「うん，<u>ここ</u>，とても あたたかいよ．」
  ・「おおい，ゴロー どっち いった？」「ゴローか．ゴローは <u>あっちの</u> ほう，はしって いったよ．」

問題 5 「どちらへ？」「ちょっと そこまで．」の「そこ」の用法について説明せよ．

問題 6 以下の会話における指示語の用法を説明せよ．
  ア）医者「ここは いたいですか？」 患者「そこは いたくないです．」
  イ）医者「では，ここは どうですか？」 患者「そこも だいじょうぶです．」
  ウ）医者「では，どの あたりですか？」 患者「この あたりです．」

2.3.3. コソアドの文脈的な用法

はなし手がすぐまえにいったことや，これからいうことは，コ系であらわす．はなし手がすぐまえにいったことで，きき手によく理解されたとおもわれることや，きき手がすぐまえにいったことは，ソ系であらわす．また，話のはじまる以前から，はなし手ときき手に，おなじように，よくしられていることなどをさすときには，ア系をつかう．
  ・「花子の 子どもは 花子じゃ ないのに，人間の 子どもは 人間だ．<u>これは</u> おもしろいね．」
  ・「ここは おんなの子の へやだ．<u>この</u> ことを わすれるな．」
  ・「<u>これは</u> その ときに きいた 話です．」（といって，はなしはじめる）
  ・「きのう 1万円 ひろったんだよ．」「<u>それが</u> どうしたの．」
  ・「花子の 子どもは 花子じゃ ないのに，人間の 子どもは 人間だよ．」「<u>それは</u> おもしろいね．」
  ・「ここは，おんなの子の へやだ．<u>その</u> ことを わすれるな．」
  ・「去年，川田さんて いう ひとと 山に のぼったでしょ？」「うん．」
  　「<u>あの</u> ひとがね，ことしも また，いっしょに いこうって いってたよ．」

代名詞やコソアドに，はなし手ときき手との関係をとおしてひとやものをさししめす性質があることを，「境遇性をもつ（ダイクティックである）」という．「境遇性とは簡単にいえば，ばめんに左右される性質」（三上章）である．日記に「きのう神田へいった．」とかいたとき，文中の「きのう」は，代名詞やコソアドとちがってきき

手との関係はとおさないが，はなし手と場面との関係によって日時が特定される点で境遇性がある．境遇性をもつものには，代名詞やコソアドのような単語もあれば，動詞の人称・テンスなどのように文法的なカテゴリーに属するものもある．また，敬語は，語彙的でも文法的でもあるが，これも境遇性をもつ．

3. 数量名詞

　数量をあらわす名詞を数量名詞という．数量名詞には，数や量をあらわすものと順序をあらわすものとがある．
- <u>3つの</u> おはぎを，<u>1つは</u> 太郎が，<u>2つは</u> 花子が たべた．
- <u>1m</u> は <u>100cm</u> です．
- <u>4回の</u> うち，<u>2回めの</u> 記録が いちばん よかった．

　数や量をあらわす数量名詞は，格のくっつきのつかないかたちで数量をあらわす修飾語になる．
- 太郎は ごはんを <u>5はい</u> たべた．

　日本語では数をあらわすのに，かぞえるものの種類におうじて「こ」「人」「ひき」「まい」「本」「さつ」「台」……などの接尾辞をくっつける．この接尾辞は助数詞とよばれてきたが，一般文法論では，これを類別辞とよんでいる．

　問題7　助数詞のことを，一般文法論で 類別辞（classifier）というのはなぜか．かんがえてみよ．

4. 形式名詞

　名詞のなかには語彙的な意味が抽象化して，主として文法的なはたらきのためにつかわれるものがある．これを形式名詞という．形式名詞は単独では文の部分にならず，他の実質的な意味をになう単語とくみあわさって文の部分を構成する．

　形式名詞には，「うえ」「なか」「した」「あと」「あいだ」「もの」「こと」「ため」「おかげ」などのように，文中の文の部分をくみたてるもののほか，「…したところだ」「…するはずだ」「…したわけだ」の「ところ」「はず」「わけ」などのように述語をくみたてるものもある．
- ちょうど 食事が おわった <u>ところへ</u> にいさんが かえって きた．
- 試験の <u>ことで</u> あたまが いっぱいだ．
- かれが てつだって くれた <u>おかげで</u> はやく できた．

・「わたしから」と いえば わかる はずです.

第6章　動詞（1）
動詞とは

1. 動詞とはなにか

1.1. 動詞の意味

　動詞は基本的に運動をあらわす．（日本語の「動詞」という品詞名は，この種の単語が運動をあらわすことに着目して，つけられたものである．）
　もうすこしくわしくいうと，動詞のなかには，動作をあらわすもの，変化をあらわすもののほか，状態，存在，関係をあらわすものなどがある．
　（動作）はしる，とぶ，たべる，なぐる，こわす，あたえる，うごく，など．
　（変化）かわく，ふえる，さめる，まがる，しぬ，くさる，かわる，など．
　（状態）みえる，めだつ，など．
　（存在）ある，いる，など．
　（関係）かかわる，属する，所有する，など．
　動作というのは，静止の状態にないことであり，変化というのは，時間的な前後にかけて，ちがった状態にうつることである．動作をあらわす動詞であるか変化をあらわす動詞であるかによって，おなじ形式がことなった文法的意味をもつことがある．たとえば，「はしっている」は，〈はしる〉という動作の持続のなかにあることをあらわすし，「かわいている」は，〈かわく〉という変化がおこったあとの結果の状態の持続のなかにあることをあらわす．
　動作と変化は，運動として，ひとつにまとめることができる．そして，この，運動をあらわす動詞が，動詞の大部分をしめている．また，これからのべていく，いろいろな動詞らしさは，基本的に，運動をあらわす動詞によって実現されるのである．
　状態，存在，関係などをあらわすのは，きわめて少数の動詞である．これらは特殊な動詞ということができる．たとえば，「ある」「いる」という動詞には「あっている」「いている」のような形式はないというように，動詞としての形式もそろってい

ないし,「ある」のうちけしは「ない」であって, 形容詞になってしまう. また,「めだつ」「属する」なども, 形式のうえでは,〈めだつ―めだって いる〉〈属する―属して いる〉のような対立があっても, 意味的には, きちんとした対立になっていないようなことがあったりする. これは, 運動をあらわすという動詞らしさをかくところから生じる現象であって, 動詞の基本的な意味をもっていない特殊な動詞として位置づけられる.

1.2. 動詞の, 文中でのはたらき

　動詞は述語以外のはたらきもするが, 主要なはたらきは述語になることである. また, 述語は動詞以外の品詞によってもつくられるが, 主役はやはり動詞である. このことは, かずのうえからも, また, はたらきの性格からもいえることである.

　動詞は述語になる. そして, 主語といっしょになってできごとをあらわすやくめと, そのできごとを現実のなかに位置づけるやくめとを, ひきうけることになる.

・ひろい のはらで ウシが <u>なく</u>.
・子イヌが <u>はしりまわる</u>.
・カエルが ぽちゃんと <u>おとを たてて</u> おがわに <u>とびこんだ</u>.
・子どもが 子イヌを <u>おいかける</u>.
・<u>はれた</u> そらに ヒバリの こえが <u>ひびく</u>.

　問題1　名詞と動詞でできた2語の文において, 動詞が述語になるのは, なぜか.
（参照：17章-2）

1.3. 動詞の, 文中での語形変化

　動詞は, 述語になることとかかわって, ムードとテンスのカテゴリーをもつ.

ムード　　　　テンス		非過去形	過去形
のべたて形	断定形	よむ	よんだ
	推量形	よむだろう	よんだだろう
さそいかけ形		よもう	
命令形		よめ	

動詞は，きき手へののべかけかたのちがいによって，「よむ―よもう―よめ」のように，かたちをかえる．また，できごとのとらえかたのちがいによって，「よむ―よむだろう」「よんだ―よんだだろう」のようにかたちをかえる．これがムードによる語形変化である．

また，のべたて形は，のべられるできごとと発話時との関係のちがいによって，「よむ―よんだ」「よむだろう―よんだだろう」のように，かたちをかえる．これがテンスによる語形変化である．

問題2　まえの表にしたがって「はしる」「みる」「する」「くる」を変化させてみよ．

日本語をはじめ，おおくの言語で動詞は活用する．動詞は，述語となってのべかたのしごとをひきうけるために語形を変化させるのである．このような動詞の語形変化のことを活用という．活用というのは，動詞の動詞らしい語形変化のことである．

問題3　第23章2.1の問題をもう一度やってみよ．

1.4. 動詞の定義

動詞は，運動をあらわし，文中で主として述語となり，活用する（つまり，ムード・テンスなどによって語形変化する）単語の種類である．

2. 動詞の活用

2.1. 動詞の基本的な語形変化

さきに1.3にしめしたパラダイムは，動詞が文の述語になって，文をいいおわるときの語形の表である．けれども，動詞は文の述語になるだけでなく，従属節の述語になったり，また，述語以外の役をつとめたりもする．そういうばあいの語形もふくめて，パラダイムをかくと，この節のパラダイムのようにひろげられる．

このパラダイムのひだりうえの，斜線のひかれた区画にカテゴリー名がしるされている．これにしたがって，機能，ムード，テンス，ていねいさ，みとめかたの順に簡単にのべていく．

動詞の基本的な活用表

機能	ムード	テンス	ていねいさ	ふつう体の形式 (ふつう体の動詞)		ていねい体の形式 (ていねい体の動詞)	
				みとめ形式 (みとめの動詞)	うちけし形式 (うちけしの動詞)	みとめ形式 (みとめの動詞)	うちけし形式 (うちけしの動詞)
終止形	断定形	非過去形		よむ	よまない	よみます	よみません
		過去形		よんだ	よまなかった	よみました	よみませんでした
	推量形	非過去形		よむだろう	よまないだろう	よむでしょう	よみないでしょう
		過去形		よんだ(だ)ろう	よまなかった(だ)ろう	よんだでしょう	よみなかったでしょう
	のべたて形 さそいかけ形			よもう よむ	(よまい)	よみましょう	(よみますまい)
	命令形			よめ	よむな	よみなさい	
連体形		非過去形		よむ	よまない	(よみます)	(よみません)
		過去形		よんだ	よまなかった	(よみました)	(よみませんでした)
中止形	第1なかどめ			よみ	よまず(に)	よみまして	よみませんでして
	第2なかどめ			よんで	よまないで よまなくて		
	ならべたて形			よんだり	よまなかったり	よみましたり	よみませんでしたり
条件形	(バ条件形)			よめば	よまなければ	(よみますれば) よみましたら	よみませんでしたら
	(ナラ条件形)			よむなら	よまないなら	(よみますなら)	
	(タラ条件形)			よんだら	よまなかったら	よみましたら	よみませんでしたら
	(ト条件形)			よむと	よまないと	よみますと	よみませんと
譲歩形	(テモ譲歩形)			よんでも	よまなくても	よみましても	よみませんでしても
	(タッテ譲歩形)			よんだって	よまなくたって	(よみましても)	(よみませんでしても)

2.2. 機能による語形変化

　機能というのは，文中でのはたらきである．日本語の動詞は，文のおわりにつかわれるか，文の途中につかわれるかによって，語形をかえる．機能のことは，日本では，むかしから「きれつづき」といわれてきた．文がきれるか，つづくか，また，どのようにつづくかに関係しているからである．

　日本語の動詞のもつ機能のカテゴリーは，文中でのはたらきという統語論的な性格が，単語の語形という形態論的な性格にもおよんでいる点で，興味ぶかいものである．

2.2.1. 終止形

　終止形は，述語になって文を終止させるはたらきをうけもつ語形である．
　　※伝統的な国文法の「終止形」は，文の終止の機能をもつ「命令形」を排除している．このことは，国文法が，体系的な「機能」と「ムード」の概念をもっていないことのあらわれである．
　・あす，北海道から 友人が <u>くる</u>．
　・きのう いなかの 母に てがみを <u>かきました</u>．
　・この つぎは，もっと 時間の 余裕を みて <u>いきましょう</u>．
　・この つぎの つぎの 信号で みぎに <u>まがれ</u>．

2.2.2. 連体形

　連体形は，名詞にかかるばあいの語形であって，ムードのカテゴリーがなく，テンス形式だけをもっている．
　・こんど <u>くる</u> 先生は どんな 先生かな．
　・きのう <u>よんだ</u> 本に ついて はなします．
　・毎日 つぎの 日に <u>ならう</u> 課目の 予習を する．
　・うしろに けしゴムの <u>ついた</u> えんぴつ．

　現代日本語の連体形は，終止形のなかの，のべたて・断定形とかたちがおなじであるが，その文法的意味がちがうものが多い．たとえば，うえの「ついた」は状態をあらわしているが，終止形の「ついた」には，このような用法はない．

2.2.3. 中止形

　中止形（なかどめ）は，文を途中でとめるときの語形である．中止形が述語としてはたらくときは，ふたまた述語文（1つの主語に対して述語が2つ以上ある文）のさ

きだつ述語になるか（まえの2例），あわせ文（主語と述語のある節がふたつ以上ある文）のさきだつ節の述語になるか（あとの2例）のどちらかである．
　・わたしは あす，かれに あい，これを わたします．
　・かれは，あの 山を こえて，ここに やって きた．
　・そらには くろい くもが たちこめ，なまあたたかい かぜが ふいて いました．
　・イヌが くるまを ひっぱって，サルが あとを おしました．
また，修飾語や陳述語になるものもある．
　・子どもたちは こまを まわして あそびました．
　・正直に いって，この しごとは しんどいですね．
なお，ひろい意味の中止形のなかには「したり」「してから」などもはいる．どのあたりまでを中止形にいれるかは，これからの問題である．

2.2.4. 条件形・譲歩形

条件形・譲歩形は，主節のしめすことがらが成立するために，有効または無効な条件（まえの2例）やきっかけ（あとの2例）をさしだす従属句節の述語につかわれるかたちである．
　・かれに きけば，おしえて くれる．
　・この くすりは のんでも きかない．
　・おもいきり はしったら，あしが いたく なった．
　・目が さめて，まどを あけると，ゆきが つもって いた．
このパラダイムにとりあげた諸語形は，（あとの節でのべるように）共通の性格と，それぞれに独自な性格とをもっている．

2.3. ムードによる語形変化

　終止形は，ムードのカテゴリーをもっている．ムードは，動詞のしめす運動を，はなし手が現実と関係づけることにかかわる文法的なカテゴリーである．
　そのうち，のべたて形，さそいかけ形，命令形は，きき手へののべかけかたにかかわるものである．のべたて形は，きき手に対して情報をつたえるかたちであり，さそいかけ形は，きき手に運動をさそいかけるかたち，命令形は，きき手に運動をさせるかたちである．
　のべたて形は，さらに，はなし手の現実認識のしかたに応じて，断定形（いいきり形）と推量形（おしはかり形）にわかれる．はなし手が直接的な経験によってとらえたこと，たしかめたものとして認識しえたことをのべるのが断定形であり，間接的な認識や想像によってとらえたことをのべたり，確認できないものとしてのべたりする

のが推量形である.
・わたしは これから 本を よむ.
・かれも これから 本を よむだろう.
・さあ 本を よもう.
・おまえも 本を よめ.

2.4. テンスによる語形変化
　動詞のテンスは，動詞のしめす運動が（基本的には）はなしのときを基準にして，それよりまえか，あとか，同時かをあらわしわけることにかかわる文法的なカテゴリーである．現代日本語の動詞では，テンスのカテゴリーのもとに，非過去形と過去形という，ふたつの語形が対立している．
・あしたは 映画を みる.
・きのうは 映画を みた.
（・いま 映画を みて いる.）

2.5. ていねいさとみとめかたによる文法的派生動詞
　現代日本語の動詞は，ていねいさのカテゴリーにおいて，ふつうの動詞とていねいの動詞に分化している．ていねいさは，はなし手の，きき手，または，場面に対する態度によってきまる．この態度は，原則として，ひとつのはなしや文章のはじめからおわりまで一貫しているものである．したがって，それは，そのはなしなり文章なりの，文体の一部となる．
　日本語の動詞は，みとめかたのカテゴリーにおいて，みとめ（肯定）の動詞とうちけし（否定）の動詞が分化している．みとめの動詞は，その運動があることをあらわし，うちけしの動詞は，その運動がないことをあらわす．

2.6. 基本的な活用表のくみたて
　この活用表は，うえの段に，ていねいさとみとめかたのカテゴリーによる，「よむ」「よまない」「よみます」「よみません」のよっつの文法的派生動詞がならべられ，ひだりがわには，機能，ムード，テンスというカテゴリーによる，「よむ」「よんだ」…のように，せまい意味の語形がならべられている．このようにして，諸語形が，もっとも語形らしい語形（せまい意味の語形）と，相対的にいくらか単語性をおびた語形（文法的派生動詞）とに段階わけされて，整理されている．それぞれの文法的派生動詞が，せまい意味の語形として語形変化するというとらえかたである．

問題4　第23章-2.4，-2.5をよんで，「よまない」「よみます」などが文法的派生動詞であることをたしかめよ．

問題5　2.1のパラダイムにおいて，ひだりがわに，たてにならべられた系列では，「終止形」「連体形」，「断定形」「推量形」，……のように「～形」とかかれているのに，うえに，よこにならべられた系列では「ていねい体の動詞」「みとめ動詞」，……のように「～動詞」とかかれている．それはなぜか．

問題6　つぎの文の下線の語形は，それぞれパラダイムのどの語形にあたるか．
　例　昨夜は なにごとも おこりませんでした．
　　　（ていねい体の うちけし動詞の 終止形の のべたて形の 断定形の 過去形）
ア）あした くる 人たちに これを わたしなさい．
イ）あなたには，一目 みて それが ニセモノだと わかったでしょう．
ウ）ここ，つまんないから，もう かえろうよ．
エ）その かどを まがると，左がわに あります．
オ）わかるかな．わかんないだろうな．
カ）そんな 音楽 いくら きいても わかんないから，もう やめろよ．
キ）かぜ かぜ ふくな．しゃぼんだま とばそう．

2.7.　いろいろな文法的カテゴリーの動詞

つぎのようなカテゴリーに属するそれぞれの，もとの動詞，文法的派生動詞，文法的複合動詞，文法的くみあわせ動詞は，それぞれが基本的な活用表をもっている．
　　※それぞれのカテゴリー，および，そのカテゴリーに属するものについての解説は，第7章以下でおこなう．
　ヴォイス　　：よむ，よまれる，よませる，よませられる
　やりもらい：よんで やる，よんで くれる，よんで もらう
　もくろみ　　：よんで みる，よんで みせる　……
　アスペクト的なもの：よむ，よんで いる，よんで ある　……
　局面　　　　：よみはじめる，よみつづける，よみおわる，よみかける　……
　尊敬・謙譲：よまれる，およみに なる，およみする，およみもうしあげる　……
　その他　　　：よむと する，よんだり する　……

問題7　第9章-1の表とてらしあわせて，うえのリストの諸語形を，もとの動詞，文法的派生動詞，文法的複合動詞，文法的くみあわせ動詞にふりわけよ．

問題8　うえにあげた，それぞれの，文法的な，派生動詞や，複合動詞や，くみあ

わせ動詞が，基本的な活用表にしたがって活用することをたしかめよ．

2.8. マークされない語形とマークされた語形

鈴木重幸 1972『日本語文法・形態論』は，動詞の活用にかかわって，つぎのようにかいている．（253 ページ）

> われわれは，いわゆる助詞（全部）と助動詞（大部分）を独立の単語とはみとめず，単語の文法的な部分だとみとめるたちばをとる．ということは，たとえば，つぎのような形式は，すべて動詞だとみとめることである．
> 〈とき〉よむ（すぎさらず）―よんだ（すぎさり）
> 〈きもち〉よむ・よんだ（のべたて）―よもう（さそいかけ）―よめ（命令）
> 〈みとめかた〉よむ（みとめ）―よまない（うちけし）
> 〈ていねいさ〉よむ（ふつうの いいかた）―よみます（ていねいな いいかた）
>
> これらの形式は，それぞれの（　）のところにしめしたような文法的な意味で対立し，左の〈　〉にしめしたような，一般的な文法的な意味（すなわち，文法的なカテゴリー）のもとに統一して，それぞれ系列をなしている．そして，それぞれの系列には共通の形式「よむ」があり，それによって，それぞれの系列はおたがいにむすびついている．このようにして，ここにあげられた動詞は，ここにあげられていない動詞とともに，対立し，統一しながら，全部で一つの複雑な体系をなして存在しているのである．

うえにしめされているように，これらのカテゴリーは，すべてマークされない語形とマークされた語形の対立・統一によって形成されている．そして，各カテゴリーに共通するマークされない語形である「よむ」が，パラダイムのかなめになっている．このことは，マークされない語形の重要さをものがたるものである．

問題 9　じぶんのはなしことばの動詞の基本的な活用表をつくってみよ．

3. 他動詞と自動詞

3.1. 動詞の格支配

動詞が文のなか（あるいは，連語のなか）で，名詞の特定の格とくみあわさると

き，その動詞がその格を支配するという．格支配（case government）は，ふつう，斜格についていう．

「くう」という動詞は，「めしを くう」のように対格を支配し，「のる」という動詞は，「電車に のる」のように，与格を支配する．また，「おしえる」という動詞は，「学生に 文法を おしえる」のように，与格と対格を支配する．

格支配は，基本的には，現実のものと運動の関係を反映しているが，使用のなかで歴史的に固定しており，それぞれの動詞ごとに支配する格がきまっている．たとえば，「愛する」は「花子を 愛する」のように，対格を支配するが，「ほれる」は「花子に ほれる」のように，与格を支配する．

なお，格支配とともに動詞の結合価という概念がある．これは，格支配とことなり直格も結合価のメンバーになるので，（雨が）ふる，（風が）ふく，のような自動詞も1価動詞とみなされる．

問題10 つぎの動詞は何格を支配するか．
たべる　ぶつかる　おしえる

3.2. 他動詞と自動詞

動詞のなかには，他のものにはたらきかける運動をあらわすものと，そうでないものがあり，前者を他動詞，後者を自動詞という．つまり，対象的な関係で名詞の対格を支配するものが他動詞であり，そのような支配をしないものが自動詞である．

他動詞
・きょうは ひっこしなので，へやの ものを ぜんぶ そとに <u>はこびだす</u>．
・ぼくの おじいさんは 字の こまかい 本を <u>よむ</u>．
・おまつりの 練習では，みんなで たいこを <u>たたいた</u>．
・新聞委員が かべ新聞を かべに <u>はりつけた</u>．

自動詞
・サルも 木から <u>おちる</u>．
・山の お寺の かねが <u>なる</u>．
・運動会の つなひきの ときに，ふとい つなが <u>きれた</u>．
・台風で，たてた ばかりの 小屋が <u>たおれた</u>．

他動詞：ひっぱる　たてる　はこぶ　だす　なぐる　ける　わたす
　　　　なげる　みる　にる　きる

自動詞：いく　かえる　あるく　ころぶ　とぶ　およぐ　すわる
　　　　ねる　おきる　つかれる　ほえる　こおる　つもる　おちる

動詞のなかには，他動詞と自動詞が対になっているものがある．これには，単語のつくりかた（派生のしかた）において，いくつかの種類がある．そのおもなものをあげる．

① 他動詞がもとになったとおもわれるもの
- 他動詞　〜-u　　　husag-u　　tsunag-u　　kurum-u
  自動詞　〜 ar-u　husagar-u　tsunagar-u　kurumar-u
- 他動詞　〜 e-ru　kake-ru　　mage-ru　　osame-ru
  自動詞　〜 ar-u　kakar-u　　magar-u　　osamar-u

② 自動詞がもとになったとおもわれるもの
- 自動詞　〜-u　　　ugok-u　　nar-u　　　kawak-u
  他動詞　〜 as-u　ugokas-u　naras-u　　kawakas-u
- 自動詞　〜 e-ru　nige-ru　　same-ru　　nure-ru
  他動詞　〜 as-u　nigas-u　　samas-u　　nuras-u

③ どちらがもとになったともいえないもの
- 他動詞　〜 s-u　　nokos-u　　amas-u　　kaes-u
  自動詞　〜 r-u　　nokor-u　　amar-u　　kaer-u
- 他動詞　〜 s-u　　nagas-u　　kobos-u　　arawas-u
  自動詞　〜 re-ru　nagare-ru　kobore-ru　araware-ru
- 他動詞　〜-u　　　nuk-u　　　kudak-u　　war-u
  自動詞　〜 e-ru　nuke-ru　　kudake-ru　ware-ru
- 自動詞　〜-u　　　tsuk-u　　narab-u　　susum-u
  他動詞　〜 e-ru　tsuke-ru　　narabe-ru　susume-ru

他動詞，自動詞は，さらにつぎのように分類すると，うけみの用法などをしらべるときにつごうがよい．

ヲ格支配の他動詞	こわす　なぐる　みる
ヲ格・ニ格支配の他動詞	あたえる　みせる　くっつける
ニ格支配の自動詞	かみつく　ほれる　ぶつかる
ヲ格もニ格も支配しない自動詞	あるく　ねる　たつ

第7章　動詞 (2)
ヴォイス

1. ヴォイスとはなにか

1.1. 動詞のあらわす動作への参加者と文メンバーの関係

　ヴォイスは，述語動詞のさししめす動作をめぐる，主体・対象などの動作メンバーと，主語・補語などの文メンバーとの関係にかかわる文法的カテゴリーである．

　たとえば，〈太郎ガ次郎ヲナグッタ〉というできごとがあったばあい，その動作主体は太郎であり，動作対象は次郎である．これらの動作メンバーのどちらを主語にし，どちらを補語にするかによって，ふたとおりの文ができる．
　・太郎が 次郎を <u>なぐった</u>．
　・次郎が 太郎に <u>なぐられた</u>．
　動作主体を主語にし，動作対象を補語にしてあらわすのを能動態といい，その逆を受動態という．

この例のばあい，もし花子のそそのかしによって太郎が次郎をなぐったのだとすれば，その動作のそそのかし手である花子を主語にして，つぎのようにいうことができる．

・花子が 太郎に 次郎を なぐらせた．

これが使役態である．

能動，受動，使役などは，いずれも動作メンバーと文メンバーの関係のあらわしかたにかかわるものであって，ヴォイスのカテゴリーに属する．

1.2. 構文論的な側面と形態論的な側面

なにを主語とし，なにを補語とするかということは，構文の問題である．そのゆえに，いまあげた3つの構文は，それぞれ能動構文，うけみ構文，使役構文といわれる．このように，ヴォイスは，文の構造とかかわる点で，構文論的なカテゴリーであるということができる．

しかし，ヴォイスは，また，動詞の形式ともかかわる．日本語の動詞は，能動構文，うけみ構文，使役構文の述語になるとき，それぞれ一定の形式をとる．能動のばあいは，もとの動詞がそのままでつかわれ，うけみ，使役のばあいは，それぞれレル（ラレル），セル（サセル）のような接尾辞をつけた文法的派生動詞がつかわれる．こうしてできた能動動詞，うけみ動詞，使役動詞は，動詞の形態論的な性格にかかわるものであって，その点で，（すくなくとも日本語では）ヴォイスは形態論的なカテゴリーでもある．

2. ヴォイスの種類

2.1. 能動態（はたらきかけのたちば）と受動態（うけみのたちば）

能動態と受動態は，動作主体と動作対象の参加によってなりたつ動作とかかわる．動作メンバーを主語と補語にふりわけるためには，双方の動作メンバーが必要なのである．

能動と受動の対立が典型的にあらわれるのは，直接対象をとる他動詞のばあいである．

・太郎が 次郎を なぐった．
・次郎が 太郎に なぐられた．

ひとに対するはたらきかけのほか，ものに対するはたらきかけもある．

・かぜが やねを ふきとばした．

・やねが かぜに ふきとばされた．

2.2. 使役態
　使役態は，動作主体に対して動作を指示するものを主語とするあらわしかたである．したがって，指示者と動作者の参加を必要とする．使役にとっては，この２者の参加が必要条件であって，動作対象はあってもなくてもよい．現代日本語では，他動詞のばあい動作主体がニ格をとり，自動詞のばあいはそれがヲ格をとることが多い．
・花子が 太郎に にもつを はこばせる．
・花子が 太郎を（／に）つかいに いかせる．

2.3. 相互態
　２つのもの（ひと）がたがいに他に対して動作主体であり，動作対象（または，あいて）であるとき，その２つのものを並立主語にするか，または，主語と補語にわけるかして，文にあらわすのを相互態という．そして，その文の構造を相互構文といい，その構文の述語となる文法的複合動詞を相互動詞という．
・太郎と 次郎が なぐりあった．
・太郎が 次郎と なぐりあった．
・次郎が 太郎と なぐりあった．

　現代日本語では，「あう」という動詞をくっつけることによって，文法的な複合動詞としての相互動詞をつくることができ，この相互動詞をつかって，相互構文をつくることができる．
　「〜あう」という相互動詞の形式をとらなくても，相互構文をつくる動詞がある．
・太郎と 花子が 結婚した．
・西軍が 東軍と たたかった．

2.4. 再帰態
　自分自身またはその部分に対する動作のばあいのヴォイスを再帰態という．日本語では，形態論的なカテゴリーとしての再帰動詞は発達していないが，構文論的なカテゴリーとしての再帰構文がある．
・太郎が まどから くびを だした．
・花子が あしを くじいた．
×・あしが 花子に くじかれた．

　これらは動作主体を主語でさししめし，動作対象を補語でさししめしている点にお

いて，能動構文と共通である．けれども，能動構文がうけみ構文と対立するのに対して，再帰構文は対立のあいてをもたない．

問題1 つぎの文は，それぞれどのような種類のヴォイス構文といえばよいか．
ア）くびに てぬぐいを まいた おやじが わかものたちに やぐらを くませていた．
イ）はちまきを した わかものたちが やぐらを くんで いた．
ウ）それを みて いた じいさんは うでを くんで いた．
エ）やがて わかものたちに よって やぐらが くみあげられた．
オ）かたてに 一升びんを さげた おとこが かたてに うちわを もった おんなと うでを くんで いる．

問題2 つぎの文章中の，文または節のヴォイス的な性格をいろんな面からかんがえてみよ．
ア）三人の男たちは無言のまま土すくいで土をはらいのけ，やがてすっかり土がとりのぞかれると，畳半畳ぐらいのすでに土色にそまった平たいナバンイシ（珊瑚礁石）があらわれました．人々はうなずきあい，あるいは嘆息をもらし，子供の私は体をかたくして母の袖の下にかくれるようによりそってたっていました．
イ）葉子の足音がきこえると，いちはやく目くばせをしあったのはボーイなかまで，その次にひどくおちつかぬようすをしだしたのは，事務長とむかいあって食卓の他の一端にいたひげの白いアメリカ人の船長であった．あわてて席をたって，右手にナプキンをさげながら，自分の前を葉子にとおらせて，顔をまっかにして自分の席にかえった．

3. うけみの用法

3.1. 能動と受動の，3種類の対立構造

①直接対象のうけみ

能動構文の直接補語がうけみ構文の主語になる．
・太郎が 次郎を なぐった．
・次郎が 太郎に なぐられた．
・第1走者が 第2走者に バトンを わたした．
・バトンが 第1走者から 第2走者に わたされた．

②間接対象のうけみ

能動構文の間接補語がうけみ構文の主語になる．
- 花子が 太郎に <u>だきついた</u>．
- 太郎が 花子に <u>だきつかれた</u>．
- 第1走者が 第2走者に バトンを <u>わたした</u>．
- 第2走者が 第1走者から バトンを <u>わたされた</u>．

問題3　第6章のいちばんおわりにかかげた分類と，能動―受動の対立構造との関係をかんがえてみよ．

③もちぬしのうけみ

能動構文の補語のしめすもののもちぬしになっているものが，うけみ構文の主語になる．
- すりが 花子の さいふを <u>すった</u>．
- 太郎が 次郎の かたを <u>たたいた</u>．
- 花子が さいふを すりに <u>すられた</u>．（もちぬしのうけみ）
- 次郎が 太郎に かたを <u>たたかれた</u>．（もちぬしのうけみ）

3.2.　第3者のうけみ（めいわくのうけみ）

日本語には，第3者のうけみ（めいわくのうけみ）といううけみ構文がある．これは，もとの文の動作メンバーでないもの（第3者）が主語となり，その第3者がはためいわくをうけることをあらわすうけみ構文である．この構文は，対応するもとの構文とくらべて，はためいわくをうけるひとの存在の分だけ多くの情報をつたえる．第3者のうけみの構文は，このように，動作メンバー＝文メンバーがひとつよけいにくわわる点で，使役構文と共通の側面をもつ．
- 子どもが つりざおを <u>ふりまわした</u>．
- わたしは 子どもに つりざおを <u>ふりまわされた</u>．
- 1年生が さきに 運動場を <u>占領した</u>．
- わたしたちは 1年生に さきに 運動場を <u>占領された</u>．

この構文は，もとの文の補語のさししめす対象が主語になるというものではないので，もとの文の述語が対象をとらない自動詞でできていても，この構文にすることができる．
- きのう 雨が <u>ふった</u>．
- きのう 雨に <u>ふられた</u>．

・3年まえに 母親が しんだ．
・さちよは 3年まえに 母親に しなれた．

実際の文では，はためいわくをうける第3者をさししめす主語が省略されることが多い．
・ネズミが おしいれの なかに すを つくった．
・ネズミに おしいれの なかに すを つくられて こまった．
・こんな ところに 駐車されては たまらない．
・あの おとこに となりに こられたら どうしよう．
　※第3者のうけみは「間接的なうけみ」とよばれることがある．

問題4　つぎの文を，（　）内にしめされたタイプのうけみの文にせよ．
ア）太郎は いもうとを ほめた．（直接対象）
イ）花子は ウサギを おいかけた．（直接対象）
ウ）スズメが ミミズを くった．（直接対象）
エ）太郎が 花子に 花束を おくった．（直接対象，間接対象）
オ）太郎が 花子に 切手を みせた．（直接対象，間接対象）
カ）サルが 太郎の 手を ひっぱった．（もちぬし）
キ）子どもが ないた．（第3者）
ク）太郎が かえった．（第3者）

問題5　本文にあるつぎのうけみ文を，本文で対応させた以外のうけみでない文になおしてみよ．
ア）花子が さいふを すりに すられた．
イ）さちよは 3年まえに 母親に しなれた．

4. 使役動詞の用法

4.1. 本来の使役

動作を指示して，動作者に意図的に動作をおこなわせることをあらわす．このばあい，使役動詞になるのは，意志動詞である．
・先生は 正夫に 本を よませた．
・おとうさんは 正夫を おじいさんの うちへ いかせた．

問題6　つぎの，ふたつの文の「じぶん」は，それぞれだれをさししめしている

か．
ア）母おやは 子どもに 6時に じぶんで おきさせた．
イ）母おやは 子どもを 6時に じぶんで おこした．

4.2. 許可・放任の使役

使役主体が動作者に対して積極的にはたらきかけるのではなく，動作者の動作にストップをかけないというかたちで消極的にかかわることをあらわす．

①許可
動作の実現に対して許可のあたえ手として関与する．
・組合がわの 要求条項は，……，休日は もちろん 休日外でも 自由に 外出させる などと なっている．
・先生は 練習問題が できるまで，かれを いえに かえらせなかった．

②放任
動作者に対して，なんのはたらきかけもせず，ただ黙認する．
・蔦次は 米子に 委細を しゃべらせて，へーえ，へーえと きいてばかり いて 自分の 意見は いわない．
・わたくしは せがれを みすみす 戦争で 死なせました．
放任には，使役主体ののぞみにかなうように，意図的，合目的的に放任するばあいと，不本意ながら放任せざるをえないばあいとがあるが，その中間もおおい．
また，許可と放任には中間的なものがおおく，はっきりとはわけられない．
・本人の ためになるのか どうか よく わからなかったが，とにかく，むすめの 希望どおり，海外に 留学させた．

4.3. 他動詞相当の使役

動作者に意図的な動作をさせるのではなく，他動詞のように，対象に直接はたらきかけることをあらわす．

①無意志動詞の使役形式
主語が原因をあらわして，その結果として，人間の無意志的な現象をひきおこすことをあらわすとき，無意志動詞の使役形式がつかわれる．
・こたつに あたりながらの 気象学の 話や 文学上の くわしい 引証談などが，わたしの 心を 楽しませた．（コト主語）
・この 答えは 祖母を すっかり 感心させた．（コト主語）

・たまには，客の ひとりが なにか じょうだんを いって むすめたちを <u>わらわせ</u>，それで 店中が なごやかに なったり する．（ひと主語）
・「岸本君は ときどき ひとを <u>びっくりさせる</u>．むかしから あの おとこの くせです．」（ひと主語）

②自分の体の部分や装着物に対するはたらきかけ
・彼は たかい いすに すわって，あしを <u>ぶらぶらさせて いる</u>．
・少女が スカートを <u>ひらひらさせて</u> 階段を おりて いった．

この種の文は，構文としては，再帰構文になっている．

問題7 つぎの文を使役の文にせよ．（使役主体をおぎなう）
ア）昌子が 切手を <u>かいに いく</u>．
イ）太郎が 次郎を <u>おこす</u>．
ウ）三郎が 障子を <u>はった</u>．
エ）花子が つくえに <u>よりかかった</u>．
オ）先生が <u>おどろいた</u>．

問題8 つぎの使役態の文は，どのような使役か．
ア）討論では，上村君に 一方的に <u>意見を いわせて しまった</u>．
イ）二郎は，木に のぼって 棒で えだを たたき，おちた 栗の みを 三郎に <u>ひろわせた</u>．
ウ）父は ついに むすめを その おとこと <u>結婚させた</u>．むすめの ねばりがちで ある．
エ）むすめは いつも そんな わがままを いって 年おいた 父を <u>かなしませた</u>．
オ）この 寮では，だいたいに おいて 学生の したい ように <u>させて いる</u>．

問題9 うえの問題8のウ）を「父の ねばりがちである．」にかえると，どのような使役になるか．

第8章　動詞（3）
テンスとアスペクト

I　テンスとアスペクトについての基本的なこと

1. テンスとアスペクトの4語形

問題1　つぎの4例をよく検討して，A），B）の（　）のなかに，それぞれその下から適当なものをえらんでいれよ．
ア）かれは いま ごはんを <u>たべる</u>．
イ）かれは いま ごはんを <u>たべた</u>．
ウ）かれは いま ごはんを <u>たべて いる</u>．
エ）かれは いま ごはんを <u>たべて いた</u>．
A）「いま ごはんを たべる」と「いま ごはんを たべた」とは（①）という点で対立している．また，「いま　ごはんを　たべて　いる」と「いま　ごはんを　たべて　いた」とは（②）という点で対立している．この両者をいっしょにすると，つぎのようにいうことができる．《「たべる」と「たべた」，あるいは，「たべて いる」と「たべて いた」は，（③）という点で対立している．》
a. 未来か過去か　　b. 未来か現在か　　c. 現在か過去か
d. 時間というものに関心をしめさないか，しめすか
e. 時間軸のうえの，どの位置をしめるか
B）「いま ごはんを たべて いる」というばあい，たべる動作は現在という時間を（④）．しかし，「いま ごはんを たべる」というばあいには，たべる動作は現在という時間を（⑤）．「さっき ごはんを たべて いた」と「さっき ごはんを たべた」とのあいだにも，おなじような対立がある．
f. またいでいる　　　g. 無視している
h. またいでいない　　i. 超越している

現代日本語の動詞は，アスペクトのカテゴリーをもち，完成相と継続相に対立する．そして，この両形式は，さらにテンスによって非過去形と過去形にわかれる．このことによって，動詞は，アスペクト・テンスの観点から，つぎの4つの語形をもつことになる．

テンス＼アスペクト	完成相	継続相
非過去形	する	している
過去形	した	していた

アスペクトもテンスも時間に関係した文法的カテゴリーであるが，アスペクトは，動詞のあらわす運動が，基準となる時間とどのようにかかわるかについてのカテゴリーであり，テンスは，動詞のあらわす運動が，時間軸上のどこに位置するか（基本的には，発話時とどうかかわっているか）にかかわるカテゴリーである．

2. アスペクト

2.1. アスペクト．そして，その2語形：完成相と継続相

　動詞のあらわす運動は，時間とともに進行するものであって，はじまりとおわりがある．この，はじまりとおわりのある運動をどのようにとらえるかということにかかわる文法的なカテゴリーをアスペクトという．現代日本語動詞は，アスペクトのカテゴリーのもとに完成相と継続相のふたつの語形（文法的カテゴリーの動詞）が対立している．
　完成相のもつ基本的なアスペクト的意味は，動詞のさししめす運動（動作または変化）を，（その運動のはじまりからおわりまでをひとまとめにして）まるごとのすがたでさしだすことである．
　継続相のもつ基本的なアスペクト的意味は，動詞のさししめす運動（動作または変化）を，持続過程（をなす局面）のなかにあるすがたでさしだすことである．
　運動をまるごとのすがたでさしだす完成相は，運動を持続過程の途中にあるすがたでさしだす継続相と，基本的なアスペクト的意味で対立する．
　ア）太郎は さっき 運動場を <u>はしった</u>．
　イ）太郎は さっき 運動場を <u>はしって いた</u>．
　たとえば，ア）の「はしった」は，はしりはじめてから はしりおわるまでの全動

作過程を，まるごとのすがたでさしだしているが，イ）の「はしって いた」は，はしりはじめてから はしりおわるまでのあいだの持続過程の途中にあったことをあらわしている．
　ウ）とけいが とまった．
　エ）とけいが とまって いた．
　また，ウ）の「とまった」は変化過程を，まるごとのすがたであらわしているが，エ）の「とまって いた」は，その変化を，あとに生じた結果である持続過程をなす局面のなかにあるすがたであらわしている．

　問題2　つぎの2つの文のちがいを，下の時間の線のうえにあらわせ．
　ア）ゆうべ 学校の まえを とおった とき，学校の 電灯が きえた．

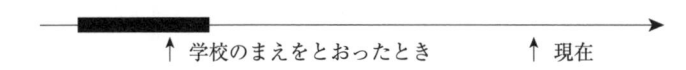

　　　　　　　↑学校のまえをとおったとき　　　↑現在

　イ）ゆうべ 学校の まえを とおった とき，学校の 電灯が きえて いた．

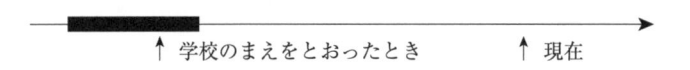

　　　　　　　↑学校のまえをとおったとき　　　↑現在

　完成相と継続相の対立は，運動をそとからガバッとつかまえるか，運動（または，その局面）のなかにはいって，前後をキョロキョロながめるかの対立であるということもできる．ただし，変化動詞のばあいは，運動の局面のなかにはいらないで，持続過程をなしている結果の局面のなかにはいって，前後をキョロキョロながめるのである．

2.2.　動作動詞と変化動詞

　ここで動作動詞というのは，継続相「して いる」の形式にしたばあいに，その基本的なアスペクト的意味が動作の局面をとりだして実現する動詞であり，変化動詞というのは，そのばあいに，基本的なアスペクト的意味が結果の局面をとりだして実現する動詞である．たとえば，つぎの「よむ」や「ながれる」は動作動詞であり，「あく」や「おちる」は変化動詞である．動作動詞は，主体の動作の側面（運動の形式）をとりだしてあらわす動詞であって，動作後，主体の状態がどうなるかには無関心である．それに対して，変化動詞は，主体の変化の側面（運動の内容）をとりだしてあらわす動詞であって，運動終了後，主体の状態がかわるところまでを意味の範囲におさめている．

　　・かれは 本を よんで いる．　・水が ながれて いる．　　（動作動詞）

・窓が あいて いる．　　　・ごみが おちて いる．　　（変化動詞）

問題3　つぎの動詞は，それぞれ動作動詞と変化動詞のどちらか．
たべる　くっつく　みる　たたく　でる　はいる　なげく　はなれる　こわれる　恋愛する　結婚する

問題4　他動詞は，ふつう動作動詞であるが，なぜそうなるのだろうか．しかし，「くつを はく」「ふくを きる」「ひげを そる」などのばあいは，変化動詞としてはたらくことができる．なぜそうなるのかをかんがえてみよ．

動作動詞のあらわす動作は，（基本的には，）始発，動作，終了の3局面からなりたっていて，そのうちの動作の局面が持続過程をなす．
変化動詞のあらわす変化は，（基本的には，）変化，結果の2局面からなりたっていて，そのうちの結果の局面が持続過程をなす．

問題5　つぎの図の「↑」は，それぞれ どの局面をさしているか．

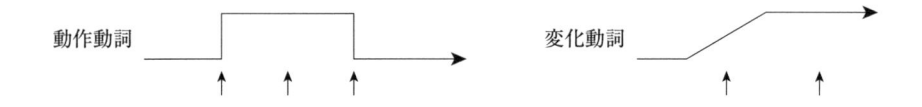

動作動詞　　　　　　　　　　　　　　　変化動詞
　　　　↑　↑　↑　　　　　　　　　　　　↑　↑

2.3. 完成相と継続相の基本的な用法

2.3.1. 完成相の基本的な用法＝〈運動のまるごとのすがた〉

動詞があらわす運動の過程を，（始発から終了までをふくめて）まるごとのすがたでさしだす．
・あしたは 試験を うける．
・ひるめしは さっき くった．
・もうじき 店が しまる．
・彼女は 去年1年間に ずいぶん 成長した．

2.3.2. 継続相の基本的な用法＝〈持続過程のなかにあるすがた〉

継続相のもつ基本的なアスペクト的意味は，動詞のさししめす運動が，持続過程をなす局面のなかにあることをあらわす．
①動作の持続
　動作動詞のばあい，継続相は，持続過程をなす動作の局面のなかにあることをあ

らわす．
・自動車が はしって いる．
・あめが まどを うって いる．

②変化の結果の持続
　変化動詞のばあい，継続相は，持続過程をなす結果の局面のなかにあることをあらわす．
・雨戸が しまって いた．
・門の かんぬきが はずれて いる．錠も さびついて いる．
　主体が変化しはじめてから しおわるまでに一定の時間を要するような変化をあらわす変化動詞は，一定の条件のもとに，「している」のかたちで動作が進行の局面のなかにあることをしめすことがある．
・彼女は いま すがたみの まえで きものを きて いる．
・きみ，きょうは しゃれた ふくを きて いるね．
・ゆきが どんどん つもって いる．
・ずいぶん ゆきが つもって いる．
　完全に瞬間的な動作をあらわす動作動詞は，この用法をもたない．
×・わたしは その ようすを 瞥見して いた．
　しかし，瞬間的な動作が連続するばあいは，それをひとまとまりの動作とみればよい．
・だいこんを きって いる．
・さっきから たいこを たたいて いる．
・あめが まどを うって いる．（参照：①にあげた例）

3. テンス

3.1. テンス．そして，その2語形：非過去形と過去形

　動詞のテンスは，動詞のあらわす運動（または，その一定の局面）が，発話時を基準として，それよりまえ（過去）か，それと同時（現在）か，それよりあと（未来）かをあらわしわけることについてのカテゴリーである．発話時を基準とする時間は，論理的あるいは意味的には，過去，現在，未来にわかれるのであるが，現代日本語は，非過去形と過去形のふたつに対立している．

3.2. 完成相のテンスと継続相のテンスの基本的な意味
完成相のテンス：非過去形＝未来，過去形＝過去
継続相のテンス：非過去形＝現在，過去形＝過去

　それぞれのテンス語形のあらわす基本的なテンス的意味についていうと，非過去形と過去形の対立は，完成相では未来と過去の対立であり，継続相では現在と過去の対立である．完成相非過去形は，動詞のあらわす運動（または，その一定の局面）がまるごとのすがたで未来に成立することをあらわし，完成相過去形は，それが過去に成立したことをあらわす．また，継続相非過去形は，動詞のあらわす運動（動作・変化）の過程の一定の局面が現在（発話時）において持続のなかにあることをあらわし，継続相過去形は，それが過去に持続のなかにあったことをあらわす．

・かれは あした 試験を うける．
・かれは きのう 試験を うけた．
・かれは いま 試験を うけて いる．
・きのうの 正午，かれは 試験を うけて いた．
・やがて 戸が しまる．
・さっき 戸が しまった．
・いまは 戸が しまって いる．
・さっき 戸が しまって いた．

4. アスペクトとテンスの関係

4.1. 完成相の非過去形が現在をあらわさず，継続相の非過去形が現在をあらわす理由

　完成相のテンス語形は，その基本的な用法において，未来と過去に対立する点が，継続相のそれが現在と過去に対立するのとちがっている．完成相の非過去形がなぜ現在の運動をあらわせないかといえば，現在，つまり話の時点という瞬間のなかに，始発から終了までをふくめたまるごとのすがたの運動過程がおさまりきらないからであり，継続相の非過去形がなぜ現在のことをあらわせるかといえば，それは現在という瞬間におさまるのでなく，それをまたいだ，持続過程をなす局面としてさしだしているからである．

　継続相のテンスは，その動詞のさししめす運動の一定の局面が基準時間をまたいで持続していることをしめすのであって，その局面の持続がいつからいつまでつづいて

いるかには，基本的には無関心である．

これに対して，完成相のテンスのばあいは，その動詞のさししめす運動（あるいは，その局面）が，全体として基準時間のなかにおさまっている．運動（あるいは，その局面）は，その時間のなかにあって，そとにはないのである．

問題6　継続相が述語になるばあい，おなじ事実をつぎのふたつのどちらをつかってでもいえることがある．それはどうしてか，かんがえてみよ．
　ア）この とけいは きのうから とまって いる．
　イ）この とけいは きのうから とまって いた．

4.2. 完成相の非過去形が現在の運動をあらわすとき

完成相の非過去形は，基本的には，未来の運動をあらわす．けれども，つぎのようなばあいには，現在の運動をあらわすことができる．

4.2.1. 〈瞬間的な運動〉をあらわすとき

瞬間的な運動であって，始発から終了までの全過程が，発話時，つまり，はなしはじめから はなしおわりまでのあいだにまるごとおさまるばあい．
　［成立を予測できる瞬間的な運動のばあい］
　　・セカンド前進．とった．1るいの 吉村に おくります．
　　・サードが とった．ベースカバーが おくれた．ショートに おくった．
　　・伊三郎 軍配を かえします．
　　・錦太夫 軍配を かえしました．
　［自分の瞬間的な運動に説明をつけるばあい］
　　・［手品で］これを ここに，こう いれます．
　　・1円 ここに おきますよ．
　［発言そのものが，その発言の内容としての行為になっているばあい—パフォーマティブな発言］
　　・あとを 万事 おねがいする．
　　・そんな ことは できない．わたしは ことわる．
　　・これより 説明会に うつります．

4.2.2. 完成相の形式が基本的なアスペクト的意味をもたないとき

形式的に完成相のかたちをしていても，それが基本的なアスペクト的意味をもたないとき，つまり，はじまりからおわりまでをまるごとのすがたでさしださないばあい

は，瞬間のなかにまるごとおさまる必要がないのであるから，そのかたちで現在のことをあらわすことができる．
　「完成相の用法」（第8章Ⅱ）のなかで，1.2以後にかかれているのがこれである．

　問題7　つぎの諸断片を順序よくくみあわせて，ひとつのまとまった文にせよ．
　ア）完成相の 非過去形が 現在の 事実を あらわす ことが できるのは，
　イ）その ばあいの 完成相の 意味が
　ウ）基本的では あるが，その さししめす 運動の 時間が 発話時間より ながく ないか，
　エ）基本的で ないか，または，
　オ）どちらかの ばあいで ある．

Ⅱ　アスペクトにかかわって

1. 完成相の用法

1.1. 〈運動のまるごとのすがた〉
　「Ⅰ.2.3.1」でのべたので，ここでは省略する．

1.2. 〈動作が進行のなかにあるすがた〉
　完成相形式であっても，完成相の基本的なアスペクト的意味を実現せず，進行過程のなかにあるすがたをあらわしているばあいがある．「いく」「くる」，またはそれに準じる「むかう」「おう」のような移動動詞，「～して いく」「～して くる」のかたちをとるもの，「どんどん」「ぐんぐん」のような進行性の副詞にかざられた変化動詞などがこれになる．
　・なんだ．いたよ．むこうから <u>くる</u>よ，にこにこ して．
　・ぐんぐん 打球は のびる．センター <u>バックする</u>．
　・ほら，あそこ みて！ くじらの かたちの くもが <u>ながれて くる</u>よ．
　・そうですか，だんだん こう いう ところが <u>すくなく</u> なりますわ．

1.3. 〈状態をあらわすばあい〉
　状態をあらわすばあいは，完成相と継続相がどちらもおなじことをあらわし，アスペクトが未分化である．

[はなし手の知覚でとらえた状態的な現象をあらわすもの]
・もっと バイバイ して，まあちゃん．パパ まだ みえるよ．
・なんだか リンゴの においが する．
[存在をあらわすもの]
・この 問題は 依然 として 残存する．
・それから ここに ボタンが ある，用事が あったら これを おすんだぞ．
「ある」「いる」には，対立する継続相「あって いる」「いて いる」がない．

1.4. 〈はなし手のこころのうごきをあらわすばあい〉

はなし手のこころのうごきをあらわすばあいは，まるごとのすがたかどうか，わからない．
[はなし手のかんがえやおもいをあらわすもの]
・あなたの 信心は 堅固な ものだと 存じます．
・わたしも 気に なります．
[はなし手の感覚をあらわすもの]
・ゾクゾクする．
・ほんとに，むしゃくしゃするよ．はら たつよ．ころして やりたい くらいだよ，あの おとこは．

問題8 「I.4.2.1」でとりあげた「おねがいする」「ことわる」などは，発言したすぐあとで「いま おねがいしたよ．」「いま ことわった．」などと，過去形にして，念おしすることができる．しかし，ここでとりあげている「存じます」「はらが たつ」などは，そういうことができない．それはなぜか，かんがえてみよ．

2. 継続相の用法

2.1. 〈持続過程のなかにあるすがた〉

「I.2.3.2」でのべたので，ここでは省略する．

2.2. 〈くりかえし過程のなかにあるすがた〉

「くりかえし過程」というのは，くりかえして成立する運動を，全体としてひとつの過程ととらえてあらわす，その過程のことである．
・彼は 漢方医が 調合して くれる 安価な 煎薬を 持薬に して のんで いた．

・1950 年ころ，5 メートル望遠鏡に よる あたらしい 観測事実が つぎつぎと あらわれて いた．

これらは，ひとつひとつの運動は局面に分解せず，それらをあわせて〈そういう運動をくりかえすという状態をつづける〉という過程のなかにあることをあらわしている．

この過程を図でしめすと，つぎのようになる．

```
のむ  のむ  のむ  のむ  のむ  のむ  のむ  のむ  のむ
のんでいる  ＝  〈のむ〉という 動作を くりかえし つづける
```

このばあいのアスペクト的な意味は，アンダーラインでしめされたひとつひとつの運動でなく，長方形でかこまれた過程に関して実現している．この全体をあわせた過程がひとつの大規模な持続的動作に相当し，この大規模な動作を 持続過程のなかにあるすがたでさしだしている．

そして，ばあいによっては，この大規模な持続過程に，くりかえしの結果生じたあたらしい意味がつけくわえられることがある．

・この うちの 主人は，会社に つとめる かたわら，ニワトリを かって，たまごを うって いる．
　　〔うって いる ＝ うる＋うる＋………＋うる
　　　　→ うるという 商売を して いる〕
・わたしん とこでは 農機具を 農村に だして います．
・大一郎は 当年 19 才，東京の 某大学で 勉強して いる．

さらに，つぎのようになると，語彙的な意味のレベルであたらしい意味がうまれ，こうなると，「して いる」の文法的な意味は 2.1 にもどることになる．

・わたしは 会社を くびに なって，このごろは あそんで います．
・あねは 去年から 大学に いって いる．

2.3. 〈ある局面の完成後につぎの局面のなかにあるすがた〉(パーフェクトの用法)

問題 9　次の (a) と (b) のアスペクト的意味のちがいについて，かんがえてみよ．

学校を でる ときには，門が あいて いた (a)．ところが，うちに かえって，わすれものに 気がついて，学校に もどった ときには，すでに 門が しまって いた (b)．

うえの (a) では，基準時間（学校をでるとき）のことだけしかのべていないが，(b) では，基準時間（学校にもどったとき）のことだけでなく，それよりまえにおこった変化のことまで考慮にはいっている．(a) も (b) も，基準時間において，変化結果の持続過程をなす局面のなかにあるすがたをさしだしている点において共通なのであるが，(b) のばあいには，そのほかに，もうひとつ，基準時間のまえに変化が完成したことも，あわせてあらわしている．

つぎの2例も，うえの (b) と同類である．
・ずいぶん いそいだのだが，会場に ついたのは 5時であった．研究会は <u>とじて いた</u>．雑談が <u>はじまって いた</u>．

ここでは，〈とじる〉（または〈はじまる〉）という変化の局面が基準時間（会場についた5時）よりまえに完成したことと，基準時間において，その結果の局面のなかにあることとが，あわせてあらわされている．

これは変化動詞のばあいだが，つぎのような動作動詞のばあいには，始発の局面が基準時間よりまえに成立したことと，基準時間において動作の局面のなかにあることとを，あわせてさしだすことになる．
・駿介は びっくりして 老人を <u>みつめて いた</u>．
・二桐教授は おもわず <u>ないて いた</u>．

これらは，動詞のあらわす運動過程（変化過程または動作過程）のあいつづく2つの局面にかかわっているが，さきだつ局面については，まるごとのすがたでさしだし，あとをおう局面については，持続過程のなかにあるすがたでさしだしている．つまり，あいつづく2つの局面を，意味的には，完成相と継続相の2つのすがたでさしだしているのである．（このようなアスペクト的意味はパーフェクト (perfect) といわれる．）

　※はじめ（はじめる，いいだす），発生（うまれる，生じる），発見（みつかる，気づく），おわり（おわる，やむ），経過（経つ，かかる），のりこえ（こえる，すぎる），変化そのもの（転じる，移る）などをあらわす動詞の継続相は，この用法になる．
　また，このような動詞でなくても，「～あいだに」「～うちに」「いつのまにか」，「やがて」「まもなく」，「やっと」「とうとう」「あたらしく」「また」「おどろいて」「急に」「おもわず」などに かざられると，この用法になることができる．これらは，完成相にかかる状況語や修飾語となることを基本とする語であって，それが継続相にかかることが，この用法につながっている．
　「もう」「すでに」「とっくに」などにかざられた継続相は，この用法になったり，Ⅳ．1の用法になったりする．

2.4. 〈以前の動作やできごとを経歴・記録としてあらわすすがた〉

以前におこなった動作や以前におこったできごとが，経歴や記録としてあとまでのこっていることをあらわす．

- かれは 学生時代に この 論文を <u>かいて いる</u>．
- ゆみえは，3年まえの 5月13日に 1度 <u>離婚して いた</u>．
- この子の ははおやは，この子が 5歳の ときに <u>死んで いる</u>．
- 「その 男は さいごまで 一行と 行動を ともに したでしょうか？」「いや，やはり 途中で <u>帰って います</u>．」
- きて いました．私は その人が 葬儀委員の 二人と あいさつを かわして いたのを <u>みて います</u>．

この用法は，以前にそういう事実があったことと，その後そのことが特徴になっていることの，ふたつの時間のことがのべられている．そして，以前の事実はまるごとのすがたでさしだされ，その結果が特徴になっていることは，持続のすがたでさしだされている．そのことから，この用法はパーフェクトの延長にあることがわかる．

※2.3〈ある局面の完成後につぎの局面のなかにあるすがた〉のばあいには，時間の状況語は，「～あいだに」「いつのまにか」のような，時間わくをしめすものだけであったが，2.4のばあいには，「5月13日に」のようにはっきりとした時間をしめす状況語をつかうことができる．2.3よりも2.4のほうがテンス性をつよくおびているといえよう．

問題10　つぎの継続相のアスペクト的な意味をいえ．
ア）ほそい あめは そらから しずかに まっすぐに <u>ふって いた</u>．
イ）お，きみ，きょうは なかなか いいのを <u>きて いるね</u>．
ウ）証人は 4月3日に 増田家を <u>訪問して いる</u>．
エ）6人から ふたりが さり，ひとりが あたらしく <u>到着して いた</u>．
オ）わたしたちは すみこんで しごとを して いるのに，つきづき 月謝を <u>はらわされて いた</u>．
カ）いつのまにか 倉庫が <u>からに なって いる</u>．どうしたのだろう．

3. アスペクトからの解放

継続相のかたちで持続過程のなかにあることをあらわしていても，その持続過程が，運動の過程のなかのどこかの局面ではないばあいがある．

- 寝台の うえは わらぶとんを むきだしに して，<u>さむざむと して いた</u>．

・路地の しき石には うち水が あり，そうじが ゆきとどいて いた．

　これらは，持続過程のなかにあることをあらわしている点において，継続相の基本的なアスペクト的意味と共通である．けれども，アスペクトというものが動詞のあらわす運動（動作・変化）の過程のなかの一定の局面をとりだして，そのすがたをあらわすものであるとすれば，これらの文がとりだしている過程はそのような局面ではないので，これらの動詞の形式があらわしているものは，アスペクト的な意味だといえない．

　おなじ動詞の継続相の形式が，つかわれかたによって，どちらの意味をも実現することがある．つぎのア）やウ）は変化の結果の局面のなかにあることをあらわしているが，イ）やエ）は，運動（このばあい，変化）と関係なく，アスペクトから解放されている．

　　ア）くぎが まがって いる．
　　イ）おや，きゅうに みちが まがって いる．
　　ウ）ほっぺたに めしつぶが ついて いる．
　　エ）はなは かおの まんなかに ついて いる．

　ここで両者のちがいをきめているのは，できごとをのべているか，ものの状態的な性質をのべているかのちがいである．ア）やウ）のばあいは，変化の局面があるので，ここでは，結果の局面をとりだしていることになるし，イ）やエ）は，それがコンスタントな属性（状態的な性質）をあらわしているので，状態の持続過程のなかにあることになる．

　動詞は，運動をあらわさないと，アスペクトから解放される．
・懐疑は ひとつの ところに とどまると いうのは まちがって いる．
・それは 恋愛に よく にて いる．

Ⅲ　テンスにかかわって

1. 非過去形がテンスから解放されるとき

　完成相非過去形や継続相非過去形の形式をもつもののなかには，テンス的な意味から解放されているものがある．

　テンスは，動詞（または，用言）がさししめす運動や状態が時間軸上のどこに位置するかをあらわすことに関するカテゴリーである．したがって，その運動やできごとが時間軸上のかぎられた一定の位置をしめる特定のできごととして実現しないときには，その動詞（または，用言）はテンスから解放される．

［コンスタントにくりかえされるできごと］
・地球は 太陽の まわりを まわる.
・毎年 春に なると, ツバメが やって くる.
［なりたつ時間に関係のない命題のなかでの運動］
・水は 100°Cで ふっとうする.
・よごれなら, あらえば おちる.
［なりたつ時間に関係のない命題のなかでの質的属性］
・太平洋の あおさは, やはり 瀬戸内海とは ちがう.
・大企業が, 中小企業などを 圧迫するのも これに あてはまる.
［過去のことについての解説, 評価的ないいかた］
・ま, ジイさんも 立場上 ああ 言うわさ.
・さすがに いい ことを いうよ, あなたは.
［過去の仮定］
・「おれなら 暗殺するナ……」安吉に かまわず 斉藤は 一気に つづけた.
［なりたつ時間に関係のない命題のなかでの状態］
・人間は 虚栄に よって いきて いる.
・会議が おこなわれて いる ときは,「会議中」の ふだが かかって います.
［過去のものごとの性質を非過去形であらわすばあい］
・マンモスが いた 時代の 日本列島は, アジア大陸と くっついて いる.
・記念写真に うつるなんて, 先生, 芝居じみて いますね.

問題11 つぎの文の（ア），（イ）のなかに いれるのに適当な語を, したからえらびだせ.

動詞は,（ア）の意味をうしなうと, アスペクトから解放され, 特定の（イ）とむすびついたできごとをさししめさないばあいには, テンスから解放される.

性質　　時間　　運動　　状態　　持続

2. のべたて形の過去形が特殊なモーダルな意味をあらわすとき

のべたて・いいきり形（過去形）が, なんらかのムード的な意味をそえることがある. このとき, テンス的な意味は, ふつうの用法からずれたり, なくなったりすることがある.
［決定の完成］
・（競売で）それ 買った！

・わるいけど，おれ，しばらく 休暇 もらったよ．
・うちの 会社も，来年から 土曜日が やすみに なりました．
［発見］
・「いた！ いた！」声がして，清がくる．
・こんな ところに あった．ころんだ とき，うしろの ほうへ ほうったんだろう．
［確認］
・ところで，はなしは ちがうけれど，先生の クラスに 浅井吉男と いう 子が いましたね．
・あした 職員会が ありましたね．
［おもいだし］
・ああ，そうだ．冷蔵庫に ビールが あった．
・そう いえば そんなような 歌が あったなア．
［いますぐの命令］
・いそいだ，いそいだ．
・ちょっと，まった．
［反実仮想］
・わたしならば，かならず，そう した！

問題 12 つぎの下線部の動詞の過去形の用法をいえ．

ア）バナナ屋「かった．かった．500円！ えいっ！ 400円！ 300円！」
　　客「かった！」
イ）A「おたくに ここの 村史の 本が あったね．」
　　B「どうでしたかね．ええっと…… ああ，ありました，ありました．」
　　A「ちょっと みせて くれない．」
　　B「はい．ちょっと おまちください．」さがしたけれども，みつからない．
　　　「すみません．ないんですけれど．」
　　A「そんな ことは ない．先週 おとうさんに みせて もらったんだ．おとうさんの つくえの 2番目の ひきだしに あったよ．」
　　B「そうですか．じゃ もう いちど みて きます．…あっ，ありました．」

Ⅳ くみあわせテンス形式に相当する継続相の用法について

1. 以前をあらわす「シテイル」形式

1.1. 終止形でない用法

　中止形，条件形，譲歩形など，テンスのカテゴリーをもたない語形で過去のことや以前のことをあらわしたいときには，継続相の，その語形をつかう．

- 佐々木順子は，牧野精二の 眼の 前に 注文の コーヒーを おいた ときに 事実を <u>目撃して おり</u>，また 神山哲三も，彼女の すぐ そばに いた ために，事件の 目撃者と なった．
- 自然の なかを 登山などで <u>歩いて おり</u>，その 経験を 若い ときから やって いると，「この 世界は ちゃんとした すなおな 道理が あるのだ」と いう 感覚が 自然に できあがる．
- ゆうべ，あいつが もし だれかに <u>みつかって いれば</u>，やばい ことに なるぞ．
- あと 半年ぐらい はやく 医者に <u>みせて いても</u>，なおりは しなかっただろう．
- あんな いい 参考書を <u>よんで いながら</u>，0点を とるなんて．
- つまり，中野は，警察や 検察庁で，事件を 目撃したと <u>のべて いながら</u>，公判では，「車の 中で 眠って いたから 目撃して いなかった」と 正反対の 証言を した わけで あり，矛盾した 内容の 供述を した ことに なる．

　問題13　うえの継続相動詞の諸例は動作が持続のなかにあることをあらわすためにつかわれているのでないことを確認せよ．

　うえの諸例がさししめす動作は，まるごとのすがたでさしだされており，アスペクト的な意味の点では，完成相とおなじである．そして，この「シテイル」形式は，その動作が過去または以前におこなわれたことをあらわすためにつかわれている．過去は絶対的テンス，以前は相対的テンスであるが，どちらにしても，これらは，動作が時間軸上のどこにあるかをしめすことに関するものであり，意味的には，テンスのカテゴリーに属する．（参照：第10章-2.1）

　　※うえにつかわれた「シテイル」を，継続相の基本的意味をもった「シテイル」と同形式とみて，〈多義形式の内部の問題〉としておくか，同音異義形式とみて，こちらを〈完成相の以前をあらわす形式〉として，名のりをあげさせるかは，今後の研究に

またなければならないので，ここでは，いちおうⅣのタイトルにしめしたように「相当する形式」ということにしておく．
この用法は，連体形にもある．
・大島は，自分の まえを 20分前に とおりすぎて いる 変装すがたの わたしに 気づかなかった ようだ．
・中野が 事件当日の 午後一時五分前ころから ファンシー・ビルの 前に 車をとめて いたのなら，事件を 目撃して いた 可能性が 大いに あると，裁判長の 茂木は 思った．
・車の なかで 居眠りして いた ために，現場を 見ても いなかった 人物が，その 翌日に，目撃者の ような 顔を して 警察へ 出頭したと いうのも 理解に 苦しむ．

1.2. 前非過去形と前過去形に相当する「シテイル」と「シテイタ」

「シテイル」形式の，以前をあらわす用法は，つぎのように，終止形のなかでもつかわれるようである．ただし，これらは経歴・記録の用法であるというちがいがある．そのことは，あとで考察する．
・6回の おもてに タイムリーヒットを うたれて，1点を ゆるして います．
・エンゲルスは，すでに 自然弁証法の なかで 物理学の 常数は 量が 質へ 転化する 接合点を 表示する もので ある ことを 指摘して いる．
・ところが この 二年前に，湯川秀樹氏が，それだけでは 理論的に わりきれない として，「中間子」の 存在を 予言して いた．
・女たちは 城を でる とき，重治に 目通りして いた．女たちは それだけで 重治の ために 死ぬ ことを よろこんで いるのだった．

うえの前2例は現在以前であることをあらわし，後2例は過去のあるとき以前であることをあらわしている．これらをそれぞれ前現在，前過去とよぶならば，ここに，さらに前未来をくわえて，つぎのようにならべることができるだろう．
　　ア）むすこは すでに 大学を 卒業して いる．（前現在）
　　イ）わたしが 定年に なる 5年後には，むすこは 大学を 卒業して いる．（前未来）
　　ウ）わたしが 定年に なる まえに，むすこは 大学を 卒業して いた．（前過去）
このうちア）とイ）は語形がおなじなので，語形のレベルでは，前非過去形に相当する「シテイル」と前過去形に相当する「シテイタ」のふたつがたつだろう．
　　※この用法には，経歴・記録，あるいはパーフェクトの用法との中間の用法がたくさんあるとおもわれる．

「すでに」があれば，以前であることがわかるし，それが現在の属性であることがはっきりわかれば，経歴・記録であることがわかる．

問題14 つぎの2文が，それぞれ「むすこは大学出である．」にいいかえられるかどうかを検討し，その理由をかんがえてみよ．
ア）むすこは すでに 大学を 卒業して いる．
イ）むすこは 大学を 卒業して いる．

　※結果の状態がのこっていれば，パーフェクトであり，のこっていなければ，以前である．

問題15 つぎの2文の「ついてる」をくらべよ．
ア）「あいつ もう 旅館に ついたかな？」「うん，とっくに ついてるよ．いまごろ くびを ながく して おまえを まってるよ．」
イ）「時夫は もう 名古屋に ついたかな？」「なにを いってるんだ，いまごろ！もう とっくに ついてるさ．いまごろは 大阪だよ．」

問題16 つぎの3文の「ついています」をくらべよ．
ア）「名古屋ゆきの バスは もう つきましたか．」「はい，とっくに ついて います．けれども，もう とっくに でて いきました．」
イ）ふねは もう ついて います．はやく 桟橋へ いって ください．
ウ）2月6日15時 羽田発 日航311便は，大阪 伊丹空港に 定時の 16時55分に ついて います．これは，17時10分に 福岡 板付空港に むかって たち，予定 どおり，板付空港には 19時10分に ついて います．

第9章 動詞（4）
いろいろなカテゴリーの動詞

1. いろいろなカテゴリーの動詞のつくりかた

つぎのような諸形式は，それぞれが，第6章でしめしたような活用表をもっている．文法的な派生動詞は，接辞をくっつけてつくられたものであり，文法的な複合動詞は，単語になりうる要素をくっつけてつくられたものであり，文法的なくみあわせ動詞は，補助動詞などをくみあわせてつくられたものである．

てつづき カテゴリー	もとの 動詞	文法的な 派生動詞	文法的な複合動詞	文法的な くみあわせ動詞
ヴォイス動詞	よむ	よまれる よませる	よみあう	
アスペクト的な動詞	よむ			よんで いる よんで ある よんで いく よんで くる
局面動詞			よみはじめる よみつづける よみおわる	よんで しまう よもうと する
もくろみ動詞				よんで おく よんで みる よんで みせる
やりもらい動詞				よんで やる よんで もらう よんで くれる
可能動詞	よむ	よめる	よみうる	よむ ことが できる

敬譲動詞	よむ	よまれる	およみする およみなさる およみいたす およみもうしあげる	およみに なる
その他 仮定動詞				よむと する よんだと する
その他 例示動詞				よんだり する
その他 経験動詞				よむ ことが ある

このうち，いままでにのべなかったものに簡単にふれておく．

2. アスペクトにかかわる動詞

「よんで ある」「よんで いく」「よんで くる」は，いずれも持続過程のなかにあるすがたをあらわす用法をもっている点で，「して いる」と共通する面があるので，ここにいれておく．

2.1. して ある

①目にみえるようなかたちでの状態をあらわす．

対象に変化を生ずるうごきがおわったあと，その対象を主語にして，結果の状態を述語としてあらわしたものである．

・なつの ことで まどは あけはなたれ，ほそい よしすだれが そこへ <u>さげて ある</u>．
・春琴女の 墓の 右わきに ひともとの 松が <u>うえて あり</u>
・……机の 上を ふと みると，清らかな 水仙の 花が 一輪ざしに <u>いけて あり</u>，その そばに，例の 聖書が きちんと <u>おいて あった</u>．
・夜 おそく その まえを とおると，いりくちに…絵看板が <u>あげて あった</u>．

これになる動詞は，対象に変化を生ずる他動詞である．また，意志的な動作をあらわす動詞にかぎる．

×・台風の すぎさった あと 大きな 松の 木が <u>たおして あった</u>．

主体・対象ということを問題にしないで，ただ結果がのこっているという状態にだけ着目すると，変化動詞の「して いる」形式の基本的な用法とおなじである．したがって，うけみにして「されて いる」にしたり，対応する自動詞を「して いる」にしたりすると，おなじ現実をあらわす（ニュアンスはちがう）．

・カベに ガクが <u>かけて ある</u>．

・カベに ガクが かけられて いる.
・カベに ガクが かかって いる.
このほかに，つぎのような用法がある.
②放任の状態をあらわす.
・その しごとは かれに まかせて あります.
・クラス会の 運営は 生徒に 自由に させて ある.
③準備のできた状態をあらわす.
・食糧は あっちで もらいたまえ，はなして あるから.
・女中にまで 口どめして ある.
　うちあわせして ある，たのんで ある，借りて ある，待たせて ある，
　もって いって ある，用意して ある

　③は，「まえもって」「すでに」などという副詞をおぎなっても意味がかわらないし，対格名詞が主格にかわらないままでもあらわれうる．また，③は，主体の状態をかえるようなうごきでもゆるされる．したがって，自動詞がつかわれることもある．
・もう クスリを のんで ありますから，いつでも 写真を とって ください.
・きのうの うちに じゅうぶん ねだめして あるから，きょうは 徹夜しても だいじょうぶだ.

2.2. して くる

2.2.1. ちかづくうごきをあらわす用法
①ある動作をしてからちかづくことをあらわす．途中で動作をすることもある．
・パンを かって こい.
・きょう 会社の かえりに 福吉町へ いって きた.
②あるうごきや状態をしながらくることをあらわす．
・午前10時ごろ，父親は 芳子を つれて きた.
・むこうから ひょこひょこ あるいて くる 柳吉の かおが みえた.
③こちらへちかづく移動やはたらきかけをあらわす．
・そして まもなく 杉子が はいって きた.
・もうじき 電話が かかって くる はずだ.

　「して くる」と「して いく」とはだいたいにおいて対応しているが，③のうち，つぎのようなものは「して いく」にはならない．
　音がきこえるばあい，みえるばあい

- うすく さめた みみには あさはやく 学校に かよう 兄弟の こえが したから <u>きこえて くる</u>．
- 「ところが，砂漠の 向こうに 眼を やると，羊の 群れが <u>見えて きたんだ</u>．（以下略）」

主体は移動せず，ものだけが移動するばあい
- 故郷から <u>おくって きた</u> おいしい 魚の 干物を

2.2.2. 動作や変化のありかたをあらわす用法
①変化の過程がすすむことをあらわす．
- だんだん 問屋の かりも <u>かさんで きて</u>
- 温度が <u>まして くるのに</u> つれて

②発生の過程が生じ，すすむことをあらわす．
- 母の 侘し気な 顔を 見て いたら，涙が むしょうに <u>あふれて きた</u>．
- 盲人のみが もつ 第六感の はたらきが 佐助の 官能に <u>めばえて きて</u> …

②のなかには，うごきのはじまりをあらわすといえそうなものもある．
- あめが <u>ふって きた</u>．
- かれは <u>はらが たって きた</u>．

③その時点までうごきがつづくことをあらわす．
- かれの 信条と して <u>いきて きた</u> 主義
- とにかく わたしは <u>苦労して きた</u>．

「して きた」が③につかわれるばあいには，いいおわりのかたちは，いつも過去形で，アクチュアルな意味をあらわす．

2.3. して いく

2.3.1. とおのくうごきをあらわす用法
①ある動作をしてからとおのくことをあらわす．途中で動作をすることもある．
- しきりに <u>とまって いけ</u>と すすめると
- 「ちょっと，うちへ <u>寄って 行きましょう</u>。留守に，矢須子さんが 帰って 来るかも しれません。貼紙を して 置きましょう」

②ある動作や状態をしながらいくことをあらわす．
- 消防車の あとを <u>おって いったら</u>，消防署に たどりついた．
- 母は わたしを 病院まで <u>おんぶして いった</u>．

③むこうへとおのく移動やはたらきかけをあらわす．
- その おんなは うらぐちから なかへ はいって いった．
- 三郎は 6 年生の 子に かかって いった．
    ※〈して くる〉2.2.1.③および〈して いく〉2.3.1.の③のばあい，積極的にあらわしているのは，移動ではなくて，方向である．

2.3.2. 動作や変化のありかたをあらわす用法
①変化の過程が進むことをあらわす．
- 黄色が 白く なって ゆくに つれて
- いよいよ ふかまって いく 意識的な 愛着

②消滅の過程がすすみ，おわることをあらわす．
- きえて いく 白鳥の むれを みおくりました．
- かれはの ように ちって ゆく 蛾も あった．

③（その時点から）うごきがつづくことをあらわす．くりかえすうごきのつづくこともある．過去のある時点からつづくことをあらわすときは過去形をつかう．ただし，到達点が現在であるばあいには，「して きた」をつかって，「して いった」はつかわない．
- 大丈夫，由美は だれとでも ちゃんと くらして いけるよ．
- かれは 原稿用紙の 一角ごとに 日を かき，それを かべへ はって おいて，一日一日と けして いった．

2.4. 不完成相とのかかわり

完成相（perfective aspect）と継続相（continuous aspect）の対立は，一般文法論でいう完成相と不完成相（imperfective aspect）の対立にふくまれる．運動（または，その 1 局面）をそとからまるごととらえるのが完成相であり，そのなかにはいって持続のすがたをとらえるのが不完成相である．完成相と継続相の対立というのは，日本語においては継続相だけが不完成相であり，完成相と不完成相の対立は，すなわち完成相と継続相の対立であるという，とらえかたにもとづいている．英語では，進行相（progressive aspect: be doing）と習慣相（habitual aspect: be used to do）とが不完成相としてとらえられている．これは，両者がともに不完成相の性質をそなえているからである．

日本語のばあいも，よくかんがえてみると，結果相（シテアル）は不完成相の性質をもっているし，ちかづき相（シテクル）やとおのき相（シテイク）も，その非過去形が現在のアクチュアルなすがたをとらえるときは，不完成相として，みずから

をあらわしている．こうした現象を日本語のアスペクト形式のパラダイムとしてシステマティックにとらえる研究が今後必要だろう．

3. 局面動詞

　運動の過程の部分となる動作や変化をあらわす文法的あわせ動詞を局面動詞という．「しはじめる」「しつづける」「しおわる」は，それぞれ運動の始発，持続，終了の局面となる動作をあらわす．「してしまう」「しようとする」は「しおわる」「しはじめる」などと似た面があるので，ここでとりあげておく．

3.1. しはじめる
　・ちらほらと うめが <u>さきはじめた</u>．
　・その ころから，わたしは さけを <u>のみはじめた</u>．

3.2. しつづける
　・おとこは，あさから あなを <u>ほりつづけて いる</u>．
　・五年の あいだ，わたしは 日記を <u>かきつづけた</u>．

3.3. しおわる
　・申請書を <u>かきおわって</u>，ぼくは ほっと した．
　・ベルが <u>なりおわると</u>，子どもたちが いっせいに かけだして きた．
　「しおわる」は，たいていひとつの文のなかで，ほかの動作をあらわしている動詞といっしょにあらわれ，うえの例のように，節や句のなかでつかわれることがおおい．

3.4. してしまう
　①主体や対象の変化が終了することをあらわす．また，一定量のものごとがぜんぶ終了することをあらわす．
　主体または対象に変化を生じる動詞．
　・日が <u>くれて しまわない</u> うちに
　・いままでの 苦痛を なかば <u>わすれて しまった</u>．
　この意味になる動詞は，そこまですすむと運動が成立したといえる点をもつ運動をあらわす動詞（限界動詞）だということになるだろう．
　進行性の継続動詞は，うごきの量や位置がきまっているばあいに，この意味が実現

する．
  ・ぶらぶら して いる うちに 1 週間ほど たって しまった．
  ②話の展開のなかで場面を転換させるような変化や動作が成立することをあらわす．
  ・あの ばあさんも，とうとう 死んで しまった．
  ・この 瞬間 かれは なまけごころと 安直に 握手して しまった．
  ・さっきから，コックリコックリと ふねを こいで いたが，とうとう，バタンと つくえに かおを ふせて しまった．
  この意味になるばあい，動詞は，消滅または終了をあらわしていることがおおい．
  ③予期しなかったこと，期待しなかったことがおこることをあらわす．
  ・かれは おもわず わらいだして しまった．
  ・おれは おまえに すまない ことを して しまった．

3.5. しようと する
  ①これからおこる意志的な動作をあらわす．
  ・手くびを つかんで，つれて いこうと する さきは，この 付近に 多い 杉ばやし の なからしい．
  ・明子は また，広介の 手を のがれようと して つよく 身を もがいた．
  ②うごきがおこりそうであることをあらわす．
  ・ながかった 冬も おわろうと して いる．
  ・月が のぼろうと して いた．

4. もくろみ動詞
  なにかのためにおこなう動作をあらわす動詞をもくろみ動詞という．

4.1. して みる
  ①ためしにする動作をあらわす．
  ・どんな おとが するか，たたいて みた．
  ・彼女は あしを まげ ひざを 湯の うえに だした えんりょした かっこうを して いたが，こころみに その あしを ゆるゆると まえに のばして みると，すっかり のばしきる ことが できた．
  ・水の なか よく みて みろ，ずいぶん いるぜ．
  ・篠原に 是非を きいて みようと おもった．

②じっさいに動作（体験する動作，実現する動作）がおこなわれることをあらわす．

このばあいは，意志的な動作でなくてもよい．この用法は，おもに「したい」のかたち，または，条件形でつかわれる．ときに，命令形「して みろ」が文末述語につかわれることがあるが，このばあいも，つぎの文でのべられることの条件をあらわしている．

- おれも こんな 女と 1生に 1度 恋愛して みたい ものだ．
- メーテルリンクや ロマン・ローランにも あって みたい．
- さて 近くに きて みると……感じられるのだった．
- おおぜい 子どもも もって みたが，こんな いじっぱりは ひとりも ありや しない．
- でも すみなれて みると，また おもしろい ことも あるのさ．
- 母が しんで みると，孝行しなかった ことが きゅうに くやまれて くるので あった．
- ぼくら 放校にでも なって みろ．もう すべては おしまいだ．
- おれが しんで みろ．おまえたち どうして くって いく？

4.2. して みせる

①見られることをかんがえにいれてする動作をあらわす．

- 「お由美さん，もう これね」と いって 帯の うえを 手で ふくらまして みせた．
- 嘉門は 私を みて わらって みせたが，その 顔には ありあり 狼狽の 色が うかんで いた．
- 先生は 生徒の まえで 教科書を よんで みせた．

②ひとにほこりうるものとして動作を完成させることをあらわす．

- 3人で この 店を もりたてて みせると りきんで いた 彼女が
- 損得は もう どうでも いい．損を してでも この 試合は やって みせる．

4.3. して おく

①対象を変化させて，その結果の状態を持続させることをあらわす．

- いままで ものおきに して おいた 2階の 3畳と 6畳
- すいがらを みんな 火ばちの そこに うめて おいた ところが そうじで それが みつかりましてね．

②対象にはたらきかけないで，そのままの状態を持続させることをあらわす．
・この 学生は ときどき まくらもとに へどを はきちらし 3 日ぐらい <u>ほうって お く</u> ことが，あるのだから
・この 先も ある ことだから <u>うっちゃって おけ</u> ……
・自分は 自分の その 女に たいする 感情を 厚意の 程度で <u>とめて おけたろう</u>．
・秘密を <u>たもって おく</u> 必要だけで
③つぎにおこることがらのための準備的な動作をあらわす．
・もう 碁盤を <u>用意させて おいた</u>のに
・ここで いまから <u>準備して おきたい</u>のは
・参考の ために，初任給を <u>きいて おこう</u>．
④積極的に体験することをあらわす．
・おれも 1 度 その ひとに <u>あって おこう</u>．
・ともかくも 映画を <u>見て おこう</u>と 考えて，彼は ホテルを 出た．
・どのような もので あれ，1 度は <u>みて おく</u> ほうが よい．
⑤ことさらにする動作，しかたなくする動作をあらわす．
・新聞小説の 注文が こないのは，自分が あまりにも 純粋な 芸術家だからである，とでも <u>おもって おく</u> こと．
・せいぜい なごりを <u>おしんで おきました</u>よ．
・この 試合は わざと <u>まけて おいた</u>．
⑤は無意志動詞である．

5．やりもらい動詞

〈本をよむ〉という動作は，ひとりでよむときには，「太郎が本をよむ．」や「花子が本をよむ．」のように，ただ「本をよむ」というのだが，これが，もし，だれかのためによむのならば，つぎのようにいわれる．
　・太郎が（わたしが） 次郎に 本を <u>よんで やる</u>．
　これは，太郎のがわからのいいかたであるが，これを次郎のがわからのいいかたにすると，つぎのようになる．
　・太郎が 次郎に（わたしに） 本を <u>よんで くれる</u>．
　また，このおなじ動作を，次郎のがわから，次郎を主語にしていうと，つぎのようになる．
　・次郎が（わたしが） 太郎に 本を <u>よんで もらう</u>．
　このように，だれかがだれかのためにする〈よむ〉という動作を，だれのがわか

ら，だれを主語にしていうかによって，3種類のいいかたができる．

　だれかのためにする動作を，サービスのおくり手またはうけ手のがわから，そのどちらかを主語にして，いいあらわすいいかたを「やりもらい」という．やりもらいは，動詞の第2中止形と補助動詞「やる（あげる・さしあげる）」「くれる（くださる）」「もらう（いただく）」とのくみあわせによってあらわされる．

　サービスの，おくり手，うけ手と主語の関係についていうと，「して やる」と「して くれる」はサービスのおくり手が主語になり，「して もらう」はサービスのうけ手が主語になる．

　また，サービスの方向についていうと，「して やる」は〈いく〉の方向であり，「して くれる」と「して もらう」は〈くる〉の方向である．

　これを表にすると，つぎのようになる．

おくり手，うけ手と主語の関係　　サービスの方向	主語がサービスのおくり手	主語がサービスのうけ手
〈いく〉の方向	して やる	
〈くる〉の方向	して くれる	して もらう

　（このばあい，〈して やる⟷して くれる〉という方向性の対立は，標準語にはあるが，その対立をもたない方言もある．その種の方言では，「オメーニ <u>クレルヨ</u>」が「ヤルヨ」の意味でつかわれる．なお，ふるい口語にも「くれて やる」「いたい 目にあわせて くれよう」「どうして くれよう」などのいいかたがある．また，サービスのおくり手のがわから，うけ手を主語にしていいあらわすいいかたがかけている．）

5.1.　して やる（あげる・さしあげる）

　①主語であらわされるサービスのおくり手が，他人（サービスのうけ手）のためにすることを，おくり手のがわからあらわす．
　・私は その 品々を 父の つくえの うえから おろして みんなに　<u>みせて やった</u>．
　・ゆかいだ．そう ことが きまれば，おれも（おまえに）<u>加勢して やる</u>．
　②他人に不利益をあたえるためにする動作をあらわす．つまり，マイナスのサービスをおくるのである．
　・むかし，ある ところに，一人の どろぼうが いた．酒が 飲みたく なったので，「今夜は 一つ，酒屋に <u>しのびこんで やろう</u>」と 考えた．
　・けしからん やつだ．<u>とっちめて やれ</u>．

③はなし手が積極的にする動作をあらわすばあいもある．このばあいは，サービスは問題にならなくなる．（プラスもマイナスもない．）
・これを 学資に して 勉強して やろう．
・おれは こんどの 試験に かならず 合格して やる．
　③の用法は，「～して みせる」とにているが，1人称にかぎられるところがことなる．なお，②③の用法には，「して あげる」はつかえない．

5.2. して くれる（くださる）

①主語であらわされるサービスのおくり手が，はなし手や話の中心人物（サービスのうけ手）のためにすることを，うけ手のがわからあらわす．
・そこには 杉子が いる．きげんよく して いる．野島にも よく はなしかける．ナシを むいて くれる．からだの ことを 気に して くれる．えがおを 見せて くれる．
・あたりまえだ．いて くれと 手を あわせたって いて やるものか．
②あることがらが，結果的に，はなし手や話の中心人物にとってプラスになるとき，そのことがらの動作者が自分からこちらにサービスをおくったかのようにいうのにつかう．
　このばあいは，サービスの方向をかえて，「して やる」にかえることができない．
・あいつが 病気に なって くれて たすかった．
・いちど あめが ふって くれないかなあ．

5.3. して もらう（いただく）

①主語であらわされるサービスのうけ手のために，他人（サービスのおくり手）がすることを，うけ手のがわからあらわす．
・岡田に へびを ころして もらった 日の ことで ある．
・病気に なったので お医者さんに きて いただきました．
②はなし手のなかで決定されたものとして，きき手や第3者に対してその動作を要求することをあらわす．
・あの おとこには しんで もらう．
・きみには あすの 1便で 札幌に とんで もらおう．

　問題1　やりもらいには3種のくみあわせ動詞がある．つぎにあげてある文を，そのあとにしめされた条件にしたがって，他のやりもらい形式にかえると，どのような文になるか．

ア）おじさんが 太郎に おもちゃを かって やる．
　　・太郎のがわから，太郎を主語にして．
イ）花子は おかあさんに かみを ゆって もらう．
　　・花子のがわから，おかあさんを主語にして．
ウ）太郎が（次郎の）かおを ふいて やる．
　　・次郎のがわから，太郎を主語にして．
　　・次郎のがわから，次郎を主語にして．
エ）太郎が 花子に おみやげを かって くれる．
　　・太郎のがわから，太郎を主語にして．
オ）おばさんが 郵便局に いって くださる．
　　・花子のがわから，花子を主語にして．
　　・おばさんのがわから，おばさんを主語にして．

5.4. サービスの方向

問題2　「よい おはなしを きかせて くださいまして，ありがとう ございます．」という文の「きかせて くださいまして」の部分は「きかせて いただきまして」にかえてもよい．それは，なぜか．

サービスのうけ手と動作のうけ手は，おなじであるばあいもあるし，おなじでないばあいもある．

問題3　つぎの各文の動作のし手とうけ手，サービスのおくり手とうけ手をいえ．
ア）どうしても わたしは，世話に なった かれを たすけて やりたい．
イ）おれが そとまわりの しごとの ときは，あいつに おっかさんの 看病を して もらった．
ウ）君から いえないのなら，ぼくが かわりに 彼女に いって やろうか．
エ）保育園には，滝さんが （わたしの こどもを）つれてって くれたから，わたしは すぐに 母の ところへ とんだ．
オ）（それほど あなたが かれに あいたいのなら）わたしが なんとか して かれを つれて きて やろう．

やりもらいは，サービス関係をあらわす形式であって，直接には，ことがら関係をあらわさない．したがって，ことがら関係のほうは，いくつかの意味にとれるばあいがある．

問題4　つぎの文はなんとおりかの意味にとれる．どのようにか．
　　わたしは 山田くんに レコードを <u>かって もらった</u>．

　サービスの方向を〈いく〉の方向,〈くる〉の方向とかいたが，これは，つぎのようなことである．
　①どちらかに はなし手がはいっているばあいには，はなし手からの方向が〈いく〉の方向で，はなし手への方向が〈くる〉の方向である．
　②小説の地の文などでは，いま問題にしている登場人物をはなし手のようなたちばにおく．
　③はなし手のみうちのものは，はなし手のたちばにおく．
　・いつも むすめが おせわに なって おります．先日は また めずらしい ところへ <u>つれて いって いただきまして</u>，ありがとう ございました．

問題5　つぎの2文は，どうちがうか．
　ア）おばばが 三太の あたまを <u>かって やった</u>(よ)．
　イ）おばばが 三太の あたまを <u>かって くれた</u>(よ)．

5.4.1. やりもらいと，はたらきかけ

　ふつう体の命令形「しろ」と，ていねい体の命令形「しなさい」は，どちらも，めうえに対するはたらきかけには，つかえない．そのため,「して くださる」の命令形「して ください」が，かわりにつかわれる．
　・店内が こみあって まいりましたので，もちものに <u>気を つけて ください</u>．
　・おかえりの さいに かさを わすれない ように <u>して ください</u>．
　この用法のばあいは，はなし手に対するサービスをうったえているわけではないので,「して くれる」(「して くださる」)の基本的な用法とはいえない．

5.4.2. やりもらいとヴォイス

　3種のやりもらい形式は，ある形式と他の形式のあいだに一定の対応関係があった．その対応関係につぎのようなものがある．

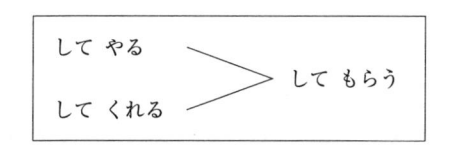

```
┌─────────────────────────┐
│ して やる                │
│          ＼              │
│           ＞ して もらう  │
│          ／              │
│ して くれる              │
└─────────────────────────┘
```

　3種のやりもらい文の主語，補語は，サービスの方向のちがいをうつしだす．つま

り，サービスのおくり手が主語でうけ手が補語か，あるいはサービスのおくり手が補語でうけ手が主語としてあらわれるかで対立する．

やりもらい文のあらわすサービスのおくり手・うけ手と動作のし手・うけ手とのあいだに完全な対応関係はなりたたないものの，ここにあらわれるのは，サービスをめぐっての主体—客体関係のあらわしかたのちがいである．その点で，ヴォイスとの類似がみとめられる．つまり，「してやる（くれる）」を能動態的とすれば，「してもらう」は受動態的である．

ヴォイス	能動	する	してやる	やりもらい
			してくれる	
	受動	される	してもらう	
	使役	させる		

問題6 「お玉は岡田にへびをころしてもらった．」「お玉は岡田にへびをころされた．」「お玉は岡田にへびをころさせた．」がおなじできごとをあらわしていることを確認したうえで，それぞれの文のあいだのちがいをかんがえよ．

6. 可能動詞

6.1. うけみ形式と可能形式

日本語の「よまれる」「みられる」という形式は，もともとうけみ動詞でも可能動詞でもあった．また，構文形式にしても，可能構文は，うけみ構文と同様に動作主体をニ格で，動作対象をガ格であらわした．

・その とき 私には その 字が よまれなかった．
・むこうの 山に のぼった ひとには 海が みられる．

現在，かなりの速度で可能とうけみの分化が進行していて，形態論的には，五段動詞は可能動詞の形式がほとんど完全にうけみ動詞から独立し，一段動詞やカ変動詞のばあいであっても，可能動詞がうけみ動詞からはなれつつある．

　　よまれる→よめる　　　いかれる→いける
　　みられる→みれる　　　ねられる→ねれる　　　こられる→これる

また，統語論的にもすこしずつ可能構文がうけみ構文から能動構文への移行の道をあゆんでいる．動作主体をニ格であらわすことは，しだいに特殊になりつつあるし，また，動作対象をヲ格であらわすことが，しだいにふえている．

- ハナには 英語が はなされる．
- まさ子は 英語が はなせる．
- まゆみは 英語を はなせる．

6.2. 3種の可能動詞

現代日本語は，派生によるもの（「よめる」），複合によるもの（「よみうる」），くみあわせによるもの（「よむ ことが できる」）の，3種の可能動詞をもっている．
- 彼は たいていの 漢字を よめる．
- この 仕事は だれも なしえない．
- あのひとは，1度に 3人の いう ことを きく ことが できる．

はなしことばでは，「よめる」がおおくつかわれる．文章では，「よむ ことが できる」がよくつかわれる．「よみうる」は，特殊ないいまわしのなかでつかわれる．なお，サ変動詞は派生によるものがなくて，そのかわりにうめあわせのてつづきによって，「～する」を「～できる」にかえてつくる．したがって，「勉強する」は「勉強できる」「勉強しうる」「勉強する ことが できる」となる．

6.3. 可能動詞の意味

可能動詞には，ポテンシャルな用法とアクチュアルな用法があって，それぞれ意味のあらわれかたがことなる．（参照：鈴木重幸1965「現代日本語動詞のテンス」『ことばの研究』第2集）

6.3.1. 可能性をあらわすばあい（ポテンシャルな用法，時間軸上に局在しない用法）

可能動詞は，主体の属性をあらわすばあいと，対象や状況の属性をあらわすばあいがある．
- かれは 100メートルを 11秒で はしれる．
- この 水は のめない．
- 密閉された へやの なかでは 炭火を たく ことが できない．

［能力としての可能性］
- 彼女は 中国語が はなせる．
- おれは，病気に なる まえは，つよい さけが のめたのだが，このごろは からき し だめだ．
- かれは どんな むずかしい 字でも よむ ことが できる．
- のみならず，それは 明かに 本当の 芸術家のみが 見得る，そして 描き得る 深刻

な 自然の 肖像画だった.
[特性としての可能性]
- この みずは <u>のめる</u>.
- この あたりでは, ハゼが よく <u>つれた</u>.
- かなは だれでも <u>よむ ことが できる</u>.
- 「なるほど. すると ソヴェートでも 大学卒で あると 言う 事が, 一つの 見栄に <u>なり得る</u> わけですね」

[許可]
- あした 胃の 検査を うけるので 今夜は わたしは ごはんを <u>たべられない</u>.
- この あたりでは たきびを <u>する ことが できない</u>.

6.3.2. 運動の実現をあらわすばあい (アクチュアルな用法, 時間軸上に局在する用法)

可能動詞の実現をあらわす用法には, 意図したこと, 期待したことの実現をあらわすばあいと, そうでない実現をあらわすばあいがある. 後者のうち, 人間のこころのうごきにかかわるものは, 「自発」といわれてきた.

[期待した運動, 意図した運動の実現]
- <u>かけた</u> ひとは だしても よろしい.
- さっきから いろいろ やって いるのだが, なかなか ふたが <u>とれない</u>.
- 5時間 まって やっと きっぷを <u>かう ことが できた</u>.
- あくまでも 大衆の 潜在意識に どれほど <u>浸透し得た</u>かが 問題で ある はずだ.
  ※このばあいの「〜が よめた」という 形式は「〜を よむ ことが できた」という 形式にかえる ことができる. (参照: 奥田靖雄 1986「現実・可能・必然 (上)」『ことばの科学』1)

[期待・意図と関係のない変化の実現]
- ボタンが <u>とれた</u>.
- <u>ほどけない</u> ように きちんと むすんで おきなさい.
- いたい. つめが <u>めくれた</u>.
  ※この種のものは, ふつう, 自動詞 (変化動詞) としてあつかわれている. ここにおくか, 自動詞とするかについては, 検討の余地がある. なお, 寺村秀夫 1982『日本語のシンタクスと意味 (上)』では, これらを「自発」のなかにふくめている.

[意図しなかった, こころのうごきの実現 (自発)]
「おもう」「しのぶ」などの動詞は, 「おもわれる」型のふるいタイプの可能動詞が, しぜんに感情の生ずることをあらわすことがある. これを「自発」という.

・ゆうがたに 海岸を ひとりで あるいて いたら，むかしの ことが <u>しのばれた</u>．
・このまえ あった くろい セーターの おとこのこが なつかしく <u>おもわれて</u> しかたが ない．

「おもえる」型のあたらしいタイプの可能動詞も，この用法になることがある．

・なんだか じぶんが まちがって いる ように <u>おもえて きた</u>．
・はなしを きいて いる うちに <u>なけて きて</u> しかたが なかった．

6.3.3. ポテンシャル（potential）な用法とアクチュアル（actual）な用法

「うちの 梅の 木は，まいとし 6 月に なると，たくさん 実を つけます．」というのは，〈いまそうなっていること〉や〈あるときそうなったこと〉をのべているのではなく，そのような可能性がひめられていることをのべている．これに対して，「うちでは，いま 梅の 実が なって います．」とか，「去年 たくさん とれました．」などというのは，そういう事実がいま実際におきているとか，実際にあったとかいうことをのべている．うえの例の前者がのべているような，〈可能性のあること〉を「ポテンシャルなこと」といい，後者がのべているような，〈実際おきていること〉を「アクチュアルなこと」という．

これを時間の観点からいうと，特定の時間におきること（つまり，時間軸上に局在すること）が「アクチュアルなこと」であり，時間軸上の局在箇所が指定されない時間（これを一般的な時間という）におきることが「ポテンシャルなこと」なのである．

なお，すこしつけくわえるならば，まだ実現していなくても，特定時に実際におきることならばアクチュアルだし，実現しなかったことでも，それが事実ならばアクチュアルである．つまり，「あと 1 時間後に，みんなが くる．」とか，「去年は 梅の 実が ならなかった．」とかいうのも，アクチュアルなことをのべているのである．

「可能動詞」(potential verb, potential form) は，基本的には，可能性のあること，つまりポテンシャルなことをあらわす形式である．「かれは トルコ語が はなせる．」，「彼女は 100 メートルを 12 秒で はしれる．」など，可能動詞のあらわす能力は，ポテンシャルなものである．しかし，「きょうは，試験官の まえでも，あがらないで きちんと はなせた．」とか，「彼女は きのう 100 メートルを 14 秒でしか はしれなかった．」とかいうのは，時間軸上に局在する事実，つまりアクチュアルなことをのべている．

ポテンシャルなことをあらわす用法をポテンシャルな用法といい，アクチュアルなことをあらわす用法をアクチュアルな用法という．いまうえにのべたように，日本語の可能動詞は，ポテンシャルな用法のほかに，アクチュアルな用法をもっているので

ある.

　もうすこし例をあげるならば,「つぎの 時間の 試験は, うまく 書ける はずである.」というのは, アクチュアルな用法であり,「むかしは この 川でも アユが つれた.」というのは, ポテンシャルな用法である.

　可能動詞がアクチュアルな用法をもっているかどうかは, 言語によってことなる. たとえば, 試験の監督者が「書けた ひとは だしても よろしい.」というばあいの「書けた」は,〈その場で実際に書くことができた〉ということをあらわしているが, これを, 可能動詞にアクチュアルな用法のない言語（たとえば, 韓国語）に翻訳するときには, 可能動詞でなく,「書きおわった」に相当するような表現にかえなければならない.

6.4. 自発について

　「自発」は, 可能動詞の, 実現をあらわす用法（アクチュアルな用法）の一種（参照：本章-6.3.2）であるとかんがえられる. 人間のこころのうごきにかかわる意図的でない動作の実現, つまり,「する ことが できた」にいいかえられないものが自発である. ただし, 自発は, 他の用法より, うけみからの分化のすすみかたが数十年おそく, 90年代でも, 動作主体をニ格であらわしたり, うけみとおなじ形態論的な形式がはばをきかせたりしている.

7. 尊敬と謙譲の動詞

7.1. 尊敬の動詞

　動詞は,「よまれる（うけみと同形式）」「およみに なる」「およみなさる」のような形式で, 尊敬の動詞になる.

　尊敬の動詞は, 動作主体を尊敬して, その動作をしめすときにつかう形式である.
　① 「……れる」「……られる」などの形式にする
　　　よまれる, おきられる, ねられる, こられる, 勉強される
　② 「お……になる」「お……なさる」「お……くださる」などのかたちにする
　　　②は①のいいかたよりも敬意が高い. もっと敬意の高いものとして「お……あそばす」のかたちもあるが, これからの平明・簡素な敬語のありかたとしては, あまり望ましくない.
　　　おかいに なる, おうけなさる, おかきくださる
　・この 本を かかれた 先生が 病気に なられた.

・この 本を おかきに なった 先生が 病気に おなりに なった．

　なお，文法的なてつづきによって尊敬の動詞をつかうかわりに，語彙的に尊敬の意味をもつ特別の動詞をつかうことがある．「なさる」「いらっしゃる」「おっしゃる」「めしあがる」「めす」「くださる」などは，それぞれ「する」「いく・くる・いる」「いう」「たべる」「きる」「くれる」などの尊敬語である．

7.2.　謙譲の動詞

　動詞は，「お……する」「お……もうす」「お……もうしあげる」「お……いたす」のような形式で，謙譲の動詞になる．

　謙譲の動詞は，動作のあいて（直接または間接の対象）を尊敬してふるまう動作であることをしめす形式である．現代語では，ほとんどのばあい，動作主体は，はなし手（または，はなし手のがわのもの）である．

　おまちする　おたすけもうす　おこたえもうしあげる　およみいたす

・その しごとは わたしが おひきうけいたします．
・その とき わたくしは あなたを おうらみもうしました．
・その 日 わたしは はじめて あのかたに おあいしました．

　なお，文法的なてつづきによって謙譲動詞をつかうかわりに，語彙的に謙譲の意味をもつ特別の動詞をつかうことがある．「いたす」「もうす・もうしあげる」「おめにかかる」「まいる・あがる」「いただく・頂戴する」「さしあげる」などは，それぞれ「する」「いう」「あう」「いく・くる」「もらう」「やる」などの謙譲語である．

> 問題7　尊敬動詞や謙譲動詞は，「S先生が4月3日に 本校に こられたよ．」，「ぼくは そのとき はじめてS先生に おあいしたんだ．」のようにふつう体になったり，「S先生が4月3日に 本校に こられました．」，「わたくしは そのとき はじめて S先生に おあいしました．」のようにていねい体になったりする．どんなときにふつう体になり，どんなときにていねい体になるのか．（参照：第6章2.5）

> 問題8　敬語を，はなしの素材にかかわる敬語ときき手や場面にかかわる敬語とにわけるとすれば，尊敬，謙譲，ていねいは，それぞれ，どちらの敬語に属することになるか．

7.3.　敬語動詞といろいろなカテゴリーの動詞

　ていねいさのカテゴリーもふくめて，敬語動詞は，できごとやことがら，さらに，テンス・ムード・ヴォイスなどによって具体化されてあらわれる文の意味（主旨）を，直接反映するカテゴリーではない．そのため，ていねいさや敬語であらわされる

側面は，文の主旨の理解に不可欠だとはいえない．やりもらい動詞や可能動詞も，敬語動詞とちがって，それのありなしによって文の主旨がちがってくる．こうして，いろいろなカテゴリーの動詞のなかで，敬語動詞の位置づけはそれほど上位にはこない．

つぎに，敬語動詞相互の対立のしかたを，他のカテゴリーの動詞のばあいとつきあわせてかんがえてみると，ヴォイスやアスペクトのカテゴリーの動詞は，対立のしかたが「よむ—よまれる」，「よむ—よんでいる」のようになって，「よむ」はそれぞれ，受動態に対する能動態，継続相（不完成相）に対する完成相として，対立のメンバーにくわわっている．このばあい，もとの動詞「よむ」は，つくりの出発点というより，対立をなりたたせる対の出発点であることが重要である．みとめかたやていねいさのカテゴリーをなりたたせる「よむ」も，これと同様である．

これに対して，やりもらい動詞は，うえとことなり，「よむ」をとりこまない対立になっている．つまり，各やりもらいに対して，「よむ」が「やりもらわず」として対立のメンバーになっているわけではない．もくろみ動詞や可能動詞も，この点でやりもらい動詞と同様である．この点から，動詞の文法的なカテゴリーへのくいこみ度をみると，やりもらいやもくろみ，可能動詞は，カテゴリーの中心へはこない．

いまのべたことから，敬語動詞の位置づけをかんがえると，やりもらい動詞的ではなく，ヴォイス・アスペクト動詞的である．つまり，カテゴリーをつくる語形系列の対立において，もとの動詞「よむ」がメンバーにくわわって，よまれる，およみになる，およみする……と対立をかたちづくっている．つまり，「よむ」も敬語的にいろぞめされていることになる．こうして，とくに，はなしことば・方言では，敬語動詞の対立にくわわるかたちのひとつとして，「よむ」をえらぶことにならざるをえない．

なお，「〜（ら）れる」というかたちは，ヴォイス，尊敬，それに可能のみっつのカテゴリーにあらわれていて，そのうち前二者の対立のしかたに共通性があって，可能の「〜（ら）れる」はそこからぬけだしてきている．

8. 仮定動詞

「すると する」「したと する」は仮定をあらわすくみあわせ動詞である．「よむ」「よめ」では仮定の意味にならないが，「よむと する」「よむと せよ」では仮定の意味をあらわすので，これを仮定動詞とよぶことにする．なお，終止形がもちいられても，結論や帰結などをあらわす後続の文がつねに必要であり，その2文であわせ文的に機能している．

・では 仮に，美那子は 六月二十日 北海道行擬装の 直後，あるいは せいぜい その

翌朝くらいに 逆方向の 飛行機に 乗って 福岡へ <u>着いたと する</u>. 着いて 間もなく 平尾霊園を 訪れた. それから どこへ 行ったのか.
- ここまでは <u>開発できたと しよう</u>. 一番の 問題は つぎの この 部分だ.
- 昨夜の うちに 鹿児島市に 着いて, すぐ 病院に 運び込まれた 筈だが, それまで 松代先生の 心臓は もったか どうか. 何の 病気だったのか. <u>間にあったと して</u>, 手術後の 経過は どうなのだろうか─.

このくみあわせ動詞は, 「はやいと すれば」「太郎では なかったと しても」のように, 動詞からだけでなく, 形容詞や述語名詞からもつくられる.

仮定動詞は, 「〜と すれば」「〜と したら」「〜と すると」「〜と しても」などの条件や逆条件のかたちや, 「〜と する.」「〜と しよう.」「〜と せよ.」「〜と して」のような終止形や中止形で, さまざまな仮定的な条件や逆条件をあらわす.

①仮定的な条件, 逆条件
- ナラ, ブナなどの 鬱蒼とした 梢に 斜光を あびて, 緑色に 朱色に あるいは ルリ色に, きらきらと 金属光沢を はなって とびかう 可憐な 姿を <u>見たと したら</u>, 誰だって 幼児の ように 彼女らを 欲しく なるだろう.
- 発見されて <u>追いかけられたと しても</u>, トフシアリは 非常に 小さいので, 追跡者は 細い 抜け道を くぐる ことが できぬ.
- 今回の 件で きみの 正体が みんなに <u>ばれたと しよう</u>. そしたら, もう きみは ここに いられなく なるんだ.
- 例えば, 男性から 食事に <u>誘われたと する</u>. その気が なかったら, きっぱりと 断り, 「また 今度ね」 などと 気を もたせる 言い方は しない. (<u>誘われても</u>, その気がなかったら, <u>断る</u>)

②反現実の仮定的な条件, 逆条件
- これが デンバー市の 肝入りで 新しく 開かれた 日本の 大学の 学生に 奮われた <u>暴力で なかったと したら</u>, どうだったろう.
- もしも カブトムシほどの ツノゼミが <u>いたと したら</u>, 婦女子は しょっちゅう 悲鳴を あげなければ ならないし, 近代彫刻とか オブジェとか いう ものも ずっと 早く 発達して いたに ちがいない.
- 大学入試に <u>おちて いたと しよう</u>. もちろん, いまごろは 予備校通いだ.
- (略) たとえば 人間の 住居に, (略) 人間の 子供ほどの 大きさの バッタが <u>住んで いると して</u>, はたして われわれが 無関心で いられるか 想像して みるが いい. (住んでいたら, <u>無関心でいられるか</u>)

③アナロジーによる対比
- 水の 分子が 1センチメートルの <u>大きさと したら</u>, 人体は どの くらいの 大き

さに なるのか.

- （蛾のオオミズアオは）一名を ユウガオビョウタンとも いい, メンガタスズメ が 西洋風の 妖怪の 相を <u>おびていると</u> すれば, こちらには 日本的な 幽霊の 相 が ある.
- イノシシを <u>マガモだと する</u>. では, ブタは なにに なると いえるか.

問題 9 「したにしても」「するに せよ」をもつ文（まえの 2 例）と「したとし ても」「すると せよ」（あとの 2 例）とのちがいをかんがえてみよ.

ア）（ひっこしが）よしんば 急に <u>きまったに しても</u>, 走り書きの 手紙ぐらい 寄 こす 日数は あった はずで ある.

イ）（モアイの 遺跡は）石垣も 段々畑に しては 立派で, 修復された ところも <u>あ るに せよ</u>, よく 保存されて いる.

ウ）かりに 私が 考古学者で, ファラオーの 誰かの 地下納骨所から, エメラルド で 刻まれ 死者に 捧げられた 宝物を <u>発見したと しても</u>, これ以上の 感動を うけなかっただろう.

エ）では, かりに 第 2 の 方法を <u>とると せよ</u>. 結果は どう かわるか.

問題 10 この用法と, 「して みる」の②の用法とをくらべてみよ.

④テーマをあらわす

「～と すれば」「～と したら」「～と すると」「～と しても」などの条件や逆条件 のかたちで, テーマをあらわし, 帰結の句節がレーマ（テーマについてのべる）をあ らわす. 帰結がちょくせつ述語になっているばあいと, 条件の内容が「それは」によ ってくりかえされるばあいとがある.

- シェイモンは 麻薬密売組織に 関係した 疑いで パリ警察の 取調べを 受けたり (して（略）), 一月ほど 前から 行方を くらまして いた. だから 日本に <u>来たと しても</u>, いわば 逃避行である.
- 木の葉が ちいさな ロールキャベツの ように 巻かれて <u>ぶらさがって いるとした ら</u>, それは この虫の 産物だ.
- 「われわれを 恨んで いるだろうか」 「身から 出た 錆ですよ 旦那さま, <u>恨んでると すれば</u>, それこそ 逆恨みと いう やつでさ」

文の述語が, テーマをあらわすために, 倒置によって条件や逆条件のかたちをと り, もとの文の主語や補語や状況語が, 述語になってレーマとなることがある.

- つぎに <u>くると すれば</u>（それは）太郎だ. ／つぎに <u>くるとしても</u> 太郎だ.

- かれが 食べたと したら 牛どんだ. ／かれが 食べたと しても 牛どんだ.
- 客が くると すると 夕方だ. ／客が くると しても 夕方だ.

9. 例示動詞

①ならべたて形によって，いくつかの代表例をならべたてたばあいに，最後のものが「する」をともなって例示動詞になる．例示動詞は，動詞だけでなく，形容詞や述語名詞のならべたて形からもつくられる．

- ぜんたい 雲と いう ものは, 風の ぐあいで, 行ったり 来たり, ぽかっと なく なって みたり, にわかに また でて きたり する もんだ.
- 西の ほうの 九州では 中国から 盛んに 本を 買う. その 本の 買い主は 京都の 公家で あったり, 坊さんで あったり, あるいは 諸大名で あったり して いる. ならべたて形がなくて，例示動詞だけのばあいもある．
- しかし 昔は, 農夫に しろ 職人に しろ 道端で ひょいと しゃがみこみ, おもむろに 腰から 煙管を とりだしたり した もので ある.
- 一茶は 客が 嫌いでは なかった.（略）一緒に 芝居や 名所と 言われる 社寺を 見に 行ったり する ことも あった.

②例示動詞は，また，動作を評価的にとりたてるときなどにもつかう．このばあいは，「〜したり，〜したり する」のように，動作をふたつ以上ならべるのでなく，また，意味的にも，他のことをふくめた代表例ではなく，そのひとつのことを評価している．このかたちは「しては」「すると」「するから」など，非終止的な用法であらわれることがおおい．また，マイナスの評価であることがおおい．

- この へやで さけを のんだり しては いけないよ.
- 亀裂が あったり しては こまるから, よく しらべて おけ.
- あした あめが ふったり すると たいへんだから, きょうじゅうに しあげて しまおう.
- あんな やつの いう ことを 信じたり するから, かねを うしなうんだ.
- こんど 失敗したり したら, ゆるさないぞ.
- ×・こんど 成功したり したら, ほうびを やろう.

10. 経験動詞

①経験があることをあらわす「シタ コトガ アル」

第1テンス形は義務的に過去形．第2テンス形は非過去形でも過去形でもよく，

どちらにしても，テンス的意味はかわらない．主要なパターンは，「シタ コトガ アル」「シタ コトガ アッタ」「シタ コトガ ナイ」「シタ コトガ ナカッタ」．
  ・僕は，むかし，この 道路で 喧嘩を した ことが ある．
  ・かつて，日の 光に きらめく 川面を 美しい，と 思った ことが あった．
  ・ぼくは サインなんて した こと ないよ．
  ・素より 貴方に 対して そんな 事を 考えた 事は ございませんでした．
  第1テンス形がうちけしになるものは，ひじょうにすくない．
  ・同じ アパートの 居住者に 聞くと，これまでにも 数日 ふらりと 出かけた まま 帰って 来なかった ことが あったという．
    ※経歴・記録をあらわす「シテイル」（第8章Ⅱ-2.4，Ⅳ-1.2 参照）との比較
    「シタ コトガ アル」は，むかしからいままでというひとつの時間帯のなかで，そのことがおこったことをあらわすだけで，その結果が，いまというもうひとつの時間位置で経歴・記録になっているかどうかをとわない．そこが「シテイル」とちがう．経歴・記録にならないものは「シテイル」にならないし（ア），経歴・記録にしかならないものは「スル コトガ アル」にならない（イ）．
      ア）あなたは 水の 中で 眼を 開いた ことが ありますか．
      イ）昨年の 大会では，A高が 優勝している．
    ※「シタ コトガ アル」と「シタ コトガ アッタ」
    両者のちがいはつぎのようである．
      a. 「シタ コトガ アル」のほうがよくつかわれる．
      b. とくに会話文では，それが圧倒的なちがいとなる．
      c. 時間の状況語との共存の比率は，「シタ コトガ アッタ」のほうがずっとたかい．
      d. 会話文の「シタ コトガ アッタ」には，確認のやりとりにつかわれるものがおおい．
        ・東京に 来る 前にも，一度，散歩した こと あったね．
②ときどきおこることをあらわす「スル コトガ アル」
  第1テンス形が義務的に非過去形．第2テンス形は，非過去形になるものと過去形になるものとがあって，両者ともテンス的な意味がある．主要なパターンは「スル コトガ アル」「スル コトガ アッタ」「スル コトガ ナイ」「スル コトガ ナカッタ」．
  ・トロッコで 運んで くる 石炭の 中に 拇指や 小指が バラバラに，ねばって 交って くる ことが ある．
  ・杉山は 仕事の 関係で，帰る 時間は 不規則でした．どうか すると 朝の 二，三時に なり，泊まって 来る ことが ありました．
  ・だから 止むを 得ないし，これで 終わりだから，選挙の 仕事では もう 桜田さんに お目に かかる ことは ありませんね….
  第1テンス形がうちけしになることもある．

・パチンコ・ワナに かかった ネズミが 朝に なると イタチに 食いちぎられて 首だけしか のこって いない ことも あった.
　②この用法のバリエーションとして，可能性のある（可能性のない）ことをあらわすものがある．
・何も そんなに 案じるにも 及ぶまい 焼棒杭(やけぼっくい)と 何とやら，又 よりの 戻る ことも あるよ．
・彫刻ならば，どんなに 古く なっても，蒔絵の ように 消える ことは ございませんし，それに，（略）
③必要がないことをあらわす「スルコトハナイ」
　第1テンス形が義務的に肯定の非過去形．第2テンス形は，うちけしの非過去形または過去形である．主要なパターンは，「スル コトハ ナイ」「スル コトハ ナカッタ」
　非過去形「スル コトハ ナイ」は，文法のがわからみると，評価にかかわる現実認識をあらわしているが，使用の点からみると，2人称（ときに1人称）につかわれて，〈するな〉（〈しないでおこう〉）のような当為的な意味をもつことがおおい．
・里子も 子供じゃア ないンだから．一人で 帰せば いいんだぜ．君が 送って ゆく ことは ないよ．
・お琴の 稽古に ゆくのに，よそゆきの ハンドバッグ，もってく こと ないだろ．
・そして そのことに 本人は まだ 気づいて いない．急いで 気づかせる ことは ない．彼女が その 事実に 気づいた ときは，自分の 支配の 網から 出て 行って しまう．
　無意志動詞の例がおおい．これは，しぜんにそうなるという心的傾向に対して，それが不要だという評価をのべて，〈そんなことはやめろ〉といっているのである．「心配スル コトハ ナイ」と「気ニ スル コトハ ナイ」の頻度がたかい．
・それに たとい 打ちに 来た ところで，私達は 素早く 逃げれば それで いいんだもの，ちっとも 心配する ことは ないわ．
・泣く ことは ない，それで よかったんだよ．
　過去形「スル コトハ ナカッタ」は，過去に実現した行為に対する評価として，〈しなければよかった〉となげいているのである．1人称は反省，2・3人称はなじりの要素をおびることがおおい．
・銭湯が あるのなら ホテルを 移る ことも なかった．
・なんだって，あの子は 死んで しまったのだろう．死ぬ ことは なかったのに．
　④理由であることをあらわす「スルコトモアッテ」
　「スル コトガ アル」が従属句節になって，理由をあらわすもの．パターンとして

は，中止形「アッテ」をあげておく．「スル コトモ アッテ」「シタ コトモ アッテ」「シナイ コトモ アッテ」「シナカッタ コトモ アッテ」

・喋り方は 奇妙に 悠長で，とぼけて いる みたいに 聞こえる ことも あって，別に とりわけ シャープな 印象と いうのでも なかったのだが……．

・商工会議所に 勤める 源吉は，事務員が 五人しか いない ことも あって，こういう お祭りは たいてい 中心に なって 切りまわして いる．

問題 11　つぎの文の「育ったこともある」が経験をあらわす「シタ コトガ アル」でないことを確認せよ．

・九州に 育った ことも あるが，淳子の まわりで，子どもの うちから スキーをやった ものなど いない．

11．文法的な派生形容詞

「よみたい」「よみそうだ」「よみやすい」「よみにくい」などは，動詞として名詞を格支配しながら，形容詞のパラダイムによって活用するので，文法的な派生形容詞である．

・ああ，わたしは 故郷へ かえりたい．
・としの わかい わたしは ややも すると いちずに なりやすかった．
・ペンの さきが まがって いて，字が かきにくい．
・データを 無視した ような ものは，科学論文とは いいがたい．
・ここは やまの 中腹で，あつさを しのぎやすい．
・彼女には，なんとなく いえに はいりづらいと いう こころもちが あった．
・なんだか あめが ふりそうだね．
・かれの 歩調は のろく なりがちだった．

これらは活用のしかたが形容詞的であるが，従属的な語句に対しては，動詞として格支配したり，修飾語をうけたりしており，語彙的レベルで転成した「このましい」「よろこばしい」「みにくい（醜い）」などとはことなる．

文法的な派生形容詞になることによって，対象をあらわす名詞をガ格支配するようになることもあるが，それは，可能動詞のばあいと同様で，動詞性をうしなってしまったことにはならない．

・四五日 旅行して いたので，いまは，野菜が くいたくて たまらない．
・この 球場は 野球が しにくい．
（「よみたい」については，第 11 章-2.3 参照）

第10章　動詞（5）
動詞が文の述語でなくなるとき

1. 機能に影響される動詞の性格

1.1. 動詞の機能と品詞性
　品詞は，単語を語彙的な意味，文中での機能，語形のつくりかたによって種類わけしたものであるが，このうち，機能についていうと，名詞は主語，補語になることを第1の任務とし，動詞は述語になることを第1の任務とする．また，形容詞，副詞は，それぞれ規定語，修飾語になることが第1の任務である．
　動詞は述語になることが第1の任務であるが，規定語や修飾語にもなる．しかし，規定語や修飾語になると，それぞれそれが第1の任務である形容詞や副詞ににてくることになる．この章では，動詞が述語でなくなると，動詞らしさがどうなっていくかをあつかう．（なお，単語の機能と品詞性については，第17章でのべる．）

1.2. ムード語形でない連体形
　動詞の基本的な活用表（第6章）をみると，終止—のべたて—断定形にも，連体形にも，ともに「よむ」「よんだ」という語形がのせられている．けれども，両者はおなじではない．前者はムード語形であり，後者は，そうではない．

　問題1　推量—過去形「よんだだろう」が過去形であるのは，推量するのが過去なのか，推量される内容が過去なのか，どちらか．

　問題2　終止形に属する各語形が文の述語につかわれるばあい，のべたてるとき（断定するとき，推量するとき），さそいかけるとき，命令するときは，それぞれ，いつか．

　ムードの意味が実現するのは，つまり，はなし手がその内容（動詞のばあいは，運

動）を現実と関係づけるのは，どんなばあいでも，発話時である．断定するときも，推量するときも，発話時である．終止形の非過去形と過去は，断定形または推量形でもある．つまり，これらはムード語形なのである．そのゆえに，時間の基準が発話時となるのである．終止形のテンス語形は発話時を基準として，それ以前か，以後か，それと同時かをあらわすのである．

　これに対して，連体形のテンス語形はムード語形ではない．ここが終止形のテンス語形とちがうところである．終止形のテンス語形が形態論のレベルで時間の基準をあたえられているのに対して，連体形のテンス語形は，形態論のレベルでは，それをあたえられていない．そのゆえに，連体形のテンス語形がテンス的意味を実現するためには，統語論的レベルに，その基準をもとめなければならないのである．

　連体形の動詞が述語性をもつのは，従属句節の述語になるときである．このばあい，従属句節は主節に従属するという統語論的な条件によって，従属句節の述語になった連体形のテンス語形は，主節の述語のさししめす時間を基準として，そのテンス的意味を実現することを基本とすることになる．

　連体形のテンス語形は，時間の状況語でかざられるという統語論的な条件のなかでは，その状況語の影響をうけることになる．その状況語が「きのう」「これから」のように境遇性をもっている（ダイクティックである）ばあいや，その状況語が特定時をさしていて，発話時との関係があきらかであるばあいには，従属句節のなかでつかわれていても，絶対的テンスを実現することを基本とする．

　このように，連体形のテンス語形は，統語論的な条件で，テンス的な意味を実現するのである．

2. 連体形の動詞の形態論的な性格

2.1. 絶対的なテンスと相対的なテンス

　連体形のテンスは，その基準となる時間が現在であることから解放されている．したがって，連体形の非過去形と過去形の対立は，一定の時間を基準にして，以前，同時，以後のどれをあらわすかという対立となる．話のとき（現在）を基準にしたテンス（これは述語動詞に典型的にあらわれる）を絶対的テンスとよぶのに対して，これを相対的テンスとよぶ．

　できごとをあらわす連体節や連体句の述語となる動詞は，運動をあらわす動詞（動作動詞・変化動詞）の完成相のばあい，多くのものが，文の述語のあらわす時を基準とした相対的テンスとなる．

・かれの くちを でる つぎの ことばを はらの なかで 暗に まちうけた．
・そこにも ここにも ひとびとの つかう 扇子が しろく うごいた．
・合格発表は あしただから，あさっては 試験に うかった ひとたちが たくさん ここへ くるだろう．

これらが相対的テンスになるのは，その連体節なり連体句が主文に対して従属的であるという構文論的な条件によるのであろう．

しかし，絶対的テンスのばあいもある．
・あすの パーティーに 出席する かたがたの 名簿を ここに おきます．
・きのう わたした 書類を わすれずに もって いって くれ．

問題3　つぎの例は相対的テンスか，絶対的テンスか．
ア）その 日は つぎの 週に 外国へ いく ひとの ために 送別会を して いた．
イ）来学期から くる 先生は おんなの 先生だよ．
ウ）さっき 電話を かけた ところに 手帳を わすれた．
エ）わたしは あした 集会に でられませんから，あとで 出席した ひとから ようすを ききます．

しかし，この法則は，連体形の動詞が状態動詞であったり継続相であったりしたばあいに，あやふやなものとなる．つぎの，はじめの2対（4例）は，非過去形と過去形が同時と以前に対立しているが，そのつぎの1対（2例）は，絶対的テンスとしての過去とみなければならないだろう．
・その 声は 垣を とおして，奥の 旦那の いる 書斎の ほうまで きこえて きた．
・新宿の 以前 いた 家へ いって みた．
・伸子たちの のって いる そりは 国立音楽学校の 鉄さくの まえを 通りすぎ，やがて 右がわの ひろい 段々の ある 建物の まえへ とまった．
・カーメネヴ夫人は，よりかかって いた 回転椅子から 上体を おこし，藤娘の 人形を 両手に とった．
・秋山宇一に 電報を うち，その 人に 出むかえられた 伸子たちは 自然，秋山たちの いた ホテル・パッサージの 一室に おちつく ことに なった．
・…… そこだけ 家具の はいって いた 階下の 小部屋で 茶菓の もてなしを うけた 時，真知子は その ことを 話し出した．

絶対的なテンスと相対的なテンスの選択が比較的に自由なのは，たぶん，運動にくらべて，状態というものが前後関係にきびしくないことからくるのだろう．ここで選択の条件になっているのは，たぶん，その状態のとらえかたの，述語であらわすことのとらえかたに対する相対的な独立性であろう．

2.2. 運動から解放された連体形

　連体形動詞は，質規定のむすびつきのなかで，プロセスをあらわさず，単に状態や属性をしめすだけの，形容詞的なものにかわり，アスペクトから解放される方向をたどる．
　つぎのような例では，まだ，プロセスと結果がともにあらわされている．
・まくらもとから すいのみを とりあげ，病人の 熱で <u>ひからびた</u> くちびるへ もって いった．
・興奮で かおいろを <u>かえた</u> 素子は

しかし，つぎのような例になると，その状態をひきおこす運動のプロセスは問題でなくなり，ただ状態だけがしめされている．
・写真の まえに 酒を <u>ついだ</u> さかづきが そなえて あった．
・窓よりに <u>おいた</u> テーブルに むかって

動詞は運動をあらわす単語であり，それが文のなかでつかわれるときには，動作主体や動作対象がなんらかのてつづきであきらかにされている．ところが，この用法でもちいられているときには，動作主体が問題にならなくなる．
・すずしい かぜが <u>あけはなった</u> ひろい へやに みちわたった．

このばあい，うけみ動詞にかえてもかまわない．運動でなくなることによって，ヴォイスから解放され，能動と受動の対立が形式的になってしまうのである．
　現実にはその動詞のしめすような運動がはじめからない状態も，このてつづきでしめされる．
・ふかく <u>おちくぼんだ</u> 地勢に そうて
・S字型に <u>曲折した</u> みちが

2.3. 形容詞的になった動詞の連体形（動詞の連体形から形容詞へ）

　名詞かざりをうけるばあいには，名詞のいろいろな格を支配する点で，述語動詞のばあいとおなじである（はじめの1例）が，程度の副詞をうけるばあいには動詞より形容詞ににてくる（あとの2例）．
・かれは よく かべに <u>かかった</u> 額の まえに たって
・すこし <u>みだれた</u> 断髪を
・いちじるしく <u>やせた</u> かおを みせて ねて いた．

さらにつぎのような単語は，動詞の形態論的なカテゴリーがもつ用法を完全にはもたないので，単語そのものとして，動詞とはいえないだろう．
　　うすよごれた　ものなれた　ものさびた

むらさきがかった　意気がった　子どもじみた　うわずった　活気づいた
　　　ほねばった　汗ばんだ　ひなびた　ふるぼけた　おくまった　どっしりした
　　　がらんとした　いろあせた
・かれの いなかじみた 服装を みて，
・すこしずつ 秋も ふかまり，一面に いろづいた 山々を 車窓に みながら，

　問題4　これらの単語について，どのような終止形がつかわれるかなど，どのてい
ど形態論的なカテゴリーをもつか，かんがえてみよ．

2.4.　関係をあらわす連体形

　関係をあらわす連体形動詞は，非過去形と過去形の両方につかわれて，その両方の
あいだに意味のちがいがないことがおおい．
　・哲学に 関係する 表現と して
　・それらの 中国の どの 顔々とも ちがう 落ちつきと
　・河井との 縁談に 関した 会合で ある ことは
　・きのうとは まるで ちがった さむい くもり日の ひるに
これらの連体形が「する」にしても「した」にしても意味がかわらないことは，実
は，これらの動詞の終止形が「する」であっても「している」であっても，意味がか
わらないことと関係している．
　・その かぎり，現象は 偶然性を ふくむ．
　・これは なかなか おもしろい 問題を ふくんで います．
　関係というものは，状態＝性質的なものであって，運動的でなく，過程をふくまな
い．したがって，関係をあらわす動詞は，過程が問題になるアスペクトからはじめか
ら解放されていて，「する」と「している」というアスペクト的な形式のちがいを無
意味にしてしまうのである．

　問題5　「山梨 静岡 両県に またがった 富士山」は「山梨 静岡 両県に またがる 富
士山」にいいかえられるのに，「うまに またがった 兵隊が やって きた．」は「う
まに またがる 兵隊が やって きた．」にいいかえられないのはなぜか，かんがえて
みよ．また，「5人の こどもを かかえた 母おや」と「おおきな はなたばを かかえ
た むすめ」をくらべてみよ．

3. 動詞が中止形になったとき

3.1. 述語の性格をうしなわない中止形のいろいろ

いわゆる連用形になにもつかないかたち「～し」を第1中止形，「～して」を第2中止形という．

中止形の基本的な用法は，1つの文のなかに2つ以上の述語をならべるとき，文末述語でない述語であることをしめすことである．文の構造によって，1つの主語に対するいくつかの述語をならべるばあいと，主語のことなるいくつかの節をならべるばあいとがある．

中止形はムード・テンスのかたちをもたないが，その意味は，後続句節の述語とおなじであることがある．

・わたしは2時に <u>いって</u>，5時に かえろう．（＝……イコウ．ソシテ……）
・おまえは2時に <u>いって</u>，5時に かえれ．（＝……イケ．ソシテ……）
・太郎が <u>いって</u>，花子が かえった．（＝……イッタ．ソシテ……）

先行句節と後続句節の関係には，継起関係と並立関係とがある．
主語が1つのばあいは，継起関係がおおく，並立関係はすくない．

・あさ <u>おきて</u>，かおを あらった．
・右手を うえに <u>あげて</u>，左手を まえに だせ．

主語がことなるばあいは，継起関係の用法とともに並立関係の用法もかなりある．

・その としは，なつに こどもが <u>うまれて</u>，そう こう する うちに，じいさんが しんだ．
・あにきが 先生の ところへ かねを かりに <u>はしり</u>，おれが となりの おやじと，ほんさんを さがしに いった．

問題6 つぎの各文の，ふたつの下線部の関係は，継起関係か，並立関係か．

ア）きのう わたしは6時に <u>おきて</u>，学校へ <u>いった</u>．
イ）きのう わたしは6時に <u>おきて</u>，かれは5時に <u>おきた</u>．
ウ）のはらには おがわが <u>ながれ</u>，おがわには アヒルが <u>およいで いた</u>．
エ）右手で はしを <u>もち</u>，左手で ちゃわんを <u>もった</u>．
オ）右手で 左手を <u>たたいて</u>，左手で 右手を <u>たたいた</u>．

第1中止形と第2中止形のはたらきは，それほどちがわない．前者は文章語的であって，はなしことばではあまりつかわない．また，前者が文を中途でとめようとす

る性格がつよいのに対して，後者は文をあとへつづけようとする性格がつよい．

　先行句節（A）に属する中止形にムード・テンスの形式がなく，後続句節（B）に属する文末述語がムード・テンスの形式をもつという，この文構造は，陳述の中心をBにもっていくことになり，その結果としてAが従属性をおびる．

　つぎの3例の中止形は，いずれも述語性をたもちながら，従属成分しめしの機能をあわせもっている．関係的な意味についていえば，先行動作のうえに，それぞれBの動作の原因，場所，ようすをのせている．

・あめに ぬれて，かぜを ひいた．（＝ヌレタ．ソシテ，ソノタメニ）
・木に のぼって，かきを とろう．（＝ノボロウ．ソシテ，ソコデ）
・げたを ぬいで，うえに あがれ．（＝ヌゲ．ソシテ，ソノスガタデ）

　またつぎの例では，AとBが同時並立関係をたもちながら，AがBの前提となっている．

・カニには ハサミが2つ あって，一方が 他方より 大きい．（＝アル．ソシテ，ソノウチ）

　これらは，文の構造が中止形に従属的な関係をあわせもたせているのだといってよいだろう．

　ならべあわせ文（重文）においてAがBの前提になるのは，中止形のばあいだけではない．いまのカニの文の「あって」を「あるが」「あるけれども」にかえても，おなじ関係が成立する．これは，そのような文の構造がそうさせているのである．（参照：21章-2）

3.2.　中止形の動詞が述語性をうしなうとき

　いままであげてきた諸例では，先行句節が従属性をおびているものがあっても，中止形の動詞は文の述語としての性格をたもっていた．つまり，その中止形の動詞は文のほねぐみ成分としてはたらいていた．その意味では，後続句節の述語動詞と対等であった．

・おまえは2時に いって，5時に かえれ．
・三郎は 木に のぼって かきを とった．

　文末述語にムード・テンスの意味をかりているというのは，述語性をもっていることの一つのあらわれである．ところが，つぎのようになると，その中止形は，しだいに文末述語にムード・テンス的な意味をかりているといえなくなって，文の述語であることをやめる．そして，先行句節全体がひとかたまりになって，従属句節にさまがわりすることになる．

・トラックを 運転して 北九州に いった．

・まゆみは おてだまを して あそんで いる．
・大家さんは，そこを 右に まがって 3 軒目です．
・正直に いって，これは 失敗でした．

はじめの2例は，述語のあらわす動作のようすをしめす修飾語であり，つぎの例は，述語のあらわす状態がなりたつための基準をあらわす補語である．また，さいごの例は，主語と述語であらわすことがらを，はなし手の立場から注釈する陳述語である．さらに，はじめの2例をくらべると，第1例は述語のあらわす動作の手段・ようすをあらわしているのに対して，第2例は，1つの動作を具体的な側面から内容づけている．ここにあげた例は，1部にすぎないが，中止形によってつくられる従属句には，さまざまな機能をもつものがあるのである．

問題7　つぎの下線部の修飾語を，あとの動詞がしめすことを具体化して内容をしめしているものと，抽象化して解説しているものにわけよ．
ア）まゆみは おてだまを して あそんで いる．
イ）きつねは ばけて むすめに なりました．
ウ）まさおくんは うそを ついて，「みっちゃんは いま いないよ．」と いいました．
エ）まさおさんは 「みっちゃんは いま いないよ．」と いって，わたしを だましました．
オ）けんちゃんは 50秒 もぐって，クラスの 記録を 更新した．

3.3.　動詞の中止形から副詞へ

特定の単語が一定の構文のなかでいつも一定の機能をもたされてつかわれていると，その機能がやきつけられて形態と意味を変化させられ，べつのグループの単語にかえられる．

つぎのような単語は，中止形でつかわれることがおおく，現代語では，ふつう終止形になりにくい．

・時雄は……むねに いらいらする おもいを たたみながら 黙して あるいた．
・長い あいだ，やみに 座して，日光を みなかった ためで あろう．

これらの語はいつもこのかたちでつかわれ，「黙せよ」「座そう」のような終止のかたちではつかわれない．また，述語性の喪失とともに，ていねい形をなくし，「黙しまして」「座しまして」のようなかたちもない．ということは，動詞的な形態変化（活用）をもたない単語だということである．ここにあげた単語は，もとは完全な動詞であったのだが，いつもこの機能をもたされているあいだに，動詞ばなれをおこし

たのである.
　中止形でつかわれることによって，終止形のばあいから意味がずれてくることがある.
　・「おたのもうします」と また よぶので，下女の 裴裟次は それを ききつけて，あわてて 台所の ほうから とんで でて きた.
　終止形にはこの意味はない．終止形のばあいは，「ぴょんぴょん」「ばたばた」など，とび方をあらわす修飾語でくわしくすることができるが，「いそいで」の意味ではくわしくすることができない.
　動詞の中止形がその形態論的な構造と語彙的な意味をかえると動詞ばなれがすすむのだが，それがあたらしい品詞の組織のどこかに位置づけられると，品詞の転成がおこる.
　・宗教的歓喜と いう ものが いかに とみや 名誉など，地上の 楽よりも すぐれてとうといかを，師は 高潮して おはなしなされました．
　たとえば，上の例の「すぐれて」が程度副詞だといえるのは，形容詞（とうとい）とくみあわさるという連語構造のなかで形容詞のしめす属性を程度づけるという機能をもち，その機能のなかで属性の程度がたかいという意味をあらわしているからである．また，形態についていえば，このような語彙的な意味が実現するばあいには，終止形式がなく，また中止形式も，「すぐれ」「すぐれまして」「すぐれず」などのような語形変化をしない点で，すでに動詞性をうしなって，語形変化しないという副詞のほうにうつっている．
　「とんで」「黙々として」などが動詞とくみあわさってその動作のありかたをしめす機能のなかで一定のようすをあらわす意味をになって情態副詞となり，「きわめて」「いたって」などが程度づけの機能と意味をになって程度副詞となり，「さだめて」「せめて」などが述語を補助する機能のなかではなし手の態度的な一定の意味をあらわすことによって陳述副詞となり，その他いろいろの中止形派生の単語が，いろんな種類の副詞や接続詞の組織のなかに位置づけられるということである．

　問題8　「座して」「黙して」「とんで」「すぐれて」「きわめて」「いたって」「さだめて」「けっして」「黙々として」などのひとつひとつが，つぎのような特徴をそれぞれどの程度にもっているか，検討してみよ．また，これ以外の特徴があればかきだしてみよ．
　・中止形以外にはつかわれなく（つかわれにくく）なる．
　・その意味になるのは，（だいたい）中止形だけである．
　・その意味でつかわれるかぎり，ていねい形式にならない（なりにくい）．

- その意味でつかわれるかぎり，うちけし形式にならない（なりにくい）．
- もとの動詞のときに類義語や反対語であった動詞が，この用法としては，類義語や反対語として（あまり）登場しない．
- この用法になると，副詞のなかに類義語や反対語がみつかる．
- その他．

3.4. 動詞の中止形から後置詞へ

　日本語の単語には，後置詞として位置づけられなければならないものがある．（後置詞については，第 16 章-3.1 参照）
　後置詞は，格と同様，連用的なものと連体的なものがあり，動詞の連用形や連体形から派生したものがおおい．
- 就職の 問題に ついて 相談したい．
- 現代に おける 漢字の 問題．

第 16 章-2.2 の表にあるもののほか，中間的なものもおおい．
- みち子は，母親に にて せいが たかい．
- 事件に 関係した 記事．

　あたらしい品詞に転成するということは，そのあたらしい品詞の組織のなかに位置づけられることである．動詞の意味が名づけ的（一定の動作を名づけている）であり，後置詞の意味が関係的（他の単語との関係をしめしている）であるとすれば，動詞から後置詞に転成した語は，意味分類のうえで，べつの位置づけをうけることになる．
　つぎの「関して」「ついて」「めぐって」は，格支配のちがいによって，名詞のニ格とヲ格をとりかえるものはあるが，たがいにいれかえることができる．
- 結婚に 関して，両親との あいだに ひんぱんな 書簡の 往復が あった．
- かように して あらゆる 文化に ついて，娯楽的な 対しかたと いう ものが できた．
- この ホーキ星の 分裂を めぐって，またも 2 つの 見解が 対立した こと

　これらは，転成前の動詞（「関する」「つく」「めぐる」）の意味はかなりことなるが，関係的な意味は，いずれも話題をしめすことであって，おなじグループに属している．
　また，つぎの 2 例も，もとの名づけ的な意味のことなる「みて」と「いって」が，関係的な意味をさししめす機能のなかで，ともに観点をしめす意味をになって，いれかえ可能になっている．
- この 研究に よって，ガン・ウイルスも また，ウイルスの 遺伝子物質の 基本的

性格から みて 例外では ない ことが ようやく わかって きたので ある．
・そして その 困難の 克服も，その 統一の 原理が，社会的見地から いって あたらしく たかい ところに もとめられるので なければ，けっきょくは 晴耕雨読的な 解決に おわるで あろう．
　はじめの例の「みて」を「いって」にかえられるのは，この「みて」が視覚活動というもとの意味をすてているからである．もちろん，「いって」のほうも言語活動の意味をすてている．
　これらがもとの名づけ的な意味をうしなったところでグループ化されると，そのグループのなかに，はじめから具体的な意味をもたない「して」「すると」「すれば」などができてくる．
・あの 男は，やってる ことも そうだが，いう ことから して あてには ならない．
・かれの くちぶりから すると，期待しても いいかも しれない．
　機能のなかで意味が変化するということは，後置詞化のなかで，ひじょうに見やすいかたちであらわれているといえよう．

3.5.　ならべたて形

　いくつかのことがらを例示するときに，そのさいごが例示動詞になり，そのまえがならべたて形になる．「ならべたて形＋例示動詞」というくみあわせが一般的であるが，例示動詞のあと要素「する」が省略されたり，例示動詞をとらずに，ならべたて形が述語になることもある．なお，形容詞や述語名詞にもこのかたちがある．（例示動詞だけで使用されるばあいについては，第9章-9参照）
①代表例を例示する．
・無農薬の 雑草を 遠くまで 探しに 出かけたり，小ヤギの かわいさに ほおずりしたり，乳を 腹いっぱい 飲んだり，楽しい 思い出や 苦しい 思い出を 残し 五年の 歳月が 流れました．
・生命尊重と いう，だれも 反対できない 思想が，それゆえに もの足りなかったり 無力で あったり する．
・人間との 出会いの ように，人は 自然との 間にも，忘れ得ない 出会いを もつ ことが ある．その 自然は，風景で あったり，樹木で あったり，小鳥で あったり する．
②交互におこなわれる動作や，連続的におこなわれない動作をあらわす．前者は意味的に対立する動作（「でたり，はいったり」「ねたり，おきたり」）であることがおおく，後者では「したり，しなかったり」というかたちをとる．
・二人は（略）「死ぬ 前にも 一度だけ 日本へ 行きたい」と 語った．星さんは

・「心は 向こうへ 行ったり，こっちへ 戻ったりですよ」とも いった．
・外務省に よると，日本の 政府開発援助の 八五年実績は 約九千億円だが，開発事業の 環境アセスは 実施したり，しなかったり．

問題9 「～たり，～たり する」は alternative，あるいは，frequentative という名称でよばれることがあるが，このかたちのどのような意味用法に注目して名づけたものであるといえるか．第9章「9. 例示動詞」も参考にしてかんがえてみよ．

問題10 「電気が ついたり，きえたり」と「電気が ついたり，つかなかったり」をつかった例文をつくったうえで，ふたつはどうちがうか，かんがえよ．

問題11 「してから」「するまで」が中止形的であって，副動詞的でないことを確認せよ．（なお，この問題はつぎの副動詞のところをやってからのほうがよい．）

4. 副動詞

語彙的に他の品詞に転成しているのではなく，ひろい意味では動詞の語形のなかにふくまれるが，はんぶん他の品詞の性格をもっているものに，副動詞，文法的な派生形容詞がある．これらは，まえの語に対しては，格支配など，動詞としての機能をもっている．このうち副動詞は，文の述語にならないかたちであるので，この章でとりあげる．

副動詞は，述語になる用法（それ自身の主語といっしょになって節をつくる用法）がなく，もっぱら連用的につかわれる語形で，これには「よみながら」「よみよみ」「よみつつ」「よみに」「よもうと」などが属する．

・番頭は 手を もみながら かれに はなしかけた．
・その ちいさな 子どもは，質問に 対して かんがえかんがえ こたえるので あった．
・なみだぐみつつ 師匠を みおくる 弟子たち．
・一郎は コンパスを かいに 学校の まえの 文房具屋へ いった．
・たなの ものを とろうと せのびした とたんに こしが いたく なった．

はじめの３つは同時に成立するうごきをあらわして，「同時形」ともいわれる．「よみに」「よもうと」は，それぞれ「目的形」「意図形」とよぶのにふさわしいかたちである．

副動詞は，主語をもたないという機能的な特徴によって動詞のパラダイムからはずしたのであるが，そのほかに，ていねい動詞にこのかたちがないという形態的な特徴

もある．また，（同時形の逆接的な用法のなかに「よまないながら」があり，意図形にも，ときに「よむまいと」がつかわれるが，）原則としてうちけしとなじまない．こうした点も副詞とにている．

　同時形の3形のうち，「よみながら」が標準的であり，「よみつつ」は古くさい文体のなかでつかわれ，「よみよみ」は主としてはなしことばのなかでつかわれる．また，「よみよみ」は，すべての動詞にそのかたちがあるのでなく，「はしりはしり」「およぎおよぎ」のようなものはないし，また，「ちらっと みいみい とおりすぎる」のような用法もない．「勉強し勉強し」といわず，「勉強しいしい」という．

　「よみながら」は，同時にするうごきをあらわすのが基本的な用法なのだが，逆接をあらわす用法をもっている．逆接になると，うごきにしばられなくなる．つぎの前例は同時にするうごきだが，後例は状態をあらわしている．

・きものを きながら ラジオを きいて いた．
・りっぱな きものを きながら，つまらない ことを かんがえて いる．

　動作をするときの状態をあらわすためには，第2中止形にしなければならない．

・あたらしい スタイルの みずぎを きて およぐ．

　逆接の用法のばあい，主語をもつことがある．

・おまえが ついて いながら こんな ことに なるなんて！

　この点で，この用法は副動詞らしくない．うちけしがあらわれるのも副詞的でなく，述語性をもっていることとかかわっているだろう．

　同時形には非過去形と過去形の対立はないが，逆接の用法では，「よんで いながら」が以前の動作をあらわすことがある．

・あんな いい 本を よんで いながら，0点を とるとは！

　「よんで いながら」は，つぎの例があるように，いつも以前をあらわすわけではないが，「よんで おきながら」は，いつも以前である．

・わたしは それを めのまえに みて いながら どうする ことも できなかった．
・わたしは それを めのまえに みて おきながら どうしても おもいだせなかった．
・あしたこそ かならず6時に おきると いって おきながら，やっぱり また，ねぼうしたね．

　「よみながら」の逆接の用法は，副動詞からとびだして，ひろい意味での動詞の連用的な形式に1歩ふみこんでいるといえるだろう．

　※なお，逆接の「よみながら」にあたるいいかたは，形容詞や述語名詞にもある．

・せまいながらも たのしい わがや
・海は おだやかながら 水温が ひくい．

・<u>学生で</u> ありながら 読書も しない．
・<u>子どもながら</u> しっかりして いる．

5. 動名詞

　動詞でおわる主語句，主語節，補語句，補語節のなかで，動詞は，連体形のあとに「の」，終止形のあとに「か」のついたかたちであらわれる．このかたちは，うえに対しては，名詞の連用格を支配したり，副詞などの修飾語をうけたりして，動詞としてはたらくが，それ自身は曲用して，したに対して，名詞としてはたらく．これを動名詞という．

・あなたが <u>いらっしゃるのを</u> ずっと まって いたのですよ．さあ，はやく おあがりください．
・その ためには，これを いつまでに <u>しあげるかを</u> きめなければ ならない．どこで <u>するかは</u>，その あとで きめれば よい．
・正面に みっつ くっついて，<u>ならんで いるのが</u> ヤマノジヤマ，その みぎのあたまが ぼうっと <u>かすんで いるのが</u> ホウタカヤマです．

問題12　第21章をみて，動名詞のつかわれかたを整理し，「～か」をふくむ不定動名詞のつかわれかたとのちがいをあげてみよ．

　　※動名詞にあたるかたちは，形容詞や述語名詞からもおなじようにつくられる．
　　　・たかいの（が），しずかなの（を），学生なの（は），たかかったの（も）……
　　　・たかいか（が），しずかか（を），学生か（は），たかかったか（さえ）……

動名詞のなかには，「の」や「か」のつかないものがある．これは，ふるいかたちのなごりである．

・<u>まけるが</u> かち．（ことわざ）
・<u>きくは</u> いっときの はじ，<u>きかぬは</u> 末代の はじ．（ことわざ）
・<u>あんずるよりも</u> <u>うむが</u> やすし．（ことわざ）
・<u>やむを</u> えない（慣用句）

第11章　形容詞

1. 形容詞とはなにか

1.1. 形容詞とはなにか
　形容詞は，名詞でしめされるものやことがらの，性質や状態などをあらわす単語の種類であって，文中で規定語になることを第1のしごととするが，述語としてもはたらき，そのこととかかわって活用の体系をもつ．日本語の形容詞は，動詞と同様に，連用的な形式によってかざられるが，動詞ほど格支配が発達していない．
　形容詞のうち，規定語のかたちが，非過去形で「……イ」になるのをイ形容詞，「……ナ」になるのをナ形容詞とよぶ．
　イ形容詞：しろい　はやい　ながい　とおい　かなしい　たのしい ……
　ナ形容詞：しずかな　おだやかな　じょうぶな　ゆかいな　らくな ……
・日本で いちばん <u>たかい</u> 山は 富士山だ．
・この 町には <u>にぎやかな</u> ところが すくない．
・算数の 計算は 太郎が いちばん <u>はやかった</u>．
・テストの 結果，この 製品は 2番めに <u>じょうぶだった</u>．
・あの おとこは，他人に <u>きびしく</u>，自分に <u>あまい</u>．

1.2. イ形容詞とナ形容詞
〈いわゆる形容動詞は，なぜ形容詞なのか〉
　いわゆる形容動詞と形容詞とは，品詞を性格づける基準である，①語彙的な意味，②文論的・連語論的なはたらき，③形態論的なカテゴリー（語形変化のわくぐみ）が共通であって，ことなるのは，品詞の下位区分である語形のつくりかたの てつづきだけである．（つまり，おなじ動詞のなかにも，五段活用があったり，サ行変格活用があったりするようなものである．）したがって，品詞としては区別すべきではない．

イ形容詞の基本的な活用表

機能	ムード	ていねいさ みとめかた テンス	ふつう体の形式 みとめ形式 (みとめ形容詞)	ふつう体の形式 うちけし形式 (うちけし形容詞)	ていねい体の形式 みとめ形式 (みとめ形容詞)	ていねい体の形式 うちけし形式 (うちけし形容詞)
終止形	断定形	非過去形	たかい	たかく ない	たかいです	たかく ありません
終止形	断定形	過去形	たかかった	たかく なかった	たかかったです	たかく ありませんでした
終止形	推量形	非過去形	たかいだろう	たかく ないだろう	たかいでしょう	たかく ないでしょう
終止形	推量形	過去形	たかかった(だ)ろう	たかく なかった(だ)ろう	たかかったでしょう	たかく なかったでしょう
連体形		非過去形	たかい	たかく ない		
連体形		過去形	たかかった	たかく なかった		
中止形	第1なかどめ 第2なかどめ ならべたて形		たかく たかくて たかかったり	たかく なく たかく なくて たかく なかったり		
条件形	(バ 条件形) (ナラ 条件形) (タラ 条件形)		たかければ たかいなら たかかったら	たかく なければ たかく ないなら たかく なかったら		
条件形	(ト 条件形)		たかいと	たかく ないと		
譲歩形	(テモ 譲歩形) (タッテ 譲歩形)		たかくても たかくたって	たかく なくても たかく なくたって	たかく ありませんでしたら	

ナ形容詞の基本的な活用表

機能	ムード	テンス	ふつう体の形式（みとめ形容詞）みとめ形式	ふつう体の形式（うちけし形容詞）うちけし形式	ていねい体の形式（みとめ形容詞）みとめ形式	ていねい体の形式（うちけし形容詞）うちけし形式
終止形	断定形	非過去形	すきだ	すきじゃない	すきです	すきじゃありません
		過去形	すきだった	すきじゃなかった	すきでした	すきじゃありませんでした
	推量形	非過去形	すきだろう	すきじゃないだろう	すきでしょう	すきじゃないでしょう
		過去形	すきだった(だ)ろう	すきじゃなかった(だ)ろう	すきだったでしょう	すきじゃなかったでしょう
連体形		非過去形	すきな	すきじゃない		
		過去形	すきだった	すきじゃなかった	(すきでした)	
中止形	第1なかどめ 第2なかどめ ならべたて形		すきに すきで(であって) すきだったり	すきじゃなく すきじゃなくて すきじゃなかったり	(すきでして)	
条件形	(バ 条件形) (ナラ 条件形) (タラ 条件形) (ト 条件形)		すきであれば すき(である)なら すきだったら すきだと	すきじゃなければ すきじゃないなら すきじゃなかったら すきじゃないと	すきでしたら すきですと	すきじゃありませんでしたら
譲歩形	(テモ 譲歩形) (タッテ 譲歩形)		すきでも すきだって	すきじゃなくても すきじゃなくたって	すきでしても	すきじゃありませんでしたら すきじゃありませんでしても

そこで，ここでは，いわゆる形容詞をイ形容詞，いわゆる形容動詞をナ形容詞とよんで同一の品詞の下位区分とみなした．

問題1　まえの，ふたつのパラダイムにしたがって，「ふるい」と「さわやかだ」を活用させてみよ．

問題2　形容詞の，意味関係（類義語と反対語）によって形成される単語グループが，イ形容詞とナ形容詞がいりみだれないかぎり，なりたたないことを確認せよ．

問題3　文法的な観点からみて，（品詞論的な観点からみて，）「うつくしい」と「きれいな」の共通点と，相違点について，かんがえてみよ．

問題4　英和辞典（など）で，英語（など）の形容詞が日本語にどのように訳されているか，あたってみよ．

2. 属性形容詞と感情形容詞

2.1. 属性形容詞と感情形容詞

　日本語の形容詞には，属性形容詞と感情形容詞がある．
　属性形容詞は，ひとやものの客観的な性質や状態をあらわし，感情形容詞は，おもにひとの主観的な感情や感覚をあらわす．
　　足が <u>ほそい</u>．（属性形容詞）たかい　ながい　元気な　しずかな　……
　　ふるさとが <u>こいしい</u>．（感情形容詞）うれしい　かなしい　いやな　……
　属性形容詞と感情形容詞のおもなちがいをみてみよう．

①属性形容詞は性質や状態をあらわすので，いろいろなものが主語になるが，感情形容詞のばあいは，感情をもつのが人間なので，その主語は，おもにひとである．それもふつうは1人称である．
　　・わたしは <u>じょうぶだ</u>．　　わたしは <u>かなしい</u>．
　　・かれは <u>じょうぶだ</u>．　　×かれは <u>かなしい</u>．（○かれは　かなしいのだ．）
　　・この机は <u>じょうぶだ</u>．　　×この机は <u>かなしい</u>．

②属性形容詞はふつう対象をとらないが，感情形容詞には感情や感覚の対象が存在するものがあり，その対象は，ガ格の名詞でしめされる．
　　・駒子は，そういう　おじの <u>たいどが</u> <u>うれしかった</u>．

③感情形容詞からは「〜がる」という派生的な動詞をつくることができる．こういうものは，属性形容詞には例外的なものしかない．

いたがる　うれしがる　×はやがる　×たかがる

「〜がる」という派生動詞は，人間が，形容詞のあらわしている内的なきもちや状態にあることを，外的な態度・言動などにしめすことを意味するものであるので，人間の内的なきもちや状態をあらわす形容詞（感情形容詞）からはつくることができるけれども，属性形容詞からは，(「つよがる」「あたらしがる」「いきがる」のようなものはあるが，) 一般的には，つくることができない．感情形容詞は，1人称主語の述語になることを第1のはたらきとするが，「〜がる」は，3人称主語の述語になることを第1のはたらきとする．

2.2. 属性形容詞述語文の構造と，感情形容詞述語文の構造

〈属性形容詞述語文の構造〉

《(属性のもちぬし)―(性質・状態)》
・大寺院の 内部も また 広大です．
・夕日が まっかだ．
・かれは とても せいが たかかった．
・学生たちは どこかへ ひきあげたらしい．しずかだった．
・まるがおで あさぐろくて からだが しなやかで，目が 大きくて，……
　※「＿＿」は，あわせ述語をつくる部分語としての，属性のもちぬし．

〈感情形容詞述語文の構造〉

《(感情の主体)―(感情の対象)―(感情)》
・ぼくは きみの 親切が うれしかった．
・ああ，おかねが ほしい．
・算数は おもしろいが，国語が いやだ．
・なんだい，もっと みずが ほしいのかね？
・じぶんの おろかさが はらだたしかった．
つぎのような形容詞がこのような用法をもつ．
　にくらしい　いらだたしい　はがゆい　ばかばかしい　めんどうくさい
　不満だ　満足だ ……

問題5　つぎの文のガ格は感情の主体をあらわしているか，それとも，対象をあらわしているか．
　ア) 女中さんたちに わらわれると ぼくが はずかしいから……
　イ) ぼくは 母の ことを わるく いわれるのが つらくて

ウ）なにが はずかしいって いったって，……

〈感覚形容詞述語文の構造〉
　感情形容詞のなかには感覚をあらわすものがある．これをとくに感覚形容詞ということがある．
　《(感覚の主体)―(感覚を感じる主体の部分)―(感覚)》
　・ぼくは あしが いたかった．
　・あしくびが かゆい．蚊に くわれたかな．
　・なんだか，ほっぺたが はれぼったい．
　・「ア、手が いたい．」
　・「胃が いたい，胃が いたい．」
　《(感覚の主体)―(感覚の対象)―(感覚)》
　・おれは ごつごつした 木の こしかけが いたかった．
　・「…どこが いたいんだ．……」「うゝん，おとうさんの おひげが いたかったんだよ．」
　つぎのような形容詞がこれらのような用法をもつ．
　　痛い　かゆい　くすぐったい　だるい　はれぼったい　むずがゆい　など

　問題6　つぎのガ格の名詞は，うえのどれにあたるか．
　ア）夫は，しごとが つまらないと いっては のみに でて いった．
　イ）うみで あまり やきすぎて，せなかが すごく あついよ．
　ウ）わたしは どうしても ニンジンが いやなの．
　エ）はだしで あるいて いると，やけた すなが あつい．

2.3. 感情形容詞の周辺

〈すきだ・きらいだ〉
　「すきだ」「きらいだ」は，属性形容詞であるが，ガ格の名詞が，その対象をあらわすことができる．
　・アリは さとうが すきだ．
　・むしの きらいな クスリ．

　問題7　2.1 ①～③にてらしあわせて，「すきだ」「きらいだ」の性格を点検せよ．

〈動詞の希望形式〉
　「〜したい」という，動詞の文法的派生形容詞も，その性格は感情形容詞である．

のみたい　かきたい　あるきたい　およぎたい　こわしたい　など

問題8　「〜したい」という派生形容詞が，さきにあげた感情形容詞の特徴をもつことを確認せよ．

3. 形容詞のテンスについて

3.1. テンスから解放されるときと，テンス的な意味があるとき
〈形容詞が特性をあらわすときと，状態をあらわすとき〉

　形容詞のいちばんだいじなはたらきは，名詞をかざって，名詞のさししめすものごとの特徴をしめすことである．その用法のばあいには，テンスに無関心なのが基本である．ムード・テンス形式をとって文の述語になる例は，これとくらべると，ひじょうにすくない．
　形容詞の述語形は，テンスのうえで非過去形と過去形に対立している．形容詞述語のさししめす属性は，その現実とのかかわりかたのうえで，おおきくふたつにわけられる．そのひとつは特性であり，もうひとつはアクチュアルな状態である．テンスのありかたもこのふたつでことなる．

〈テンスから解放されているとき〉

　述語形容詞が特性をあらわすばあいにはテンス的な意味が実現しない．これらは，いつも非過去形であらわされるのだが，それが現在をあらわしているのではないのである．現在は過去と対立するものであるが，この用法のばあい，対立するあいてをもたない．この非過去形は，意味的には，テンスから解放されている．
　［コンスタントに存在するものごとの顕在的な特性］
　　・大寺院の 内部も また 広大です．
　　・お山は いいなァ，東京と ちがって すずしいわ．
　［コンスタントに存在するものごとの潜在的な特性］
　　・おめえの 彼氏は あんがい ケチだぜ．
　　・佐藤の ほうは なかみが ひどい．ほんとに ひどい．
　［特定されないときに実現するものごとの特性］
　　・ひきにげの つみは おもいぞ．
　　・極度の 緊張の あとで ほっとする 一瞬が あぶない．

〈テンス的な意味をもっているとき〉
　アクチュアルな状態にかかわる形容詞はテンスの対立をもっていて、非過去形と過去形とが、意味のうえで、基本的に現在と過去に対立する．この基本は、動詞の完成相が未来と過去に対立するのとことなって、動詞の継続相のばあいとおなじである．だから、形容詞のばあいは、一方を現在形とよんでもよいのであるが、動詞にあわせて非過去形とよんだ．
　［現在や過去のアクチュアルな状態や特性］
　・おまえの 手，バカに あったかいよ．
　・しかし 兵隊が 戸の そとに でた とき，かれらの せなかに なげた その 目は つめたかった．
　・わたし，くやしい．
　・あんときゃ おかしかったな，さくら．
　［未来に実現する状態や特性］
　・あしたは はやい．もう ねるぞ．

3.2.　過去の特定時に成立したものごとの特性をのべるとき
　このようなふたつの性格とかかわって、過去の特定時に成立したものごとの特性をあらわすばあいにどちらをえらぶことも可能であるという事態が生じうる．その特性を過去の特定時にアクチュアルに成立したものとしてとらえるばあいには過去形になるし、成立の時間的な側面をきりすてて、特性をあらわすばあいには非過去形がつかえるからである．
　［判断によってとらえられる特性］
　・去年 とれた スイカは ことしのより 大きかった．
　・県の 執行委員に なったのも 春子の ほうが２年も はやい．
　［評価的な形容詞が述語になって、ことの評価をあらわすばあい］
　・それに しても，まえの 社長さんは，あんな 死にかたを なさって，ほんとうに おきのどくでしたね．
　・あれぐらいの やじで びっくりしちゃって，なさけないなあ．
　［情報のたしかさにかかわる形容詞のばあい］
　・わたしが いきて いたのは たしかで あった．しかし わたしには いきて いるという 意識が なかった．
　・おじさんが 名古屋から のった ことは たしかだ．

　問題９　形容詞と動詞の、テンスのうえでのおもなちがいはなにか．

3.3. 形容詞の過去形が感情調をおびるとき

〈あいてに対するきもち〉

　過去のものごとに対する現在の評価を過去形でいうと，非過去形でいうより感情調がつよくなる．とくに，なだめ，感謝，おわび，その他，あいてに対するなんらかの感情のなげかけがあるときに過去形がよくつかわれる．

・それは <u>きのどくで あった</u>．
・よろしい．どうも <u>ごくろうだった</u>ね．
・さくら，<u>わるかった</u>な，……おいちゃんたちに あやまっといて くれよ．
・いろいろ ご心配を かけたのは ほんとうに <u>わるう ございました</u>．

現在のことであるのに，過去形がつかわれることがある．

・「これからの 女は 車の 運転と 英語ぐらい でけな，あきませんな．あんたも，それだけでも とりえや．」と 私が ほめたら，嫁は ツンと して，「それしか とりえが なくて <u>わるう ございました</u>わね．お姑さんも 早くに ならっとかれたら よろしかったのに．」
・そして，その 細井さんが―大学へ すすむ ことに 決心して <u>よかった</u>ねと いって くれた．

〈当為的な判断をしめす形容詞の過去形〉

　動作をあらわす名詞や動名詞のガ格のあとに当為的な判断をあらわす形容詞の過去形がつかわれると，過去の事態についての反省（1人称）や注意（2人称）をあらわすことがある．

・家を でるなら せめて 1万円ぐらいの 準備が <u>必要で あった</u>と，いま 気が ついても，あとの まつりで ある．
・やはり 私が まちがって いました．唯円どのは どのように あろうとも，私としては ゆるすのが <u>ほんとうでした</u>．
・いったい これを，いま ぼくの ところへ もって くるのは <u>おそかった</u>よ．むこうに いく まえに 相談に くるのが <u>当然だったのだ</u>．

この例は「おそかった」と過去形になることによって当為的な判断となっている．つぎのようなものも，これと同類であろう．

・今回は なんとか きりぬけられたけれど，もう すこし，慎重さが <u>ほしかった</u>ね．

この過去形は，「して ほしかった」「したかった」のような述語形式につながるものである．（参照第19章-4.2）

〈非現実の仮定の帰結をあらわす過去形〉
　非現実の仮定をあらわす条件句節をもった文の述語が過去形であらわれると，その仮定に対する帰結をあらわすことになる．
　・ケイ子も くりゃ，いっそ はなしが <u>はやかったのに</u>．
　「よかった」の例はかなりあるけれども，これは，「すれば よかった」「したら よかった」「しても よかった」などのかたちですでに述語形式になっているとみたほうがよいだろう．（参照第 19 章-4.2））
　・あなた，もともと この人が 好きだったんでしょう．この人と 結婚したら <u>よかったのに</u>．
　・誰か 連れが あったら，こんな 経験は しなかったに 違いない．人間で なく，犬でも 猫でも 1 匹 いたら <u>よかったろう</u>．

4.　述語名詞の活用

　名詞が述語になるときも，形容詞とおなじパラダイムによって活用する．

　問題 10　述語名詞の活用をナ形容詞の活用とくらべ，異同をたしかめよ．

第11章 形容詞 147

述語名詞の基本的な活用表

機能	ムード		ていねいさ みとめかた テンス	ふつう体の形式（ふつう体の述語名詞）		ていねい体の形式（ていねい体の述語名詞）	
				みとめ形式（みとめ述語名詞）	うちけし形式（うちけし述語名詞）	みとめ形式（みとめ述語名詞）	うちけし形式（うちけし述語名詞）
終止形	断定形		非過去形	いぬだ	いぬじゃ ない	いぬです	いぬじゃ ありません
			過去形	いぬだった	いぬじゃ なかった	いぬでした	いぬじゃ ありませんでした
	推量形		非過去形	いぬだろう	いぬじゃ ないだろう	いぬでしょう	いぬじゃ ないでしょう
			過去形	いぬだった(だ)ろう	いぬじゃ なかった(だ)ろう	いぬだったでしょう	いぬじゃ なかったでしょう
連体形			非過去形	いぬで ある/いぬの	いぬじゃ ない		
			過去形	いぬだった	いぬじゃ なかった	(いぬでした)	
中止形	第1なかどめ 第2なかどめ ならべたて形			いぬで (あって) いぬだったり	いぬじゃ なく いぬじゃ なくて いぬじゃ なかったり	(いぬでして)	
条件形	（バ 条件形） （ナラ 条件形） （タラ 条件形） （ト 条件形）			いぬで あれば いぬ(で ある)なら いぬだったら いぬだと	いぬじゃ なければ いぬじゃ ないなら いぬじゃ なかったら いぬじゃ ないと	いぬでしたら いぬですと	いぬじゃ ありませんでしたら いぬじゃ ありませんと
譲歩形	（テモ 譲歩形） （タッテ 譲歩形）			いぬでも いぬだって	いぬじゃ なくても いぬじゃ なくたって	いぬでしても	いぬじゃ ありませんでしても

用言的カテゴリーと動詞的カテゴリー

	形態論的なカテゴリー	これをもたらす意味・機能
用言的カテゴリー	ムード（いいきり・おしはかり） テンス ていねいさ	述語になる
	みとめかた	モノの属性をあらわす……
動詞的カテゴリー	ムード（のべたて・さそいかけ・命令）	述語になる 意志的な動作をあらわす
	アスペクト・局面	過程のある運動をあらわす
	他動性 ヴォイス 敬譲（尊敬と謙譲） やりもらい	主体と対象の参加する運動をあらわす 格を支配する
	もくろみ（使役・やりもらい）	意志的な動作をあらわす

5. 用言的なカテゴリーと動詞的なカテゴリー

①形容詞と動詞の活用の，共通するところと共通しないところ

　せまい意味のパラダイムにおける形容詞と動詞とのちがいは，動詞にはムードのカテゴリーにさそいかけ形と命令形があるのに，形容詞にはそれがないという点である．それ以外の終止形およびその他の機能については，基本的におなじパラダイムのわくをもつ．この共通のパラダイムをもつ動詞と形容詞をあわせて用言という．

　動詞のひろい意味でのパラダイム（もとの動詞，いろいろの文法的派生動詞，文法的複合動詞，文法的くみあわせ動詞などによってつくられるパラダイム）において実現される，動詞的な形態論的カテゴリーである，アスペクト，ヴォイス，もくろみ，やりもらいなどのカテゴリーを，形容詞はもたない．

　動詞のパラダイムは，用言のパラダイムをおおっている．そして，用言のパラダイムより，多くのわくをもっている．たとえば，さきにあげた基本的なパラダイムをくらべると，動詞には，さそいかけ形，命令形のわくがあるのに，形容詞（や述語名詞）には，それがない．これは，動詞の動詞らしさのなかに，属性をあらわすこと，述語になることという用言らしさのほかに，まだ，べつの要素（つまり，運動をあらわすこと）があるからである．動詞の動詞らしさは，用言の用言らしさより内容がゆたかである．

②体言と用言

　日本語の文法研究では，名詞を体言，動詞と形容詞を用言，副詞を副用言とする性格づけが以前からおこなわれてきた．体言は，ものをあらわし，（あるいは，いろいろなものごとをものとしてとらえ，）曲用して，主語や補語になる単語である．用言は，体言のあらわすものの属性をあらわし，活用して，述語になる単語である．副用言は，用言にそえて，**修飾語または状況語**になり，属性の属性をあらわしたり，とりまく状況をあらわしたりする単語である．

　なお，名詞が述語になるときは，コピュラまたはコピュラ的な接辞をともなって活用するので，用言に準ずるものとして位置づけることができる．（なお，コピュラについては，参照：第16章-2.1）

第12章　副詞

1. 副詞とはなにか

1.1. 副詞とはなにか
　副詞は動詞のしめす運動のようす，および形容詞・副詞のしめす状態の程度をあらわして，文のなかで修飾語としてはたらく品詞である．
　副詞は，基本的に語形変化しない．
- いなづまが ぴかっと ひかった．
- かぜが びゅうびゅう ふいて いる．
- 太郎は おかしを たくさん たべた．
- 太郎の 声は とても おおきい．
- 太郎は ゆっくり はなした．
- 花子は もっと ゆっくり はなした．

1.2. 「～く」「～に」は副詞か，形容詞か
　これまでの「国文法」で形容詞，形容動詞の連用形とみとめられていたもののうち，動詞（あるいは形容詞）の意味を限定し，文のなかで修飾語や状況語としてはたらくものは，ここでは副詞（形容詞派生の副詞）とみとめた．このようにした理由は，問題の連用形以外の形容詞のかたちは，名詞のさししめすものごとの属性（性質や状態）をさししめし，文のなかでは規定語や述語としてはたらくが，問題の連用形は，そうではなく，動詞（形容詞）をかざり，これらのさししめす属性の属性（ようすや程度など）をさししめし，文のなかで修飾語としてはたらくという点で，質的なちがいがあるからである．そして，問題の連用形のこうした性格と同様の性格をもつ一群の単語が，べつに副詞として存在しているのだから，そのグループになかまいりさせたほうが合理的だとかんがえられるからである．

・太郎が おかしを はやく たべた．
・太郎は 元気に うたを うたった．
　なお，おなじようなかたちをしていても，つぎのように，ものの属性をあらわしているものは形容詞の中止形である．
　①先行句節の述語になっているもの
　・ウサギは 耳が ながく，目が あかい．
　・この カバンは じょうぶで やすい．
　②コピュラとくみあわさって，述語になるもの
　・この スイカは 大きくは あるが，うまく ない．
　③あとにつづく動詞のあらわす言語活動や心理活動の内容になったり，変化の結果になっているもの
　・ひとの ことを そんなに わるく いう ものでは ない．
　・そらが きれいに みえる．
　・日が だんだん ながく なる．
　・よい 政治は ひとびとを ゆたかに する．
　形容詞の中止形は，副詞とちがって，原則としてみとめかたのカテゴリーがある（うちけしにすることができる）．
　・ナキウサギは みみが ながく なく，目も あかく ない．
　・その ジーパンも 2,3度 あらったら そんなにも ながく なく なったね．

　問題1　つぎの文のふたつの「はやく」を，それぞれ，うちけしにできるかどうか，検討せよ．
　・はやく スピードを はやく しろ．

　問題2　つぎの各対のちがいについてかんがえよ．
　①ア）この めがねを かけると，そらが とても きれいに みえる．
　　イ）約束の ことを きれいに わすれて いた．
　②ア）地図の 鉄道線路は 縮尺よりも おおきく かいて ある．
　　イ）こんどの 市長は 市政を おおきく かえた．

1.3.　副詞のとりたて形

　副詞のなかのあるものは，とりたてのくっつきがつくことがある．これらの副詞は，とりたてのカテゴリーをもつが，とりたて以外には語形変化しない．
　・太郎は，すたすたとは あるかなかった．

・その あいだ 彼女は かれに <u>ちらりとも</u> 視線を なげかけなかった.

2. 副詞の種類

　副詞の種類は, 従来, 山田孝雄 1908『日本文法論』によって, 情態副詞, 程度副詞, 陳述副詞の3種とされてきたが, ここではこれに時間副詞をくわえて, いちおう4種類としておく. このうち, 陳述副詞は, その後の研究によって副詞の定義にあわないことがわかってきたので, このテキストでもべつの品詞としてたてるが, 従来の慣例を考慮して, 最後にかんたんにふれておく.

2.1. 情態副詞

動詞のしめす運動や状態の質・ようすをあらわす副詞が情態副詞である.
　ゆっくり　のんびり　どっぷり　つぎつぎ　わいわい　ざあざあ　がたごと　など
　はやく　うつくしく　さびしく　げんきよく　など（イ形容詞派生）
　きれいに　りっぱに　まっすぐに　いっしょに　など（ナ形容詞派生）
　とんで　いそいで　いさんで　よろこんで　など（動詞派生）
・老後は いなかで <u>のんびり</u> くらせると おもったのだが.
・太郎は <u>げんきよく</u> こたえた.
・もっと <u>きれいに</u> おどりなさい.
・どんな しごとでも <u>よろこんで</u> おひきうけいたします.
・きのうから あめが <u>ざあざあ</u> ふりつづいて いる.

問題3　「がぶがぶ のんだ」といえるけれども, 「がぶがぶ たべた」とはいえない. つぎの材料などをつかって, 副詞のかかることのできる範囲に, いろいろあることを確認し, あわせて, どういうわけでそうなるのかをかんがえてみよ.
　（副詞）がぶがぶ, ぱくぱく, はるばる, さらさら
　　　　　一気に, わざわざ, ゆっくり, どんどん
　（動詞）のんだ, くった, やって きた, ながれて いる

〈擬声語・擬態語〉
　情態副詞のなかで, 「わいわい」「ざあざあ」「がたごと」のような, 音を直接まねてつくったものを, 擬声語という. また, 「がっしり」「のんびり」のような, ようすをまねてつくったものを, 擬態語という. 擬声語・擬態語をあわせて, オノマトペとよぶことがある.

擬声語・擬態語は，単語つくりや音声のうえで，めだった特徴がある．そのうちのいくつかをあげておく．（なお，第15章 感動詞も参照）

① くりかえし
　　わんわん　がーがー　ぬるぬる　ゆらゆら
②「ん（と）」「っ（と）」や「り（と）」でおわる
　　がたんと　さっと　どっぷり
③ 2要素からなる
　　がたぴし　からころ　ちらほら　のらりくらり
④ 濁音・半濁音ではじまったり，ふつうの和語にない音節がつかわれたりする
　　がたごと　ぱらぱら　にゃーにゃー　びゅーっと
「ゆっくり」「たっぷり」などもつくりの点で擬声語・擬態語とつながりがある．

問題4　「がたんと―がたがた」「ぐるりと―ぐるぐる」「ぴかっと―ぴかぴか」のような対をくらべて，意味的にちがう面をかんがえよ．

問題5　「○っ○り」のようなつくりの擬声語・擬態語を10あげよ．

問題6　「～と」でおわる擬声語・擬態語を10あげよ．そのうち，修飾語の用法で「と」が義務的なものはどれか，かんがえよ．

問題7　「ほろほろ」「がたがた」「ぴかぴか」について規定語や述語になる例文をつくってみよ．

2.2. 程度副詞

動詞のしめす運動や状態の量・程度，ならびに，形容詞のしめす性質や状態，副詞のしめすようすの程度をあらわす副詞が程度副詞である．
　　すこし　ちょっぴり　たくさん　うんと　など
　　ごく　わずかに　やや　はなはだ　きわめて　だいぶ　ひじょうに　など
　　ひどく　ばかに　いやに　もうれつに　など
・おおぞらを トンボが たくさん とんで いる．
・大サービスだ．きょうは うんと のんで ください．
・月が とっても あおいから，とおまわりして かえろう．
・きょうは この あたりは ばかに しずかだな．
・あなたも だいぶ じょうずに うたえる ように なりましたね．

程度副詞のうち，せまい意味での程度をあらわすものは形容詞や副詞にかかるといわれる．また，おなじ程度副詞であっても，動詞にかかるときは量をあらわし，形容

詞や副詞にかかるときは（せまい意味での）程度をあらわすことがある．

問題8　つぎの，ア）とイ）の「だいぶ」のつかわれかたをくらべよ．
ア）このはが だいぶ ちった．
イ）このはが だいぶ きいろく なった．

　動詞であっても，状態や性質をあらわす動詞や，可能動詞のかたちで性質をあらわすばあいや，状態や性質の変化をあらわすばあいなどには，（せまい意味での）程度の限定をうけることができる．
・あれを みろ．あいつ，ばかに めだつじゃ ないか．
・春子は 秋子に すこし にて いる．
・春子も 英語を かなり はなせるが，秋子は もっと はなせる．
・冬子は この なつ やや やせた ようだ．

2.3.　時間副詞

つぎのようなものは，時間をあらわす副詞である．
　　まもなく　やがて　いつか　かつて　さしあたり　当面　まだ　など
　　しばらく　ながらく　など
・まもなく ドアがしまります．
・「いつか きっと かえって くる．」と かれは 約束した．
・とくに 問題が なければ，とうぶん この ままで いきましょう．

問題9　つぎの諸例のなかには，いえるものと，いえないものとがある．それはなぜか，かんがえよ．
ア）しばらく みせを しめます．
イ）しばらく みせを しめました．
ウ）とうぶん みせを しめます．
エ）とうぶん みせを しめました．
オ）このほど みせを しめます．

　時間副詞のなかには，いつも発話時を基準にしてつかわれるものと，そうでないものとがある．

2.4.　陳述副詞

　陳述副詞は，文があらわす内容に対するはなし手の態度・きもち・とりあげかたなどをあらわす単語の種類である．陳述副詞は，一般の副詞とちがって，動詞，形容詞

などのあらわす内容をくわしくするものではない．くわしくは「第13章 陳述副詞」参照．

　きっと　かならず　たぶん　断じて　どうぞ　もし　たとえ　など
・<u>たぶん</u> あしたは あめだろう．
・<u>どうぞ</u> これを うけとって ください．
・<u>万一</u> そんな ことが あっても 危険性は ない．

問題 10　つぎの副詞はなんの副詞か．
ア）2時間 まったのに，かれは <u>まだ</u> こない．
イ）春の 小川は <u>さらさら</u> ながれる．
ウ）きょうの 駅まえは <u>ひどく</u> にぎやかだ．
エ）みよ子は 学校から <u>いちもくさんに</u> はしって かえって きた．
オ）3時には <u>かならず</u> もどって きます．

第13章　陳述副詞

1. 陳述副詞とはなにか

　陳述副詞とは，みとめかたやムードなど，述語の陳述的な意味を補足・強調し明確化する副詞である．典型的な陳述副詞は，情態副詞や程度副詞とちがって，もっぱら述語の陳述的な側面にかかわって，属性的な意味の側面には関係しない．

　問題1　陳述副詞が，情態副詞や程度副詞とちがって，動詞述語，形容詞述語にかぎらず，名詞述語とも共存できることを確認せよ．
　ア）この ようすだと，あしたは きっと 雨だ．
　×イ）この ようすだと，あしたは ざあざあ／たくさん 雨だ．

　陳述副詞は，その性格がほかの副詞とことなるので，ひとつの独立の品詞としてとりだすことができる．陳述副詞は，名づけ的な意味をもたないので，名詞，動詞，形容詞，副詞のような主要な品詞のなかまからはずされることになる．（このことについての詳細は，「第17章　品詞」参照）

　［名づけ的な意味について］「名づけ的な意味」というのは，言語のそとにあるものごとを名づける意味のことである．たとえば，単語「学生」「のぼる」「たかい」「ゆっくり」は，それぞれ言語のそとに存在する，もの，運動，ものの属性，運動の属性を名づけている．これらの単語によって名づけられているものごとは，言語のそとにあるので，言語と関係なしに，絵や映画にうつしだすことができる．けれども，単語「たぶん」「そして」「ああ」の意味することがらは，絵や映画にうつしだすことができない．これらのうち，「たぶん」は，はなし手の態度をあらわし，「そして」は，言語内部の関係をあらわし，「ああ」は，はなし手のきもちをあらわしていて，結局，どれも，言語のそとのものごとを名づけていない．これらが絵にならないのは，そのためである．（第1章-2.2参照．より広義の「文の名づけ的意味」については，第2

章-5 参照)

問題2 「あめが ざあざあ ふって いる.」と「あめが しとしと ふって いる.」とは,あめのふりかたの絵として,かきわけることができる.しかし,「あすはかならず あめが ふる.」と「あすは ひょっとすると あめが ふる.」とは,あめのふりかたの絵として,かきわけることができない.それはどうしてか,かんがえてみよ.

2. 陳述副詞の種類

陳述副詞には,述語のムードの程度を強調,限定したり,文のモダリティーを明確化したりする「ムード副詞」,文の叙述内容に対する評価や位置づけなどをあらわす「評価副詞」,文中の特定の対象を他の同類の語群のなかからとりたてる「とりたて副詞」がある.

2.1. ムード副詞

ムード副詞は,述語のムードの程度を強調・限定したり,文のモダリティーを明確化したりする副詞であり,おおくのものが述語のムード形式と呼応する.

〈願望―当為的なムード〉
　[依頼・勧誘など] どうぞ　なにとぞ　なにぶん／さあ　なんなら
　[希望・当為など] ぜひ　せめて　なるべく
　・どうぞ,こちらに おかけください.
　・なるべく つり銭の いらない ように おねがいいたします.

〈現実認識的なムード〉
　[感嘆など] なんと　なんて
　[質問・疑念] はたして　なぜ
　[推量] たぶん　おそらく
　[伝聞] なんでも　きけば
　[推定] どうも　どうやら
　[不確定] あるいは　ひょっとしたら
　[習慣・確率] きまって　とかく　いつも
　[比況] あたかも　まるで

［否定］けっして　あながち　べつに　たいして　ろくに　とうてい
　　［否定推量］よもや　まさか
　　・<u>なんて</u>　すばらしい　彫刻なんでしょう．
　　・<u>どうやら</u>　かぜを　ひいたらしい．

〈願望―当為的なムードにも，現実認識的なムードにも用いられるもの〉
　　きっと　かならず　絶対(に)　断じて　もちろん
　　・わたしは　次回も　<u>かならず</u>　まいります．
　　・かれは　<u>かならず</u>　やって　くる．

〈条件―接続のムード〉
　　［仮定］もし　あまり
　　［逆条件］たとえ　いくら　どんなに
　　［原因・理由］なにせ　さすがに
　　［譲歩］もちろん　なるほど／せっかく
　　・参加者が　<u>あまり</u>　多く　ない　ようでしたら　また　かんがえます．
　　・<u>なにせ</u>　ひとでが　たりない　ものですから，……

　　問題 3　つぎの副詞で主語が 1 人称と 3 人称の文をつくり，それらが願望―当為的なムードか現実認識的なムードか，かんがえてみよ．
　　　きっと　断じて　もちろん　絶対に

　　問題 4　つぎのやりとりの（　）のなかに，それぞれ「どうか」と「どうぞ」のどちらかをいれよ．
　　「（　　）ひとばん　とめて　いただけませんでしょうか．」
　　「（　　）おとまりください．」

2.2.　評価副詞

　　文のおもな叙述内容の外にあって，それに対する評価や位置づけなど，なんらかのはなし手の見解をあらわす副詞を評価副詞とよぶ．評価副詞は，ムード副詞のように述語のムードを強調・明確化するものではなく，したがって，いわゆる「呼応」を積極的にはもたない．

［叙述内容に対する価値評価］
　　あいにく　さいわい(に)　ふしぎにも

ありがたくも　おどろいたことに
・ただいま あいにく 主人が ちょっと 出て おりまして ……

[動作主体，またはその行為に対する評価]
　失礼にも　しんせつにも　おせっかいにも
・しんせつにも その わかい おとこは むすめを いえまで おくりとどけて くれた．

　問題5　評価副詞を他の評価副詞ととりかえても，はなし手の評価がかわるだけで，評価の対象であることがらはかわらないことを確認せよ．

2.3. とりたて副詞
　文中の特定の対象を，同類の他の語とどのような関係にあるかをしめしながら，他の同類の語群のなかからとりたてる副詞を，とりたて副詞とよぶ．
　・ただ 君にだけ 知らせて おく．
この例で，「ただ」は，「だけ」とともに，知らせるあい手として「君」を，他の（表現されていない）「彼」とか「彼女」などの同類のものを排除する関係でとりたてている．とりたて副詞の文中での位置は，「むしろ」のように比較的自由にいろいろな箇所にもちいられるものもあるが，「ただ」や「たとえば」などのように，とりたてる対象の直前に位置するのを原則とするものがおおい．

[排他的限定]
　その語句のさすものだけに範囲を限定し，その他を排除する．
　ただ　単に　もっぱら　ひとえに
・その おとこは ただ にくの かたまりとしか みえなかった．
・単に たびの つかれだけでは ない．

[選択指定]
　「こそ」のとりたてに相当する．
　まさに　まさしく　ほかでもなく
・この ばく大なる ちからの 源泉は，まさに 第5階級の 知性の なかにこそ ある．
・あなたの 犯罪は まさしく 愛の 欠乏から おきた ものと 判断します．

[特立]
　同類語群のなかから特別のものとしてとりたてる．

とくに　ことに　とりわけ　わけても　なかんずく　なかにも
・謙作と石本は 以前からも よく しっては いたが，とりわけ その ときから したしく する ように なった．
・わたしは がんらい 動物ずきで，なかんずく いぬ が だいすきだから，…

[主だて]
同類語群のなかから主要なものとしてとりたてる．
　おもに　主として
・はじめは 時雄が くちを きったが，なかごろから おもに 父おやと 田中とが かたった．
・その 離合集散の 動機は，りくつに あるのでも 政策に あるのでも なく，主として 人間関係に ある．

[例示]
同類語群のなかから対象の語句を具体例・代表例としてとりたてる．
　たとえば
・だから，骨董と いう かわりに たとえば 古美術などと いって みるのだが，これは もじどおり くさい ものに ふただ．

[比較選択]
他の対照的な語句と比較して対象の語句をあえて二者択一的にえらびとる．
　むしろ　どちらかといえば　いっそ
・しごとは，才能より むしろ 忍耐力で すすめて いく ものだね．
・そんな 平凡な 生活を する くらいなら，いっそ くびでも くくって 死んじまえ……

[類推]
いちじるしくことなった，ふたつのばあいをくらべて，〈Aさえそうだから，Bなどはいうまでもなく〉という関係でとりたてる．
　いわんや　まして
・へいぜいさえ そうだったから，いわんや 試験に なると，……
・さわった だけでも おこられるのに，まして こわしたり したら……

［みつもり］
　おもに最低限のみつもりとしてとりたてる．
　すくなくとも　せめて　せいぜい　たかだか　たかが
　・かれには そんな ことが1日に すくなくとも 二三度は かならず あった．
　・かれらは たかだか 自己の いいのがれを やって いるに すぎない．

問題6　うえの諸例のなかから，とりたて副詞―とりたて形（とりたて助辞のくっついた語形）の順序で共存する文を3文とりだせ．

問題7　うえの諸例のとりたて副詞の，文中での位置をいろいろいれかえて，いれかえやすさのちがいをかんがえてみよ．

問題8　つぎの陳述副詞はなんの陳述副詞か．
ア）わたしは やさいの なかでも とくに ニンジンが きらいです．
イ）さいわいにも かすりきずで すみまして，ほんとうに たすかりました．
ウ）いくら 多くても 多すぎると いう ことは ありませんから．
エ）わすれたんですか．なんなら わたしのを おかししましょうか．
オ）この 作品は まさに 人類の たからと いって いいね．
　（参考：工藤浩 1982「叙法副詞の意味と機能 ―その記述方法をもとめて―」国立国語研究所『研究報告集3』，同 1977「限定副詞の機能」『国語学と国語史』明治書院）

第14章　接続詞

1. 接続詞とはなにか
　接続詞は，語形変化せず，独立語として文のはじめにおかれて，その文とまえの文とのいろいろな関係をしめす単語の種類である．接続詞は陳述副詞と同様，名づけ的な意味をもたない．

2. 接続詞の種類
　接続詞にはつぎのようなものがある．
　①まえの文を原因・理由とする結果や結末などであることをあらわす．（順接）
　　だから　それで　それから　つづいて　そして　で　それゆえ　ゆえに　したがって　そこで　そのため　かくして
　②まえの文の内容にそぐわないこと，つりあわないこと，反対のことなどであることをあらわす．（逆接）
　　だが　が　しかし　けれど　けれども　だけど　でも　ところが　それなのに　しかるに
　③まえの文の内容が，あとの文が成立するための条件やきっかけであることをあらわす．（条件）
　　すると　とすると　そうすれば　とすれば　そしたら　そうしたら　だとしたら　だったら　それなら　なら
　　そうでなければ　そうでないと　でなければ　でないと
　　それでも　だとしても　といっても
　④まえの文，または語へのつけくわえやおぎないであることをあらわす．（並立）
　　また　かつ　および　あわせて　さらに　しかも　それに　そのうえ　なお　ただし　ちなみに　もっとも

⑤まえの文，または語のあらわすことがらと，あとの文，または語のあらわすことがらとの，どちらか1つであることをあらわす．（選択）
　または　あるいは　もしくは　それとも　ないし
⑥まえの文，または語のいいかえであることをあらわす．（換言）
　つまり　すなわち　いわば　いいかえれば　いってみれば
⑦まえの文の説明や理由などであることをあらわす．（解説）
　なぜなら　だって　というのは　なんとなれば　なぜかっていうと
⑧まえの文とは別の方向にはなしをかえることをあらわす．（転換）
　さて　ところで　ときに　それでは　それより　では　じゃあ　はなしかわって　それはそうとして

　これらのうち，①②③は接続助辞，および，用言の条件形・中止形に同様の意味があるもの，④⑤は並列助辞，および，用言の中止形に同様の意味のあるもの，⑥⑦⑧は接続詞に独自の意味のものである．なお，③に関して，接続詞には，条件形とおなじ意味をあらわすものは豊富だが，譲歩形とおなじ意味をあらわすものはすくない．条件の無効性をあらわす語には「いずれにせよ」「どうであれ」「ともあれ」「とにかく」などがあるが，これらは陳述副詞の1種とかんがえられるものであり，接続詞とはいえない．

　⑥換言，⑦解説，⑧転換の3種の意味は，文以上の単位をつなげるのにもちいられるが，⑥については名詞を接続するのにももちいられる．

　・F23はA国の 特殊情報部員，すなわち スパイだった．

　また，並列のばあいは2項にかぎらず，何項でもならべることができるのにたいして，このばあいは2項しかならべることはできない．これは並列のばあいが直接には関係のない対象を単にならべているだけなのにたいして，このばあいは内的な関係があって一致することをしめしているというちがいがあるからである．

　これらの接続詞独自の意味のものは，そのなかに「いわば」「いいかえれば」「なぜかっていうと」のような，語源的に動詞「いう」をふくむものや，「いう」はふくまなくとも「はなしかわって」のように，はなしのすすめかたをあらわすものがめだつ．この種の接続詞がある種ののべかたをあらわし，陳述副詞とかなりちかい関係にあるものであることをしめすものであろう．

問題1　接続詞には，はなしことばにもちいられるものと，かきことばにもちいられるものとがある．おもにはなしことばにもちいられる接続詞にはどのようなものがあり，おもにかきことばにもちいられる接続詞にはどのようなものがあるか，かんがえてみよ．

問題2　接続詞は，あいてにたいする敬意をあらわすときには，「だが」「だから」のかわりに「ですが」「ですから」がもちいられるように，ていねいさによる対立がある．一覧のなかでどの接続詞がていねいさによる対立をもち，どの接続詞が対立をもたないかをかんがえてみよ．

3. 接続詞への転成

3.1. 接続詞の出発点

接続詞は，比較的あたらしくうまれた品詞であって，現在でもほとんどその出発点があきらかである．たとえば，「こうして」「こうなると」などは指示的意味をもつ動詞の中止形から転じたものであることはあきらかである．

問題3　意志的動作，または無意志的動作をうけるつぎの4つの空欄について，「こうして」「こうなって」「こうすると」「こうなると」のどれがつかえるかをためしてみて，「こうして」と「こうなると」が接続詞に転成していることを確認せよ．
ア）与平は あそんでばかり いる うちに，おかねが なくなって しまいました．（　　　），やっと 自分が した ことに 気が つきました．（無意志的動作）
イ）あさ おきて，かおを あらいました．（　　　），学校へ いきました．（意志的動作）
ウ）やがて，はなが さいて，とりが ないた．（　　　），かれは うれしくて たまらなく なる．（無意志的動作）
エ）かれは，うたって おどった．（　　　），かれは うれしくて たまらなく なるのだ．（意志的動作）

「こうして」は，意志的動作をうけるイ）にもちいられるだけでなく，無意志的動作をうけるア）にももちいられる．また，「こうなると」は，無意志的動作をうけるウ）にもちいられるだけでなく，意志的動作をうけるエ）にももちいられる．「こうして」と「こうなると」が意志的動作をうけるときも，無意志的動作をうけるときも，両方つかえるということは，これらの形式における「する」と「なる」は，それぞれの動詞としての，意志・無意志という語彙的な意味にしばられていないということであるので，接続詞に転成しているということができる．

3.2. 接続詞のタイプ

前節でみたように，接続詞は，指示動詞から転成するものもあるが，「それなの

に」,「それだから」のように，指示代名詞をもとにした述語形式から転成したものもある．このばあいには，もとになった述語名詞が，まえの文の客体的内容を指示する機能（①）をもつ「それ」のような指示語と，それに述語性をあたえる機能（②）をもつ「だ，な」のようなコピュラ，およびまえの文の内容をうしろの文に関係づける機能（③）をもつ「から，のに」のような接続助辞という3つの要素をもつのに応じて，接続詞も以上①，②，③の機能をもった3つの部分に分析できる．しかし，指示動詞から転成した接続詞のばあいは，もとになった指示動詞が②，③の機能を動詞の中止形や条件形によって融合的にあらわすのが普通だし，接続詞に転成する過程でそのどれかの機能をあらわす要素をうしなうこともあるので，どんな接続詞もうえの3つの機能をもつ部分に分析できるとはかぎらない．

4. 接続詞の機能

　接続詞の機能は文と文を接続する機能に代表されるが，接続詞はまた節と節を接続することも，段落と段落を接続することも，単語と単語を接続することもある．

4.1. 節と節との接続

　接続詞の機能をみるために，接続詞が節と節を接続するばあいをまずみてみよう．すると，第1に，つぎのように，接続助辞や中止形のあらわす接続的意味とほぼおなじ意味をあらわす接続詞がもちいられるばあいがある．

- ・準次は，そうして 用ありげに 知らない 街を 歩きまわって いたのだが，<u>しかし</u> 中之島公園から はなれて しまわない ように 絶えず 注意して いた．
- ・言葉がつきると，尚子は また 泣きはじめ，<u>そして</u> 同じ 恨みごとを くりかえした．

これらのばあいは，接続助辞や中止形の意味が接続詞によって再度確認されているにすぎないのにたいして，中止形などのあらわす未分化な接続関係を接続詞が積極的に限定する第2のばあいがある．

- ・当時，枢軸国に ある 日本の 外務省の 出先機関は どっち側の 出先機関なのか 解らない ような 所が <u>あって，それで</u> 外務省に 似て いて 外務省で ない 機関が 日本で 作られたり，外交官で ない 人間が そういう 仕事を 頼まれたり したのである．
- ・おふくろは 僕に 何も させたがらず，<u>また</u> 僕が いつまで たっても 何も 出来ないと いう ことが 彼女を 満足させて いたのだ．

接続詞がこのように中止形の意味を限定するのは，中止形が未分化な漠然とした接続的意味しかあらわさないのにたいして，接続詞がせまい限定的な接続的意味をあらわすことをしめすものである．接続助辞や中止形が存在するうえに，接続詞がさらに存在する意義は，このような点にある．また，第3に，あらかじめ接続助辞や中止形によって設定された関係に，あらたな接続的意味を接続詞がつけくわえるばあいがある．このようなことが可能なのは，接続助辞や中止形とちがって，接続詞がまえの節のそとにあり，それと断絶しているということによる．
  ・政府が どういう 積りなのか，右往左往ばかり して いる 時，大して 出来る ことは なかった 訳で あるが，それならば なお更，情報だけは 確かな 所を 集めて 置かなければと いうので，老人が 前に 仕事を 頼まれた 機関も 再び 動き出して いた．
  ・俺は ちゃんと 農林学校へ はいったんだ，高等農林へな．ところが ちょうど そのとき 家の 方が つぶれちまって，それでも 俺は 百姓なんぞ やるのは 嫌だから，東京に 残って 色んな ことを やった．
  ・6年間を 通じ，Aは 級長で，クラスの 対抗競技の 主将で，ボスで，女生徒たちの 憧れで，彼こそは 天下の 秀才で あり，すぐれた 万能選手で あり，讃嘆すべき 紳士で あり，おそるべき 悪漢で あり，素敵な 英雄で あり，……つまり 少年たちの 夢を 一身に あつめた アイドルで ある．

  問題4 うえの各例の接続詞は，接続助辞や中止形によってあらわされている接続関係に，どのような接続的意味をつけくわえているか，かんがえてみよ．

4.2. 文と文との接続

  こうした方向が徹底し，かたちのうえでもまえの文と断絶した接続詞が，文のはじめにおかれて，その文とまえの文との関係をしめすものである．接続詞が1つの品詞としてじゅうぶんな機能をもつのは，この，まえの文とはきれ，あとの文の文頭にあらわれる用法においてである．

  問題5 つぎの文から，接続詞「それで」をのぞくと，文の意味はかわってしまうだろうか．かわるとすれば，どのようにかわるだろうか，かんがえてみよ．
  ・自分が 洋盃を 取り上げて 咽喉を 潤した 時，お兼さんは 帯の 間から 一枚の 葉書を 取り出した．
  「先程 お出かけに なった 後で」と 云いかけて，にやにや 笑って いる．自分はその 表面に 三沢の 二字を 認めた．
  「とうとう 参りましたね，御待かねの…」

自分は 微笑しながら，すぐ 裏を 返して 見た．
「一両日 後れるかも 知れぬ」
葉書に 大きく 書いた 文字は ただ これだけで あった．
「まるで 電報の 様で 御座いますね」
「<u>それで</u> 貴方 笑ってたんですか」
「そう云う 訳でも 御座いませんけれども，何だか 余り…」
お兼さんは 其処で 黙って しまった．

問題6 つぎの文は（　）の部分にあった接続詞をわざとのぞいたものである．接続詞なしで文の接続関係がどれくらいわかるか，ためしてみよ．

・ここで ハチの 一特性に ふれて おきましょう．大半の 動物の 卵は 受精後 はじめて 発育を 開始します．多くの ハチでは，未受精卵が 正常に 発育する．（　　　）どれも オスと なります．一方，巣社会の 維持を 担う メスたちは，すべて 受精卵からしか 羽化しません．逆に いうと，オスには 父も 息子も いない．（　　　）母方の 祖父と 孫 息子は いるのです．（　　　）二種の メス─女王と 働きバチ─は，どう やって きまるのか．卵には オス卵と メス卵しか ありません．後者が 幼虫期に 高栄養の 餌を 与えられると 女王に，そうで なければ 働きバチに なるのです．（　　　），両者は 遺伝的に きまって いる わけでは ない．（　　　）─ややこしいですが─両者の 栄養的（＝非遺伝的）決定と いう 仕組み 自体は，遺伝的に きまって いるのです．

カッコのなかには，順に「しかし」「ただし」「では」「つまり」「ただし」がはいるが，それをもとめることは非常に困難であることがわかる．ただし，関係が明白なのはことがら関係が明確なばあいのことであって，ふつうは問題5のように，接続詞がないと誤解を生じたり，まえの文があとの文にどうつづくかわからなくなってしまう．これは，独立した文と文との関係をあらわすのには，接続詞が必須であることをしめしている．

極端なばあいには，ひとつひとつの文の内容がよくわからなくても，接続詞さえあれば，文と文との関係だけはわかるというようなことも生じてくる．接続詞は，もはや他の文との関係をあらわしえなくなった，独立した文どうしを関係づけるときに，もっともその本領を発揮するといえよう．

そして，さらに，接続詞はまえの1文だけをうけるのではなく，文のあつまりである段落をうけ，あとの文や段落につなげる機能をもつものに発展する．

・ふつうに 考えると，「一体的な 処理」とは，今年1月からの 所得税減税を 盛り込む 税制改革の なかに，消費税増税の 予定を はっきりと 書きこむ ことだろ

う．これに対し「切り離し」は，増税を今後の検討課題として先送りする．
だが，実際にはそれほど簡単な色分けではないらしい．

問題7　うえの「だが」はどういう内容をうけているか，かんがえてみよ．

　こうして，接続詞は，独立した文をうけることにおいて，接続助辞や条件形・中止形にはない，あらたな機能をもつことになる．あいての文をうけることも，接続詞にしかない重要な機能である．

・「そうすると，僕が親父から何度も名前を聞いていた須田さんて人は，そのときの同僚ってわけね」「違うの．須田さんはその絨毯会社の社長の息子さん」「だけど，親父の学校友達かなんかだろうとおもっていた」
・「おじさん，お兄さんは今日はもう7ドルも稼いだんだよ」「だから，なんだっていうんだよ」

　例のように，あいての発言内容にたいして逆接や順接の意味をあらわすこともあるが，発言内容ではなく，あいてがそのようにいったことにたいしてつかわれることがある．

・「そんなことはやめて，すぐきてください．」「しかし，きみ，なぜそんなことをいうんだ．」
・「でも，私は何だか心配で……．一番二百両（ひとつがい）もする狸を，もししなせでもしては，それこそ大変なことになるものね．」「だから，女は気が小さくて駄目だというんだ．（後略）」

　応答詞は，まえの文をうけてうしろの文につなぐものだという点で，接続詞に通ずる性質をもつが，うけるまえの文があいての文であるこうした用法になると，接続詞もまえの発言にたいするこたえという意味をもつようになり，応答詞的性格をもつようになる．それはつぎのように，接続詞の属する後文が省略されたばあいに特に顕著である．

・「どうして」と私はまた，たずねた．「だって……」

　このような機能は，接続助辞や動詞の中止形・条件形にはない接続詞独自の機能であり，接続詞の重要な機能である．

　接続詞のなかには，文章のなかでかたり手自身の文をうけるばあいと，会話のなかであいての発言をうけるばあいとで，意味がことなるものがある．

・時々，薄曇りの空が割れ，夏の強い陽が地上に射し込む．すると突然，川の水も，木も，草も，田も，それまでとは別のものになって輝きだす．
・「ええと，ざっと三十ドルばかり」
「すると，食事もしなくちゃいけないし，ぼくたちは一晩もこの部屋に泊れ

ない わけだよ」

前者は，まえの文がきっかけとなって，あとの文のことがらがおこったり，発見されたりすることをあらわす条件の接続であるが，後者は，推測の帰結をあらわす用法で，「ということは」という意味である．接続詞の意味が，自身の文をうけるばあいとあいての文をうけるばあいでことなるのは，あいての文をうけるばあいの接続詞の機能が文と文との接続的意味をあらわすことをこえ，談話展開の方向をきめる機能をももつようになっていることをしめすものである．

問題8　かたり手自身の文をうけた，ア）の「では」と，会話のなかであいての文をうけたイ）の「じゃあ」の意味を比較してみよ．

ア）この イノシシは，それから 一週間くらい 経って 他の 猟師に 撃ち止められた．お爺さんが そう 云って いた．<u>では</u>，これで おしまい．

イ）晶子は 笑い出して，「修ちゃん，それ ひとりで 脱げる？」「うん」「<u>じゃあ</u>，脱いで ちょうだいな」

4.3. 単語と単語の接続

なお，接続詞には，④並列，⑤選択のように，単語を接続するものもある．

・万葉集 <u>および</u> 古今集
・イヌ <u>または</u> ネコ

これらは，「と」「か」などの並立助辞のあらわす意味と基本的にひとしい．

これらの接続詞は単語，とくに名詞を並列するのを本来としたが，節や文を並列するのにももちいられ，接続詞として確立したものである．

・そのときの 私に ついて 述べれば，なにぶん 精神的にも 思春期で あり，<u>かつ</u> 極度の 空腹の ため 尚のこと 感傷的で あった ようだ．
・真夜中ごろ，彼は 目を さました．胃の 辺りに さしこむ ような 疼痛が ある．<u>そのうえ</u> 間隔を おいて 吐気が やって くる．

問題9　うえの例ではどのような単語や節や文が並列されているか，かんがえてみよ．

動詞の語形や接続助辞で文や節の並列をあらわすものは，中止形と「海にもいくし，山にもいく」の「し」ぐらいで，すくなく，意味も未分化である．これにたいして，並列をあらわす接続詞は種類が豊富で，それぞれが分化した限定的な意味をあらわしている．なお，これらもまえの段落をあとの段落につなげるのにもちいられる．

5. 接続詞と陳述副詞のちがい

　接続詞は，みずからの属する文がまえの文とどうかかわっているかをのべるものであるという点で，ある種ののべかたをあらわす単語である．そういう意味で，接続詞は陳述副詞と非常にちかい関係にある．一方，陳述副詞にも，接続詞と同様にまえの文との関係をあらわすものがある．

　・サバンナの けもの，<u>たとえば</u> ジャッカルの 生態は どうか．
　・わたしは 西欧文学が 好きだ．<u>とりわけ</u>，ロシア文学が 好きだ．
　・妻でも なく，<u>まして</u> 子供でも ない 仲で，意地でも わかれないなどと いうのは，おかしいじゃ ないかねえ．

　これらは，それぞれ例示，特立，類推をあらわすとりたて副詞であり，暗示されるにとどまることのおおい，他の同類のものごとが，まえの文または語として明示された結果，接続詞と同様のはたらきをもつにいたったものである．したがって，これらは接続詞ではない．しかし，なかにはすでにとりたて副詞から接続詞に転じているものもある．

　・<u>ただ</u> 次の ことだけは 確かで ある．
　・ところで 井筒の かみさんは，私たちが ゆくまで，銀座裏に 住みながら，全く なにも 知らずに いたので ある．<u>ただ</u>，客が 一人も 姿を 見せないので，おかしな 日だと 思って いたと 云うのだ．

　問題10　うえの「ただ」の，陳述副詞としての意味と接続詞としての意味のちがいをかんがえてみよ．

第15章　感動詞

1. 感動詞とはなにか

　感動詞は，はなし手のきもちをあらわし，それ自身で，よびかけ・うけこたえ・あいさつ・さけび・かけごえ・おとなどをあらわす独立語文となったり，あるいは，文のなかでそうした意味をあらわす独立語となったりする単語の種類である．

　　※ここで「感動詞」とよんでいるものが，すべて感動をあらわすわけではない．うけこたえをあらわすものなどは，その多くは感動と関係がない．「感動詞」というのは，さけびをあらわすものをその代表とみて，名づけられたものである．一般文法論では，これを「間投詞（interjection）」とよんでいる．「あいだになげこむ」，つまり独立語としてつかわれるものという意味だから，こちらのほうが適切だとおもわれるが，日本語では，「間投詞」という用語を，はなしことばのあいだにさしはさまれる，「あのう」や「えー」などの語だけをさすのにつかうことがあるので，ここでは，「感動詞」のほうをとった．

問題1　「『おうい』『よいしょ』『バイバイ』などの絵がかけるか？」という問いに対して，「かける．」とこたえたひとたちもいたし，「かけない．」とこたえたひとたちもいた．そのひとたちは，それぞれ，どのような点からそうこたえたのであろうか．これらの単語の，意味や，つかわれる場面などからかんがえてみよ．

2. 感動詞の種類

　感動詞には，つぎのようなものがある．
　　［さけび］
　　　まあ．　　おお．
　　　<u>ああ</u>，かわいそうに．　　<u>あら</u>，いやだ．　　<u>あれ</u>，たすけて．
　　　<u>あれあれ</u>，こんな いたずらを して．

これはこれは，ごくろうさまです．
　［かけごえ］
　　　どっこいしょ．　よいしょ．　こらしょ．
　［よびかけ］
　　　おうい！　　もしもし！
　　　これ，こちらを むきなさい．
　　　それ，いくぞ．　　そら，しくじった．
　　　ねえ，あそばないか．
　　　あの，すぐ 来て くれるでしょうか．
　［うけこたえ］
（第2章-5参照．また，はいといいえのつかいわけについては，第19章-2参照．）
　　　はい．　　　いいえ．
　　　オーケー，ひきうけた．
　　　うん，わかったよ．
　　　ええ，その とおりです．
　　　いや，こまったなあ．
　　　さあ，わたしに できるかしら．
　［はたらきかけ］
　　　こら，やめなさい．
　　　こらこら，いたずらするのでは ないよ．
　　　めっ！　　しーっ！
　［あいさつ］
　　　こんにちは．　おはよう．　さようなら．　いただきます．
　　　ごめんなさい．　ごめんください．
　［はなしことばで，（つまったときなどに）あいだにさしはさまれる語（せまい意味の「間投詞」）］
　　　えー これから おはなしいたしまする ことは，ああ じつは ……
　　　あのね こないだ いってた あのう あの はなしねえ ……
　［自然の声や音］
　　　わっはっは　　ちゅんちゅん　　ぶうぶう　　からんころん

3. 感動詞の諸性格

3.1. 感動詞による独立語

　他の文の部分と直接にむすびつかない文の部分を独立語という．感動詞と接続詞は，独立語になることを基本的なはたらきとする品詞である．
　・「アッ，なにを する！ 無礼な！」
　・エヌ氏は 興奮した 声を 出した．だが，相手は またも 意外な 返事を した．
　接続詞はひとつひとつの文の部分とはむすびつかないけれども，ぜんぶの文の部分によってえがきだされた内容をまえの文に関係づけるというはたらきをすることにおいて，（接続詞をのぞく）文ぜんたいとの関係をたもっている．そして，そのことこそが接続詞のしごとであって，接続詞だけでできた文，つまり，接続詞による独立語文というのは，接続詞の基本的なありかたではない．つぎの例も省略文である．
　・「どうして」と 私は また，たずねた．「だって…」
　これに対して，感動詞は，他の個々の文の部分とむすびつかないだけでなく，文ぜんたいともむすびつかない．「ああ，はらが へった．」という文において，「ああ」と「はらが へった」とは文脈的には無関係ではないけれども，それは，はじめに情動をぶちまけて，つぎにその内容をのべたということであって，「でも，はらが へった．」の「でも」のように「はらが へった」のあらわす内容をなにかと関係づけているわけではない．だから，感動詞は，独立語という文の部分をつくるだけでなく，1語だけで独立語文をつくることも，その基本的なしごとのひとつなのである．
　・あんがい 平静に 車を 運転して いた 赤毛の 男が 「おや？」と つぶやきました．
　・坊主「ごめん下さい」
　　さと子「はい！」 あける さと子．

　問題2　日本語では，あとに「，」をうって，文の部分としてあつかわれる感動詞を，他の言語では「．」をうつなどして，独立語文としてあつかうことがある．どうしてこういうことがおこるのか，かんがえてみよ．
　ア）イワン・イワノービチ！— はい，なんですか．
　　　Иван Иванович！— Да？　Что вы хотите？（『博友社ロシア語辞典』）
　イ）まあ，アップルパイがすっかりこげちゃったわ ……　¡Ay！ Se ha
　　　quemado la tarta ……（『教養のためのスペイン語』大修館）

3.2. 感動詞の自然性と言語性

　感動詞は，つぎの諸点において，自然発生的であって，そのために，いろいろな言語に共通性がみとめられる．
①感動詞のなかでも，いちばん自然発生的なのは，さけびの感動詞である．これらの語は，おどろき，よろこびなどの情動をそのまま表出することに起源をもつので，そのばあいの自然生理的な機構にしばられていて，諸言語のあいだの共通性もたかい．
　　ああ：ah（英語），ah（ドイツ語），ah（フランス語），ah（スペイン語），ax（ロシア語），ax（タタール語），啊（a，中国語）
　よびかけや応答の感動詞も，かんたんなみぶりにちょっとした発声がそえられたようなことからできてきたものがおおいとおもわれるが，みじかい単語になっているところは，諸言語に共通である．
　　はい：yes（英語），ja（ドイツ語），oui（フランス語），si（スペイン語），да（[da，ロシア語），是（shi，中国語）
　よびかけの感動詞のなかには，とおくにいるあいてをよぶためのものがあり，そのようなものは，こえのおおきさとながさが要求されるので，口をひろくあける母音が中心の語になる．
　　おうい：yo-ho（英語），jahoo（ドイツ語），呀喝（yahe，中国語—南部を中心に）
　自然の声や音をあらわすばあいの1語文につかわれる語は感動詞とみなければならないが，このばあい，その語は自然の声や音を反映するので，自然性がつよく，諸言語間の共通性もたかい．
　　ニャオ：miaow（英語），miau（ドイツ語），miaou（フランス語），miau（スペイン語），мяу（ミャウ，ロシア語），喵（miao，中国語）

　問題3　感嘆符「！」は，ラテン語の感動詞「IO」のつづり字をたてにならべたものだといわれるが，このことから，ラテン語の感動詞と日本語の感動詞の，にている面についてかんがえてみよ．

②うえにのべたように感動詞のなかに自然性がみとめられるとしても，感動詞が言語である以上，その自然発生的なものは，つぎのように，すでに言語化されている．いかに情動の表出であっても，言語として発声された音声は，基本的にその言語の音韻体系のなかに位置づけられている．
　　日本語「おお」[oː]，英語"oh！"[ou]
　ただし，感動詞にもちいられる音声は，擬声・擬態語のばあいと同様，その言語の

音声，音節構造などからみて，周辺的なものもあらわれやすい．
　シー[ʃːʃ]，アッ[aʔ, at]
　これと関連して，感動詞には，他の言語からの移入，借用がおこりうる．
　万歳（濁音ではじまる はねる音をふくむ），オーケー（長母音をふくむ）

　　問題 4　漢語，外来語起源の感動詞の例を，ほかにもあげてみよ．

　言語として使用される感動詞は，新語でないかぎり，一語一語が語彙体系のなかに位置づけられている．だから，言語がちがえば，単語のかたちもちがうし，ばあいによっては，品詞としての位置づけもちがう．
　ばんざい：ypa（[ura]，ロシア語）
　バチャン，ポチャン（「～と」のかたちで副詞にもなる．）：(s)plash（英語；名詞や動詞としてもつかう．）

　　問題 5　あかんぼうの「おぎゃあ」ときこえる声は感動詞か．また，それを「おぎゃあ！」とかいたとき，その「おぎゃあ」は，感動詞か．

3.3.　感動詞とていねいさ

　感動詞のなかには，あいての存在が前提になっているものと，そうでないものがある．さけびの感動詞などで，表出的なはたらきのなかでつかわれるものは，あいての意識がないことがすくなくないが，よびかけやうけこたえの感動詞は，あいてなしでは，その使用が成立しない．
　用言の述語形式には，あいてに対する敬意のありかたにおいて対立する，ていねいさのカテゴリーがあるが，あいての存在を前提とする感動詞のばあいにも，これに相当するていねいさがある．「はい」，「いいえ」とちがって，「うん」や「いや」は，目上に対してはつかわない．「もしもし」はしらないひとに対してつかえる．「これこれ」は，子どもに対してでないとつかえない．「さようなら」はかなりひろくつかえるが，「バイバイ」は，したしいひとに対してしかつかえない．
　述語形式のばあいは，ヨム―ヨミマス，休日ダッタ―休日デシタのように，おなじ単語が語形変化によって，ふつう体形式とていねい体形式に対立する，形態論的カテゴリーとしてのていねいさをもっているのだが，感動詞のばあい，この種の形態論的なていねいさのカテゴリーは，オハヨウ―オハヨウゴザイマス，アノー―アノデスネのような，あいさつ語やせまい意味の間投詞の一部にしかみられない．
　感動詞のていねいさのカテゴリーは，ふつう，語彙的なものとして，成立している．そして，その対立のすがたは，形態論的なそれのような，きびしい 2 項対立の

ものではない．なお，「ウン．」―「ハイ．」のような独立語文の対立は，統語論的なカテゴリーとしてのていねいさにおける対立である．

　問題6　ていねいさ，つまり，ききてに対する敬意のありかたという観点から，感動詞の分類をこころみてみよ．

3.4.　うけこたえの感動詞の性格

　感動詞は，ふつう，モーダルな側面と内容的な側面とが分化していない．たとえば，「おい．」というのは，よびかけではあるが，「こちらへ こい．」といっているのか，「まて．」といっているのか，なにをよびかけているのかについては，なにもしめしていない．しかし，質問やはたらきかけに対する応否のこたえをしめすばあいの，うけこたえの感動詞は，モーダルな側面から独立した，内容の側面をもっている．「きょうは天気か．」に対する「はい．」という返事は，それを肯定するという内容の側面と，それを断定して，のべたてるというモーダルな側面をあわせもっている．

　その内容は，のべかけかたによってきまる．たとえば，「はい．」というこたえは，疑問詞のない質問に対するこたえならば肯定の意味になり，はたらきかけに対するこたえならば，承諾になる．

・「いま あめが ふって いますか．」「はい．」「そんなら，この かさを もって いきなさい．」「はい．」

「はい．」というこたえは，よびかけや疑問詞のある質問のこたえのばあいには，肯定とか承諾のような内容的な側面の分化していない，単なる返事になる．

・「田中君．」「はい．」
・「そこに いるのは だれだ．」「はい，田中です．」

「はい．」「いいえ．」という1語文で内容の側面が成立するのは，これがこたえの文だからである．つまり，質問やはたらきかけが，こたえのしめすべき内容を限定するのである．これに類する例は，感動詞以外にもある．

・「あいつ，どこ いったの？」「タコ屋．」
・「ここいらでは，どこが いちばん いい？」「タコ屋．」

うけこたえの感動詞は，内容の側面を分化させている点が他の感動詞とことなるので，「応答詞」として1つの品詞をたてることもかんがえられる．

3.5.　はたらきかけの感動詞の性格

　はたらきかけの感動詞は，よびかけの感動詞ににているが，あいてになにをさせたいかという内容がはっきりしている点がことなる．しかし，活用語形でない点で動詞

の命令形とはことなる．あかんぼうに対する「めっ」とか動物に対する「ハイ」「ドウ」「チンチン」「オテ」などは，あいてが言語をもたないこと，また「シーッ」「ごめん」などは，緊急を要することがその語の発生や使用とかかわっている．
　はたらきかけの感動詞は内容的な側面とモーダルな側面を分化させている点でうけこたえの感動詞ににているが，うけこたえの感動詞がその独自の性格においてそうであるのに対して，はたらきかけの感動詞は，命令形の代用という感じで，その独自性がよわく，中間的である．また，「こら」などは分化の程度がよわく，よびかけの感動詞との中間とかんがえてもよいだろう．

3.6. あいさつの感動詞の性格

①あいさつの感動詞は，たいていは他の単語から転成したものである．もとの単語の語根をのこしているものがおおいので，ふつう，どの単語からきたのかがすぐわかる．しかし，転成の前後の両単語は，意味，機能，形態がことなっている．
　たとえば，「こんばんは」というのは，もともとは〈きょうの晩〉という語彙的意味と〈それがとりたてられている〉という文法的意味をもっていて，文のなかで，「コンバンハ よい 晩です．」のように主語として，また，「コンバンハ 月が きれいだ．」のように状況語としてはたらく名詞である．これが感動詞になると，名づけ的な意味もとりたて的な意味もうしなわれ，文の部分として機能しなくなる．また，形態の側面からいうと，もとの名詞は「コンバンハ」「―ガ」「―モ」「―コソ」「―ノ」のように曲用したのに，感動詞になって，語形変化がなくなった．
②つぎに，動詞派生，形容詞派生の例として「おかえりなさい」「おはようございます」をとりあげる．これらが意味，機能，形態の各側面において変容をきたしていることは，名詞派生のものと同様であるが，ここでは，形態面の変容の一部にだけふれておく．「オカエリナサイ」は，もともと「かえる」の命令形のひとつであるが，もとの動詞のときには，より基本的な命令形として「カエレ」「カエリナサイ」があるのに，感動詞にはそれらがなく，「オカエリナサイ」「オカエリ」などがあるだけである．感動詞になって，語形変化が制限をうけているのである．また，「きょうの ご出発は オハヨウ ゴザイマスね．」をふつう体にかえると，「きょうの 出発は ハヤイね．」である．この形容詞が感動詞になると，ていねいさの対立は，オハヨウ ゴザイマス―オハヨウになるのだから，語形変化のシステムがかわってしまっているのである．

　問題7　品詞は，意味・機能・形態の各側面から単語を種類わけしたものである．このことをふまえて，「おかえり」と「おはよう」の品詞性について検討せよ．

問題 8 「ありがとう」,「ありがたい」の品詞性について検討せよ.

③「おはよう」というあいさつは, かならずしもはやいということをあらわさない. あいさつというものは, ことばの内容によって情報をつたえることを目的とするものではない.「おはよう」といいかわすことによって, おなじ集団のなかまどうしであるという気もちが通じあえばよいのだといわれる. 時候のあいさつにしてもおなじで,「おさむう ございます.」とかわしあうことがたいせつなのであって, たがいにどれくらいのさむさを感じあっているかは, たいしたことではない.「こんにちは」「どちらへ？」「ちょっと そこまで」「ああ, そうですか」などの会話がなんの情報も交換していなくても, それでよいのである. ときに外国からきたひとがその習慣をしらず,「どちらへ？」ときかれて, ながながと, くわしくこたえたりすると, きいたほうのひとがまごつくことになる. そのように, あいさつというものは, かなりの程度に内容的には無意味なものである.

けれども, 言語活動のレベルで, つまり, 談話論的にはあいさつは内容的に無意味であっても, それが感動詞でなければ, 言語のレベルでは内容的な意味をもっている.「どちらへ？」に意味があるからこそ, 談話のルールをしらないひとがまともにそれにこたえるのである.「おさむう ございます.」にしてもおなじことで, 意味, 機能, 形態が形容詞としてはたらいている.「先生, オハヨウ ゴザイマス.」—「やあ, オハヨウ.」方式ではなくて,「オサムウ ゴザイマス.」—「やあ, サムイデスね.」であり,「サムイデスね.」—「うん, サムイ.」である.

これに対して, あいさつの感動詞は, 言語のレベルであいさつ専門の単語に転成している点が, 談話論としてでなく, 文法論としてたいせつなのである.

第16章　補助的な品詞

1. 補助的な品詞とは

　単語のなかには，それだけでは文の部分にならず，主要な品詞に属する単語とくみあわさって，文のあわせ部分をつくるものがある．このような単語のことを補助的な単語といい，これらの単語の属する品詞のことを補助的な品詞という．(「あわせ部分」については，第2章-1参照)

　コピュラ，後置詞，つきそい接続詞は，補助的な品詞である．

　問題1　第2章の「1. 文の拡大」のところを復習して，つぎの文を部分にわけよ．
　　ア）人間の 子どもは 人間で ある．
　　イ）花子の 子どもは 花子では ない．
　　ウ）赤井山は 体重に おいて 黒野川に まさって いた．
　　エ）後置詞に 関する 研究が ようやく はじまった．

2. コピュラ（コプラ，むすび，繫辞，連辞）

　コピュラは，もともとは，名詞を述語にするためにくみあわせる補助的な単語である．
　　・これは ペンで <u>ある</u>．
　　・これは ペン <u>らしい</u>．
　　・これは ペンの <u>ようだ</u>．
　　・これは ペンかも <u>しれない</u>．
　　・これは ペンに <u>ちがいない</u>．

　けれども，コピュラはさらに動詞や形容詞の述語を一定ののべかたにするためにもくみあわされる．

・あすは あめが ふるので <u>ある</u>．
・そらが くらい <u>ようだ</u>．
・あめが ふるかも <u>しれない</u>．
・そらが きれいに <u>ちがいない</u>．

コピュラは述語をいろんなのべかたにするためにくみあわせる補助的な単語の種類である．

コピュラはそのおおくが動詞や形容詞から発達したもので，活用がある．

2.1. コピュラの役わりと語形変化

コピュラは名詞を述語にするためにくみあわせる補助的な単語である．だから，述語になる形式にふさわしいしかた，つまり，「第11章 形容詞」でのべた「用言的なカテゴリー」によって活用するのである．

コピュラは，基本的には，名詞が述語であることをしめすために，名詞にくみあわせる単語である．したがって，文脈，場面または，文中でのありかたなどから，その名詞が述語であることがわかるばあいは，コピュラをおぎなう必然性が論理的にはないわけで，そういうばあいに，ふつうはコピュラをつかわない言語もあるし，日本語でも，会話や詩のなかでコピュラのない名詞述語文にであうことは，それほどめずらしいことではない．

・ながく 悲しみに 沈んだ 者にも
　春は 希望の かえって くる <u>時</u>
　新しい 勇気や 空想を もって
　春は また 楽しい 船出の 帆布を 高く かかげる <u>季節</u>

しかし，テンポラリティーやモダリティーをあきらかにしなければならないときには，省略することができない．

・かつて 私も 彼らの ような <u>もので あった</u>
・かの 灰色の 鴎らも
　我らと 異なる <u>仲間では ない</u>
・おそらく 信重が 鎌や なたを 作る あいまに，麦や 米の 食糧と 交換する ために 作った <u>もので あろう</u>．
・払えそうも ない 人には，利子も とらずに 貸して くれるが，取るべき 利子は きちんと 取り立てると いう 私設銀行的存在で，だれ いうと なく 奉った 愛称，橋場銀行が，さきに でて くる <u>橋友さんでは あるまいか</u>．

連体節や先行節であっても，名詞がその節の述語をうけもっているかぎり，コピュラがつかわれる可能性をもつ．

- １の 位の 数字が 偶数で ある 数．
- ぬかは 大切な 肥料で あり，また，養鶏の 飼料でも あって，農家の 引っぱりだこだった．

それも，非過去，肯定のばあいには省略されることがあるが（つぎの前２例），過去や否定のばあいには省略されない（その後の２例）．また，とりたてのばあいも省略されない．（うえの例の「飼料でも あって」）

- 1cm 方眼の 工作用紙を 用意する．それを ハサミで 切りとって，たてと 横が 1cm の タイルを 作らせる．
- （石橋供養塔の）いま 一つは 南関野の 天神様の 入り口に ある もので，これは 文久三年（1863）に 関村新田の 氏子中で 建てて いる．
- 日本青年館の 分館で あった 浴恩館に，青年団講習所が 昭和六年に 開設されると，
- それほど 昔の ことで なく，

このようなわけでコピュラは活用するのである．なお，ここにいろんな機能でつかわれる語形をあげたが，述語の典型は文の述語（主節の述語）であり，実際には，終止形にもっともよくあらわれる．

コピュラの代表はデ格とくみあわさる「ある」であるが，他のコピュラも，それぞれの機能に応じて，活用する．

2.2. コピュラのとらえかたの発展段階

第１段階：「コピュラ」はもともと論理学の用語で，命題のなかの主辞（A）と賓辞（B）を，一定の判断によって，むすびつける役わりをもつ語である．つまり，「AはBで ある．(A is B.)」の「ある (is)」である．論理学では，「コプラは，命題をつくるために２つの概念をむすびつけるものである．」としてとらえてきたので，コピュラ（copula，むすびつけるもの，繋辞，連辞）の名がある．

日本では，コピュラの概念は哲学の一部としての論理学をとおしてはいってきた．そのころ，日本では，哲学は主としてドイツからとりいれていたので，ドイツ語の「Kopula」を起源とする「コプラ」という用語がつかわれることもおおい．

第２段階：この論理学的な構造は，文法的な観点から文の構造としてみると，「Bで ある (is B)」が述語として１つの文の部分をなしているので，「コピュラは，名詞を述語にするためにくみあわせる補助的な単語である．」という定義になるのである．

- これは ぞうきんで ある．　・これは てぬぐいでは ない．
- これは てぬぐいで あった．　・これは ぞうきんでは なかった．

第3段階：しかし，名詞を述語にするためにくみあわせる補助的な単語というと，「ある」や「ない」だけでなく，推定をあらわすための補助的な単語まではいってくる．
・これは ペン らしい．
・これは ペンの ようだ．
・これは ペンかも しれない．
・これは ペンに ちがいない．

これらの単語は，さらに，動詞や形容詞の述語を一定ののべかたにするためにも，くみあわされる．
・あすは あめが ふるので ある．
・そらが くらい ようだ．
・あめが ふるかも しれない．
・そらが きれいに ちがいない．

こうして，「むすびとは，それ自身では独立の文の部分にならず，他の単語とくみあわさって，その単語が述語としてはたらくのをたすける補助的な単語である．」（参照：鈴木重幸 1972『日本語文法・形態論』p.413）という定義ができた．明星学園国語部 1969『にっぽん語 4 の上・形態論』の「むすび」という用語は，このかんがえにもとづいている．本書では，このたちばでのべている．

第4段階：述語を一定ののべかたにする補助的な単語というと，つぎのような，ほんらいの意味用法からずれた動詞や，形式名詞の類がはいってくる．
・昭和 22 年，東京には 4 万人の 戦災浮浪児が いたと いう．
・それでは，これから 黙祷を ささげたいと おもいます．
・かれは，きょう 欠席する はずです．
・そういう ときは，にげる ものだ．

このあたりの述語形式は，統語論では，しだいにあつかわれるようになってきたが，品詞論としての研究がのぞまれる．（「第 19 章　文と陳述 —述語の形式—」参照）

2.3.「だ」の単位的な性格

「だ」（「です」）は「（—デ）ある」とくらべて，単語としての独立性がよわい．そのことの証拠として，ふつう「これは ペンだ（です）．」の「ペン」と「だ（です）」のあいだに，とりたて助辞がいらないことがあげられる．「これは ペンは だ．」にならないということである．独立性がないとすれば，「だ」は，コピュラでなく，コピュラ助辞（むすびのくっつき）だということになる．

しかし，はたらきからみると，「だ」は「で ある」にひけをとらないし，また，

「だ」のうちけし形式は，「で ない」（「じゃ ない」）であって，「で ある」のそれとおなじ分析形になる．この点から，「だ」はすくなからず独立性をもっているといえる．

「だ」をコピュラとみるか，コピュラ助辞とみるかは，その独立の中間性をどの程度とみて四捨五入するかにかかっているのである．（このテキストでは，いちおうコピュラ助辞にしているが，わりきれない部分は，今後の研究にまつよりしかたがない．）

3. 後置詞

後置詞は，名詞のあとにおかれて，名詞の格を支配しながら，格などのはたらきをたすける単語の種類である．

問題2　つぎの2例をみくらべて，「前置詞」の定義をこころみよ．
　ア）彼女は かれに ついて はなした．
　イ）She talked about him.

日本語の後置詞は，連用形式と連体形式をもっている．（格的な意味をもつ後置詞については，鈴木重幸『日本語文法・形態論』参照）
・就職の 問題に ついて 相談したい．
・現代に おける 漢字の 問題．

3.1. 格的な意味をもつ後置詞

格形式		連用形式	連体形式	
ニ格支配	（～に）	おいて	おける	おいての
	（～に）	ついて		ついての
	（～に）	つき		
	（～に）	とって		とっての
	（～に）	むけて		むけての
	（～に）	むかって	むかう	むかっての
	（～に）	よって	よる	よっての
	（～に）	対して	対する	対しての
	（～に）	関して	関する　関した	関しての
	（～に）	つれて		つれての
ト格支配	（～と）	して		しての
	（～と）	いっしょに		いっしょの
	（～と）	ともに		

ヲ格支配	(〜を)	おいて	めぐる	めぐっての
	(〜を)	もって		
	(〜を)	めぐって		とおしての
	(〜を)	とおして		
ノ格支配	(〜の)	おかげで		ための
	(〜の)	ために		
	(〜の)	くせに		

問題3　表にあげたもののほかにどのような後置詞があるか，かんがえてみよ．

3.2. とりたて的なはたらきをもつ後置詞

とりたて的なはたらきをもつ後置詞は，動詞の条件形や譲歩形からつくられる．

カラ格支配	(〜から)	いえば　いうと
	(〜から)	みれば　みると
	(〜から)	すれば　すると
ト格支配	(〜と)	いえば　いったら　いうと
	(〜と)	すれば　したら
	(〜と)	きたら
ニ格支配	(〜に)	しても　したって

　動詞の中止形や条件形から後置詞への移行については，第10章-3.4を参照し，連体形から後置詞への移行については，第10章-2.4を参照したうえで，つぎの問題をやってみよ．

問題4　つぎの下線部の後置詞の意味は，転成するまえにもあったかどうか，検討してみよ．
　ア）三吉が まどに むかって すわって いる．
　イ）それが 新発見で あると いう 点に おいて，反論する ものは いない．

問題5　つぎの後置詞の転成前の類義語が転成後の類義語とおなじかどうか，検討してみよ．
　ア）ついて　　　　イ）関して　　　　ウ）めぐって

問題6　前問の後置詞の連体形式について，かんがえてみよ．

4. つきそい接続詞

つきそい接続詞は，節の述語や句の動詞，形容詞，コピュラとくみあわせて，その節や句の主節に対する関係をあらわす単語の種類である．
・夜が ふけるに <u>つれて</u>，さむさは ますます きびしく なった．
・夜が ふけると <u>ともに</u>，かぜが つよく なった．
・ひとは くう <u>ために</u> はたらくのか．
・いま ないたかと <u>おもったら</u>，もう わらって いる．
このほかに，(～する) くせに，(～した) ところで，(～した) ものの，などがある．

問題7 「～したと すると」は文法的カテゴリーの動詞（第9章-8参照）であるのに，「～したと おもうと」の「おもうと」が，つきそい接続詞であるのは，なぜか．

後置詞とつきそい接続詞は，ものごとの関係をとらえる点で共通である．支配するまえの部分をいいかえると，品詞の名称がかわる．
・時間が たつに <u>つれて</u>，…　（つきそい接続詞）
・時間の 経過に <u>つれて</u>，…　（後置詞）
・それに <u>つれて</u>，…　　　　（後置詞）
このちがいは，文の構造にかかわっていて，無視することはできない．後置詞とつきそい接続詞は，ことなるものとしてとらえられなければならないのである．

後置詞とつきそい接続詞は，ものごとの関係のとらえかたの発展にともなって，それをあらわすために発達しつつある形式で，動詞，または名詞から転成してつくるが，その転成の過程にあるために，もとの品詞と後置詞やつきそい接続詞の中間に位置するものもおおい．後置詞化，つきそい接続詞化がすすむと，つぎのように，いろいろな性格をおびてくる．

①意味がかわる．

問題8 「ついて」「つれて」を「つく」「つれる」とくらべよ．

②支配される名詞の格形式のあとにとりたてのくっつきをつけられなくなる．
○山に ついて，山に ついても，　×山にも ついて

③連体形式のテンスのかたちが無意味になる．
関する＝関した　　ともなう＝ともなった
④連体形式の固定化がみられる．
○対する　　×対した　　○対しての
×つく　　　×ついた　　○ついての
×おく　　　×おいた　　○おいての　　○おける
○よる　　　×よった　　○よっての

第17章 品詞

1. 品詞とはなにか

問題1 名詞，動詞の章をくらべて，説明の展開のしかたがおなじであることの理由をかんがえてみよ．

単語は一定の意味をもちながら，文中で一定のかたちをとって一定のやくわりをはたす．（第1章-2.2 参照）

問題2 意味，文中でのかたち，文中での主要なやくわりのそれぞれの観点から，つぎのA，B両単語グループをくらべよ．
　A：学生，ねこ，やま
　B：のぼる，おいかける，あるく

単語は，意味，文中でのかたちとはたらきという語彙・文法的に基本的な性格によっていくつかのグループにわけることができる．
　A：学生，ねこ，やま，3月
　　ものをあらわし（ものごとをものとしてとらえ），文中での他の単語との関係をあらわすかたちをとって（曲用して），主語，補語などになる．
　B：のぼる，おいかける，あるく，かわる
　　うごきや変化をあらわし，文中で，現実との関係をあらわすかたちをとって（活用して），述語になることを主要なやくわりとする．
　C：たかい，あたらしい，しずかな
　　性質や状態をあらわし，規定語となることを第1のやくめとしながらも，述語としてもはたらき，述語となることとむすびついて，現実との関係をあらわすかたちをもつ（活用する）．
　D：ゆっくり，ばたんと，はやく，すこし，やや

ようすや程度をあらわして，文中で修飾語になる．かたちはかわらない．
単語を語彙・文法的に基本的な性格によって分類したものを品詞という．

問題3　ここでいう単語の語彙・文法的な性格とはなにか．

2. 品詞にとっての意味・機能・形態

2.1. 品詞における意味と機能と形態の関係

　品詞は，単語を語彙的な意味，文中での機能，語形のつくりかたの3要素によって種類わけしたものであるが，この3要素はたがいに密接な関係をもっている．
　たとえば，ものは，いろいろにようすを変化させながら運動している．ものは運動のなかに存在するのである．そして，その，ひとつひとつのものの動作なり変化なりが（つまりものの運動が）できごとである．できごとは，たえざるものの運動の，一定の時間位置に局在するひとこまである．〈ナニガ　ドウスル〉という構造の文は，〈ナニ〉という名詞がコンスタントなものの側面をあらわし，〈ドウスル〉という動詞が時間にしばられた運動の側面をあらわす．つまり，名詞はものをあらわすから主語になるのであり，動詞は運動をあらわすから述語になるのである．
　意味と機能は，名詞や動詞にとって，その存立とかかわっているのである．
　また，このとき，ものがふたつあると，一方が主体となり，他方が対象となる．このことによって，主語と補語が分化する．ものをあらわす単語は，主語や補語になることとむすびついて，曲用することになり，述語になる単語は述語になることとむすびついて，活用することになる．前者が名詞であり，後者が動詞である．

2.2. 品詞らしさと意味，機能

　意味と機能がその品詞らしさからずれると，拡大のされかたも，語形の対立もその品詞らしさからずれてくる．

2.2.1. 名詞のばあいの例

　① 「出発」という名詞（動作をあらわす名詞）は，述語につかわれると，動詞にになてきて，連用格を支配する．
　　・使節，10日に パリへ 出発．
　しかし，主語や補語のときは，こうはならない．
　　・パリへの 出発が きまる．

・パリへの 出発を 発表.
② 「ともだち」という名詞（関係をあらわす名詞）は，関係そのものをあらわして，述語や規定語につかわれると，形容詞ににてくる．（「おなじ」「ひとしい」などの格支配とおなじ）
・あき子は はる子の（／と） ともだちだ.
・はる子と（／の） ともだちの ひとは いませんか.

しかし，関係のあるものをあらわすときは，主語や補語になり，また，形容詞的な格支配はしない．
・はる子の ともだちが いる．（「はる子と」にならない）
・はる子の ともだちを よぶ．（「はる子と」にならない）
③ 「美人」という名詞（属性をもったものをあらわす名詞）は，述語や規定語になると，形容詞のように程度副詞にかざられることができる．
・彼女は とても 美人だ.
・だけど，彼女には もっと 美人の おかあさんが いる.

しかし，主語や補語のときは，こうはならない．
・ここには とても 美人が いる.
・しかし，わたしは もっと 美人を しって いる.
（これらの程度副詞は，動詞にかかってしまって，量をあらわす．）
④ 「つくえ」という名詞（ものをあらわす名詞）は，述語につかわれても，規定語につかわれても，他の品詞ににていくようなことは，ほとんどない．ただし，ものをあらわす名詞でも，そこになんらかの属性をふくみこんでいるばあいは，「鉄の胃袋」「雪の肌」のようにつかうことができる．

問題4　①〜④の類似の単語の例をあげよ．

2.2.2. 動詞のばあいの例

① ふつうの動詞（運動をあらわす動詞）は〈スル―シテイル〉,〈ヨム―ヨンデイル〉のような語形の対立があるが，運動をあらわさない「ある」は〈アル―アッテイル〉のような対立がないし，「みえる」は〈ミエル―ミエテイル〉の対立が実質をともなわない．
・むこうの 花屋の まえに 女の子が たって いるのが みえる（みえて いる）.
② 動詞の第1の機能は，述語になることである．動詞が述語でなくなると，動詞らしさがよわまることがある．「根が 農家に うまれた かれは」は語順をかえて，「かれは 根が 農家に うまれた.」にすることができない．「かれは 根が 農家うまれ

だ.」ならいえる.「かれは 農家に うまれた.」のように，動詞が述語につかわれたとき，この動詞は運動をあらわしているので，「根が」のような側面語で拡大することができない．ところが，これが連体形になって，規定語にまわると，「農家うまれだ」と同様，経歴的な特徴をあらわすことになって，「根が」で拡大することができるようになるのである．いいかえれば，動詞は，連体形になって，形容詞にちかづくのだということができるだろう．

　意味も機能も形態も，品詞にとってひじょうに重要な要素であって，どれも無視するわけにいかない．みっつの要素が全部そろっているものは典型的な品詞としてはたらくが，そのどれかがかけると，周辺においやられ，全部なくなると，その品詞グループからおいだされることになる．

　問題5　「かれは ゆっくりで なく はしる.」とはいえないが，「かれの はしりかたは ゆっくりで ない.」ならいえる．これはなぜか，かんがえてみよ．

3. 主要な品詞と名づけ的な意味をもたない品詞

3.1. 主要な品詞と，名づけ的な意味をもたない品詞

　さきの1.にあげたA，B，C，Dの各グループは，それぞれ名詞，動詞，形容詞，副詞といわれる．この4種類の品詞は，どれも名づけ的な意味をもっている，主要な品詞である．

　単語のなかには，名づけ的な意味をもたないものがある．たとえば，E，F，Gのようなグループに属する単語は，名づけ的な意味をもたない．

　E：たぶん，けっして，ぜひ，もし
　　はなし手の態度をあらわすだけで，名づけ的な意味をもたず，文中で陳述語になる．かたちはかえない．
　F：そして，しかし，だから，なぜなら，さて
　　まえの文とのつながりをあらわすだけで，名づけ的な意味をもたず，文中で独立語になる．かたちはかえない．
　G：ああ，おい，もしもし，はい
　　独立語になったり，独立語文をつくったりする．名づけ的な意味が分化していない．かたちはかえない．

　以上のE，F，Gは，それぞれ陳述副詞，接続詞，感動詞（間投詞）といわれる品詞である．

名詞・動詞・形容詞・副詞の4品詞が主要な品詞といわれるのは、つぎの2つの理由による。ひとつは、これらの4品詞が、名づけ的な意味をもち、一定の語形をとって文中ではたらくという、単語の基本的な性格を完全なかたちでもっているということであり、もうひとつは、この4品詞が日本語の語彙のなかで、（ことなり語数でかぞえたばあい）圧倒的多数をしめているということである。

名づけ的な意味をもたない品詞は、品詞のかずとしては、決して少数派ではない。しかし、その品詞に属する単語はきわめて少数であって、文法書にのせられているものだけでも、基本的なものの大部分をおおっているといって、いいすぎではない。

主要な品詞というのは、発生的に原初的であり、伝達の内容をしめすことができる品詞ということである。しかし、名づけ的な意味をもたない品詞も、もっぱら機能をうけもつ、文法的にだいじな品詞であって、（のべ語数でかぞえたばあい）その出現頻度は抜群である。主要な品詞と名づけ的な意味をもたない品詞がいっしょになって、言語をなりたせているのである。

3.2. 補助的な品詞

単語のなかには、それだけでは文の部分にならず、主要な品詞に属する単語とくみあわさって、文のあわせ部分をつくるものがある。このような単語のことを補助的な単語といい、これらの単語の属する品詞のことを補助的な品詞という。コピュラ、後置詞、つきそい接続詞は、補助的な品詞である。

4. 品詞の種類わけ

まず、独立語文をつくるということで、感動詞が他の品詞、つまり述語文をつくる品詞から区別される。

つぎに、主要な品詞、つまり名づけ的な意味と構文的な機能とをあわせもつ名詞、動詞、形容詞、副詞が、構文的な機能しかもたない品詞と区別される。

名づけ的な意味をもたず、構文的な機能しかない品詞は、単独で文の部分となる陳述副詞、接続詞と、主要な品詞とくみあわさってしか文の部分にならない補助的な品詞であるコピュラ（むすび）、後置詞、つきそい接続詞とにわかれる。

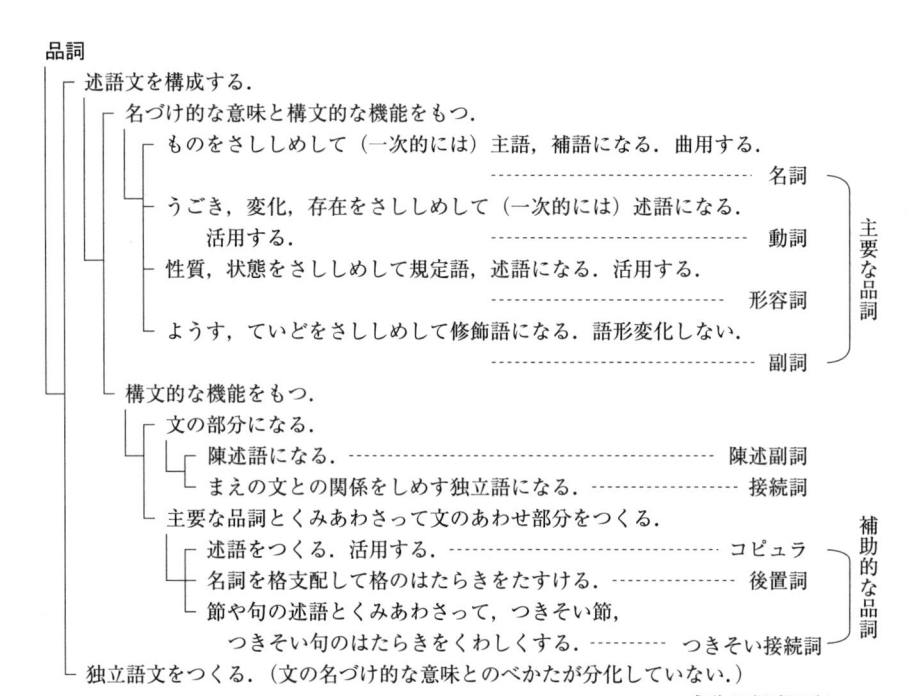

品詞
├─ 述語文を構成する．
│ ├─ 名づけ的な意味と構文的な機能をもつ．
│ │ ├─ ものをさししめして（一次的には）主語，補語になる．曲用する．
│ │ │   ………………………………… 名詞   ┐
│ │ ├─ うごき，変化，存在をさししめして（一次的には）述語になる．   │ 主
│ │ │   活用する．   ………………………………… 動詞   │ 要
│ │ ├─ 性質，状態をさししめして規定語，述語になる．活用する．   │ な
│ │ │   ………………………………… 形容詞   │ 品
│ │ └─ ようす，ていどをさししめして修飾語になる．語形変化しない．   │ 詞
│ │   ………………………………… 副詞   ┘
│ └─ 構文的な機能をもつ．
│   ├─ 文の部分になる．
│   │ ├─ 陳述語になる． ……………………………………………………… 陳述副詞   ┐
│   │ └─ まえの文との関係をしめす独立語になる． ………………… 接続詞   │
│   └─ 主要な品詞とくみあわさって文のあわせ部分をつくる．   │ 補
│   ├─ 述語をつくる．活用する． ………………………………………… コピュラ   │ 助
│   ├─ 名詞を格支配して格のはたらきをたすける． ……………… 後置詞   │ 的
│   └─ 節や句の述語とくみあわさって，つきそい節，   │ な
│   つきそい句のはたらきをくわしくする． ………… つきそい接続詞   │ 品
└─ 独立語文をつくる．（文の名づけ的な意味とのべかたが分化していない．）   │ 詞
                                                  ………………………………… 感動詞（間投詞）┘

5. 品詞の転成

5.1. 転成とは

単語はべつの単語になって品詞をかえるばあいがある．
　つる（動詞）→つり（名詞）
　勉強（名詞）→勉強する（動詞）
単語が品詞をかえることを品詞の転成という．

5.2. 個別的な転成と一般的な転成

　さきに第10章で，動詞の中止形から，「とんで」，「さだめて」，「ついて」のような副詞，陳述副詞，後置詞への転成がみられることをのべた．これらの例はいずれも特定の単語の個別的な転成である．これに対して，形容詞の中止形から「うまく」「げんきに」のような副詞をつくったり，形容詞の語幹に「さ」をつけて名詞をつく

ったりするのは，特定の単語にかぎらない一般的な転成である．

5.3. 転成のタイプ

品詞の転成には，単語の特定の語形から転じたものと，派生や複合のてつづきによって転じたものがある．いくつかのタイプの例をあげておく．

①特定の語形からの転成
- 名詞のハダカ格から：実際（陳述副詞）
- 名詞のカラ格から：こころから，ねっから（副詞）
- 動詞の第1中止形から：ひかり，ながれ（名詞）
- 動詞の第2中止形から：けっして（陳述副詞），おいて（後置詞）
- 動詞の条件形から：いわば，たとえば（陳述副詞）
- 動詞のうちけし形式から：つまらない，くだらない（形容詞）
- 動詞の連体形から：ある（連体詞），関する（後置詞）
- 形容詞の第1中止形から：はやく，きれいに（副詞）
- 副詞から：ぶつぶつ（名詞）
- 接続詞から：さようなら（感動詞）

②派生のてつづきによる転成
- 名詞語基＋的な：精神的な（形容詞）（「語基」については，第23章2.4参照）
- 名詞語基＋らしい：こどもらしい（形容詞）
- 名詞語基＋っぽい：しろっぽい（形容詞）
- 動詞語基＋かた：つくりかた（名詞）
- 動詞語基＋ほうだい：たべほうだい（名詞）
- 形容詞語基＋さ：ながさ（名詞）
- 形容詞語基＋み：ふかみ（名詞）
- 形容詞語基＋がる：けむたがる（動詞）

③複合のてつづきによる転成
- 名詞語基＋名詞語基：ところどころ，あさばん（副詞），これこれ，あれあれ（感動詞）
- 名詞語基＋する：勉強する，おおさわぎする（動詞）
- 動詞基本形＋動詞基本形：おそるおそる，なくなく（副詞）
- 動詞語基＋動詞語基：よみかき，ゆきき（名詞）
- 形容詞語基＋形容詞語基：こわごわ，いやいや（副詞）
- 形容詞語基＋すぎる：おおきすぎる，さびしすぎる（動詞）

問題6　うえのタイプのうちから3つをえらんで，それに例をつけくわえよ．

問題7　うえにあげられていないタイプを3つあげて，それに例をつけよ．

問題8　つぎの動詞の第1中止形をつくり，それらのうち，転成名詞としてつかいにくいものをあげよ．また，そこをうめあわせているかたちをかんがえよ．
よみおわる，ではじめる，およぐ，かえる，こわす，やぶる，いく，ある，つく，とぶ，つる，ねる，でる

5.4. 生産力のある転成

　形容詞語基に「み」をつけて名詞をつくる転成は，かぎられた形容詞においてしかなりたたない．これに対して，形容詞語基に「さ」をつけて名詞をつくる転成は，たいていの形容詞において可能である．このふたつをくらべるとき，後者のほうが生産力がたかいという．

　その方式によって，あたらしい転成語がどんどんつくれるような方式は，生産力があるといわれる．うえの，形容詞に「さ」をつけて名詞をつくるのは，生産力のある転成の方式である．

問題9　生産力のある転成の方式をいくつかさがして，それに例をそえよ．

問題10　第10章-3.3, 3.4を復習して，品詞が転成するとどうなるかについて，まとめてみよ．

6. 具体的な品詞分類の問題点

6.1. 「連体詞」の処置

　いわゆる「連体詞」の処置については，つぎのような可能性があるが，まだ実証的な研究をおこなっていない．（参照：第5章-2）

①かざりつけの要素をもった規定語になりうるものは，不変化形容詞として，形容詞のなかに位置づける．
　こんな，こういう，など

②きめつけの規定語にしかならないものは，きめつけ詞（冠詞的なものもふくむ）として，一品詞をたてる．
　この，どの，例の，つぎの，など

6.2. 形容詞のひろがり

　日本語の文法論が「形容詞」としてとりあつかってきたものは，範囲がせまくかぎられている．英和辞典，中日辞典，その他，外国語→日本語辞典をつかって，外国語で形容詞になっているものをひいてみると，日本語で他の品詞にされているものがひじょうにおおい．これは，日本語の文法で形容詞の活用形式を特定のものにかぎるからである．イ形容詞にかぎるなどは問題外であるが，ナ形容詞をふくめても，そのふたつでは，認定のしかたがせますぎるようである．ひろげる候補としては，つぎのようなものがかんがえられる．

・うえの連体詞の項の①のようなもの．
・「第4章　名詞（2）」の「3. 連体格」の《ノ格》の3.2のようなもの．つまり，かざられる名詞のあらわすものの属性をあらわすもの．
・「第10章（5）　動詞が文の述語でなくなるとき」の「2. 連体形の動詞の形態論的な性格」の2.3のようなもの．つまり，形容詞的になった動詞の連体形．

6.3. コピュラのはんい

　「第16章　補助的な品詞」の「2.2. コピュラのとらえかたの発展段階」の第1〜第4段階をぜんぶとりこめばどうであろう．なお，そのばあいの品詞名は，あらためてかんがえなければならない．

第 18 章　文の部分のとりたて

1. とりたて

1.1. とりたてとは
　一定の表現手段をもちいて，どれかの文の部分のあらわすものごとをとくに強調して，他の同類のものごととてらしあわせてのべることを，文の部分のとりたてという．
　「太郎は 海へ いった．」という文を「太郎は 海へも いった．」にかえると，太郎は海以外のところへもいったことがわかる．また，「太郎は 海へだけ いった．」にすると，海のほかのところへはいっていないことがわかる．つまり，この文で「海へ」を「海へも」や「海へだけ」にすると，海と同類の他のところへいったかどうかということまで，かんがえにいれてのべることになる．

　問題1　「太郎は 海へ いった．」をつぎのようにかえると，どのようなことがあらわせるか，かんがえてみよ．
　　ア）太郎は 海へさえ いった．
　　イ）太郎は 海などへ いった．
　　ウ）太郎は もっぱら 海へ いった．
　　エ）太郎は 海へ いきさえ した．

文の部分をとりたてるためには，その文の部分をかたちづくっている単語の語形をとりたて形式にしたり，とりたての陳述副詞をそえたりする．

　問題2　うえのア）〜エ）のとりたての表現手段を，a．名詞の格のとりたて形式，b．動詞のとりたて形式，c．とりたての陳述副詞によるものにわけよ．

　とりたては，基本的には文ののべかたにかかわるものである．「太郎は 海へ いっ

た.」という文のなかの, どれかの部分をとりたてたばあい, この文に直接かかれていない情報（たとえばほかのところへもいったこと）がつけくわえられるとしても,「太郎は 海へ いった.」という文があらわす, 文の内容としての意味はかわらない.

1.2. とりたて形のつくりかた

単語の語形のとりたて形式は, とりたて助辞をつけてつくる. とりたて助辞には, つぎのようなものがある.

係助辞（第1種のとりたて助辞）：は, も, こそ, さえ, しか, でも, なんて
副助辞（第2種のとりたて助辞）：くらい, だけ, ばかり, など, なんか

※名詞, 動詞, 形容詞のとりたて形のつくりかたのうち, 名詞は第3章-1.3.2, 動詞と形容詞は第23章-1.4を参照.

問題3 つぎの下線部を, それぞれ「も」と「だけ」でとりたてよ.
ア）花子は きのう 岡山へ いった.
イ）あの 学校は ソフトボールが つよいね.

問題4 つぎの下線部を, それぞれ「は」と「も」でとりたてよ. なお, イ）のばあいは,「は」「も」とも, それぞれ3とおりのとりたて形式をつくれ.
ア）本を よむ.
イ）本を よんで いた.

2. 注意すべきとりたて形の用法

文の部分のとりたては, ふつうは, そこに直接表現されていない, 他の同類のものごととのてらしあわせであるが, その同類のものごとが, 文のなかの他の部分にしめされていることもある.

・父も 母も ぼくの 計画に さんせいしました.
・ぼくらの 先生は ぼくらには やさしく, 校長には きびしい.
・おしのは さいふや かんざしだけで なく きものまで おいはぎに とられて しまいました.
・こおりの かたまりは つめたいと いうより むしろ いたかった.
とりたてには, 量や程度をとりたてるものがある.
・かれらは 2人だけで なにか はなして いました.
・あれから まだ ひと月も たちません.
・わたしは すこしだけ はらが たちました.

・<u>せめて3日</u> あったらなあ.
　名詞にとりたてのくっつきがつくことによってはじめて文の部分になることができるものがある.（とりたて助辞をはずすと，文がなりたたない.）
・けんぞうさんの いえは <u>学校ぐらい</u> おおきかった.
・ぼくらは じぶんの <u>としだけ</u> まめを たべた.
・村長は <u>かたちばかりの</u> あいさつを した.
・その ころ，ぼくは まだ 身長が <u>つくえの たかさしか</u> なかった.
・<u>おまえほど</u> ばかな やつは いない.
・<u>ラケットは</u> おれのを つかえ.
・カエル, イモリ, <u>サンショウウオなど</u>, 両棲類の 動物は 子どもの とき えらで 呼吸する.
　文の部分のとりたては，その部分だけをとりたてるばあいと，他の部分までふくめてとりたてるばあいがある.
・太郎は <u>ウイスキーだけ</u> のんで，みずは のみませんでした.
・太郎は <u>ウイスキーだけ</u> のんで，つまみには 手を ふれませんでした.

問題5　つぎの文は意味が二様または三様にとれる．それはどんな意味か．
・大工さんは <u>茶ばかり</u> のんで いた.

3. とりたて形式の用法

3.1.「は」によるとりたて
①同類のものごとから，そのものごとをぬきだす.
・きみが もとめて いる ものは，<u>そこには</u> ない.
②①のはたらきをしながら，文中に2つ以上つかわれ，そのものごとを対立的にとらえる.
・主人は わたしの 弁解を きいて，<u>わらいは</u> したが，<u>ゆるしは</u> しなかった.
・あのひとは <u>うつくしくは</u> あるが，<u>わかくは</u> ない.
③①のはたらきをしながら，文頭におかれて話の中心になる題目をあらわす.
・<u>うどんは</u> こしが 大切だ.
・<u>会場は</u> 地図を ごらんください.
④全体をあらわす名詞や副詞の「は」によるとりたて形が，うちけしの述語といっしょにつかわれると，それが全体でないことをあらわす.

「クラス全員こなかった.」は, だれもこなかったことをあらわすが,「クラス全員はこなかった.」は, きたのが全員でないことをあらわす.
  ・あの テストは かなり できたけれど, 全部は できなかった.
  ・彼女は 毎日は 出席しませんでした.
⑤数量名詞の「は」によるとりたて形は, みとめのばあいは, それよりすくなくないこと, うちけしのばあいは, それよりすくないことをあらわす.
  ・きょうの 会に 100人は きた.
  ・いや, 100人は こなかった.
⑥ふつうの主語をあらわす.
  ・母は ことし 還暦を むかえました.
  ・富士山は 日本で もっとも たかい 山です.

問題6 つぎの文は意味が二様にとれる. どういう意味とどういう意味か.
  ・きのうの 会議に, みんなは 出席しませんでした.

3.2.「も」によるとりたて
①他のものごとと同様であることをあらわす.
  ・きょうも あめが ふった.
  ・ここにも おなじ あしあとが ありました.
他と同類であるということには, かなりのはばがある. たとえば,「なんとか かんがえて みよう. ぼくも 補助は する.」のばあい,〈ぼくも きみと 同様 補助を する〉というのではなくて, 補助というかたちで参加することをあらわす.「かれは せいも たかいし, はなも ひくい. だから 犯人と まちがえられたのだ.」というばあいには, 犯人の特徴という点で同類なのである.
  ・太郎の しごとに 兄も 賛成した.
②①のはたらきをしながら, 文中に２つ以上つかわれて, 両者が両立することをあらわす.
  ・きのうも おとといも あめが ふった.
  ・横綱も 大関も まけた.
③①のはたらきをしながら, 文頭におかれて, 話の中心になる.
  ・その 件も わたしは 承知して います.
④他の特定のものと同類であることをあらわすのでなく, なんらかのふくみをもって, 話の中心であることをあらわす.
  ・おまえも おとなに なったね.

・花子の <u>てがみも</u> とだえた．
・<u>春も</u> たけなわと なった．
・<u>わしも</u> もう 95才だ．
・<u>おまえも</u> もう すこし おちつくんだね．
⑤極端な例をあげて，いおうとすることがそこまでおよぶことをしめす．
・1円2円の <u>かねも</u> つかいおしんだ．
・かれは 敵に <u>対しても</u> 愛情を もって いた．
⑥疑問詞の「も」によるとりたて形は，ぜんぶであることをあらわす．
・<u>だれも</u> それを うたがって いなかった．
・わたしは きょうは まだ <u>どこへも</u> いって いません．
・みちは <u>どこまでも</u> つづいて いた．
⑦1こをあらわす数量名詞や，程度のすくなさをあらわす程度副詞の「も」によるとりたて形は，うちけしの述語といっしょになって，ぜんぶをうちけすことをあらわす．
・ネコは <u>1ぴきも</u> いなかった．
・わたしは <u>すこしも</u> しりませんでした．
⑧数量名詞の「も」によるとりたて形は，うちけしの述語といっしょになって，それよりすくないことをあらわす．
・まだ <u>1か月にも</u> ならないよ．
・ぼくは <u>3ばいも</u> くわないよ．
⑨数量名詞の「も」によるとりたて形は，みとめの述語といっしょになって，おおいことを強調する．（うちけしの述語であっても，全部否定のばあいには，これになる．）
・こいつは めしを <u>7はいも</u> くいやがった．
・もう <u>4日も</u> めしを くって いない．

問題7 ⑧にも⑨にもうちけし述語の文があるが，どちらもおなじ構造であるかどうかをかんがえてみよ．意味的にみたばあい，数量名詞でできた文の成文は，どこまでかかっているか．

⑩数量名詞の「も」によるとりたて形は，おしはかりのかたちや条件のかたちといっしょになって，だいたいの数量をあらわす．
・もう <u>3キロも</u> あるいたでしょうか．
・<u>1000円も</u> だせば よいだろう．

問題8　つぎの例文の「～も」の用法をいえ．
　ア）わたしは さけも タバコも のみません．
　イ）きょうは なにも かわった ことは ない．
　ウ）かれは 10年間も 孤島で くらして いた．
　エ）彼女は だいこんの 葉も こまめに 料理した．
　オ）あいつの 強情さも こまった ものだ．

3.3.「こそ」によるとりたて

①「こそ」によってとりたてられた部分（主語，補語，状況語，）や句・節（「～すればこそ」「～からこそ」）を強調する．ただし，この用法では，述語をとりたてることができない．
　・おまえこそ あの 女の ゆくえを しって いたんだろう．
　・貧乏な 家にこそ 幸福の 女神が やって こなければ ならないのだ．
　・いまこそ たちあがらなければ ならない．
　・あのひとが いればこそ 破産せずに すんだのだよ．
　・おまえだからこそ たのものだ．

②逆接のつきそい句節のなかでは，主語，状況語，補語だけでなく，述語も「こそ」によるとりたて形になることができる．このばあい，「こそ」によるとりたて形でつくられた部分は，そのものごとにかぎられることをあらわす．その点で「は」によるとりたて形にちかいが，「こそ」のほうが強調がつよい．
　・わたしこそ しりませんでしたが，家族の ものは みな だいぶ まえから しって いた ようです．
　・彼女は はじめの うちこそ はずかしがって いたが，しばらく たつと まったく ずうずうしく なった．
　・この シーツは アイロンこそ かけて ありませんが，きれいに あらって ありますので，どうぞ おつかいください．
　・わたしは そのひとに あいこそ したが，なにも はなして いない．

3.4.「さえ」によるとりたて

①極端な例をあげて，その度あいが，ふつうの水準または予想・期待をこえていることをあらわす．
　ハダカ格，ガ格の名詞を「さえ」でとりたてるとき，「～でさえ」のかたちになることがある．
　・この 事件は 警察(で)さえ しらなかった．

・かれは 入試の 前日でさえ 漫画を よんで いました．
・彼女は けむしを こわがらない どころか，へいきで つまみさえ した．
「～さえ」「～でさえ」は「～さえも」「～でさえも」のかたちになることがある．
・ゆきさえ(も) ふりだした．
・その はなしは 子ども(で)さえ(も) しって いた．
・かれは 催促の てがみを うけとりさえ(も)しなかった．
②「～さえすれば」「～さえしたら」のかたちで，じゅうぶんな条件であることをしめす．
・彼に いいさえ すれば，それで ことは すむ．
・この 手が つかえさえ したら，試合に 出られるのに．
・この 施設は，市民で ありさえ すれば，だれでも つかう 権利が ある．

3.5. 「しか」によるとりたて
①うちけしとともにつかわれて，それだけであることをあらわす．
・その 計画も けっきょく 絵に かいた もちでしか なかった．
「～だけしか」というかたちもある．
・その いえには 女だけしか すんで いなかった．
②「～するしかない」のかたちで，ほかにする方法がないことをあらわす．
・おまえは もう 彼女と 結婚するしか ないだろう．

3.6. 「でも」によるとりたて
①はなはだしい例をあげて，このばあいも，ほかのばあいとおなじであることをしめす．
・こんな 子どもでも，いけない ことは わかって いる．
・勝之助の こえは 3 キロ さきからでも きこえた そうです．
②疑問詞といっしょになって，ぜんぶのものごとをしめす．
・かれに いえば なんでも して くれる．
・あのこは ひとみしりしないで だれとでも あそぶ．

問題 9　つぎの例をくらべよ．
　ア）なにも たべない．
　イ）なんでも たべる．

問題 10　「なんでも たべない．」といういいかたはないが，「なんでも たべないと じょうぶに なれない」「なんでも たべないから かぜを ひくのだ」といういいかた

ならある．このばあいの「なんでも たべない」はどのような意味か．

問題 11　つぎの例はどのようにちがうか，かんがえてみよ．なお，これに関しては，「は」の④もあわせてかんがえてみよ．
ア）なにも たべないから そう なるんだ．
イ）なんでも たべないから そう なるんだ．

③かるく例示する．
・ちょっと <u>お茶でも</u> どうですか．
・こえを かけても，へんじが ない．<u>ふろへでも</u> いったのかな．

問題 12　つぎの例文の「～でも」の用法をいえ．
ア）体力が おちて きたからと いって，安易に かるい 運動でもと いう わけには いかない．
イ）ちょっとした 運動でも けがを する ことが ある．
ウ）きたく なったら また いつでも きて いいですよ．

3.7.「くらい（ぐらい）」によるとりたて

①だいたいの数量，または（時間的・空間的なひろがりのなかでの）だいたいの位置をしめす．
・この 棒を <u>1メートルくらいに</u> きりなさい．
・おれも <u>らいげつぐらいに</u> いけるだろう．
・いまごろは <u>静岡くらいまで</u> いって いるかな．
・この 点の <u>よこぐらいに</u> 重心が ありそうだね．

②そのものごとがたいしたものではないという，はなし手の評価をあらわす．
・<u>おれにぐらい</u> みせても よいだろう．
・もう <u>ひとりぐらい</u> のれるでしょう．

③そのものにかぎられていることを，おしはかっていう．「だけ」によるとりたてに，おしはかりのきもちがかぶさったもの．
・この 学校の 運動部で つよいと いえるのは，女子の <u>水泳ぐらいだ</u>．
・そのことを まじめに かんがえて いるのは この <u>集団ぐらいの</u> ものだ．

④量，程度の基準をあらわす．
・<u>家ぐらいの</u> おおきさ．
・あの <u>人ぐらい</u> 足が はやいと いい．
・<u>子ヤギぐらいも</u> ある おおきな イヌ．

・くちびるが タラコぐらい ふくれて きた．
⑤「～くらい……なもの（こと）はない」のようなかたちで，それが最高であることをあらわす．
・彼女くらい 純情な 娘は いない．
　※④の連用的な用法や⑤は，「くらい」をはずすと，文がなりたたなくなる．

3.8. 「ほど」によるとりたて

①だいたいの数量をしめす．
・あと 十分ほどで お済みに なります．
・重湯を 五勺，スープを 五勺ほど 飲んだ．
②量，程度の基準をあらわす．
・お君さんの 御亭主は，お君さんと 親子ほども 年が 違って いる．
・ところどころに あいた 小指ほどの 穴は 蟹や 浜虫の 棲家に なって いた．
③否定の文にもちいられ，ある属性についてその度合いが他のものをうわまわらないことをあらわす．比較の基準をあらわす「より」にいいかえられる．
・悪意は 善意ほど 遠路を 行く ことは できない．

問題13　「AはBより おおきい」のうちけしの「BはAより おおきく ない」と「BはAほど おおきく ない」とはどうちがうか．

④「～ほど……なもの（こと）はない」のかたちで，それが最高であることをあらわす．
・世界の うちで お前ほど あゆみの のろい ものは ない．
・名誉心と 虚栄心とほど 混同され易い ものは ない．しかも 両者ほど 区別の 必要な ものは ない．
⑤ある属性の程度のたかいもののほうが，他の属性に関しても実現の程度がたかいことをあらわす．
・悪い 奴ほど よく 眠る．
・より 根元的な 発見ほど，その 応用に 長い 時間が かかる ものだ という ことを 広く 知って もらうのも 有意義で あろう．
　とりたての助辞「ほど」は形式名詞の「ほど」からきたものである．ここで，いっしょに形式名詞の「ほど」の用法をかかげておく．
（①）「～すれば……するほど」のかたちで，一方の程度がたかまる（ひくまる）につれて，他方の程度もたかまる（ひくまる）という，累進的な相当関係をあらわす．

- ・勝利の 偶然性が 大きければ 大きい ほど，今後の ことが 思ひやられる．
- ・企業戦士と して 出世を めざせば めざす ほど，仕事は 忙しく なり，家庭は なおざりに される．

（②）②から発展し，ある属性に関してその実現の程度がたかいことをあらわす．比喩的な慣用的いいまわしにもちいられることがおおい．

- ・実加は，いつの間にか，母が 居間へ 入って 来て いるのに 気付いて，息が 止る ほど，びっくりした．
- ・最先端技術の 進歩は 今，想像も つかない ほどの 速さで ある．

（③）③の意味でつかわれる．

- ・ほかの 人が くるしむ ほどには，かれは くるしんで いなかった．
- ・切手を はがすのは，切手を はる ほど かんたんでは ない．

（④）④の意味でつかわれる．

- ・家族で 旅行する ほど 心の なごむ ことは ない．
- ・渋滞にあわずに いく ほど むずかしい ことは ない．

（⑤）⑤の意味でつかわれる．

- ・油の 成分など 簡単な ほど よいので ある．
- ・これに 対して 光子説に よれば 個々の 光子が 一定の エネルギーを もつ ゆえ，数が 多い ほど 光の エネルギーも 大きく なる のです．

3.9.「だけ」によるとりたて

①そのものごとにかぎられていることをあらわす．

- ・きのうは A さんとだけ あいました．
- 「～だけではない」のようなかたちがある．
- ・問題は それだけでは ない．

問題14　つぎの2つはどのようにことなるか．

ア）この 病気は この クスリだけで なおります．

イ）この 病気は この クスリでだけ なおります．

②その数量にかぎられていることをあらわす．

- ・兵隊たちが さった あとには，スイカが 1つだけ のこって いました．
- ・父は 毎晩 おさけを 2本だけ のむ ことに して いる ようです．

問題15　①は「だけ」があることによって事実についての情報がふえるが，②はそれがふえないことを確認せよ．

③それに相当する程度であることをあらわす．
・おにぎりを 子どもの かずだけ つくる．
・花子は 太郎より あしが ながい ぶんだけ あるくのが はやい．
④「〜だけに」「〜だけ（のことは）あって」のかたちで理由をあらわす．
・高級レストランだけに ボーイの サービスが よい．
・事務長だけ あって，なかなか 要領が いい．
　はじめの例は，「高級レストランな だけに」「高級レストランで ある だけに」といってもよい．このように，動詞や形容詞，述語名詞の連体形につづくのは，形式名詞としての用法である．
　この用法では，主節には，はなし手やかき手の評価的な態度や判断があらわれ，従属節には，その態度・判断をみちびくもっともな理由がくるが，これも評価的である．「さすが（に）」「なるほど」のような，評価的な陳述副詞でかざられることがおおく，おもに地の文で使用される（小説で4：1）．
「だけに」
　「だけに」は，プラス評価，マイナス評価にかかわらず使用され，プラス評価のばあいは「だけあって」におきかえられる．従属節は主節をみちびく積極的な（個別的）理由であることがおおい．
・一番 若輩の 香月刑事が，色白な 顔を 少し 紅潮させながら，意見を 吐いた．仕事熱心は 十分 認められて いるが，若い だけに 容疑者の 証言を 素直に 受け取りすぎる 嫌いが ある．
・遺跡は どこも 保存か 開発かで 論争が 起きる．寺野東遺跡は 栃木県が 小山市に 造成中の 工業団地用地の 事前調査でも 見つかった．すでに 四十億円も つぎ込んだ 事業だけに，簡単に 全面保存とは いかない 事情が ある．
・なにしろ 男子学生，女子学生，共に 日本一の 狭き門を 突破して きた だけに 優秀な 頭脳の 持主が 揃って いる．

問題16　つぎの文は意味が二様にとれる．どんな意味か．
・あまい かおりの 花だけに 虫たちが あつまって いる．

「だけ（のことは）あって」
①従属節は（個別的な）プラス評価をあらわし，注釈的，解説的にはさみこまれる．より積極的な理由をあらわしていることもあるが，そのばあいは「だけに」にかえてもよい．
・「いくら 寝台が できて いても，そんなに 早くから 眠れませんからねえ．神戸を すぎてからも まだ しばらく 起きて いましたね．課長は ふだんは 無口です

が，旅行マニアだけ あって，旅に 出た ときは とっても 気さくで よく 喋るんですよ。」
・「さすがに 学部長は 山田さんの ことを よく 知って いる 先輩だけ あって 過不足なく 山田さんの 肖像を 描いて くれた ようですけどね」

　理由のなかみが否定的なものでも，そこにプラス評価的な側面をみとめたばあいは，「だけ（のことは）あって」もつかうことができる．
・一度 失敗して いる だけ あって，こんどは じゅうぶんに 慎重で ある．
× ・一度 失敗して いる だけ あって，おもいきりが たりない．（〇「失敗しているだけに」）

　「だけ（のことは）あって」は「だけ（のことは）ある」の中止形なので，終止形でもちいられることもある．そのばあい，つづく独立した文が主節に相当する．
・さすがに あいつが 見込んだ だけ あるよ．わかいのに じつに いい 仕事を する．

　問題17　「〜だけに」「〜だけ（のことは）あって」をふくむ句節をとりはずしたばあい，どちらがより文の構造に影響をおよぼさないか，しらべてみよ．

②従属節が一般的，客観的，歴史的評価をあらわすばあいがある．このばあいは主節のあらわす具体的属性のほうが，そのような評価をうみだす主要な理由となっており，そのような評価をえていることを注釈としてはさみこむことによって，当然のこととして主節のあらわす具体的属性をみちびきだすわけである．したがって，このばあいは「だけに」にかえることはできない．
・(大岳山は) 御岳山から 標高差に して 四，五百メートル．「たいした ことも なかろう」と たかを くくって いたのだが，どうして どうして．登山の 目安に 選ばれた 日本二百名山の 一つだけ あって，なかなか 変化に 富んで いる．
・青峨山は 御存じの ように，福井県と 京都府に またがる 謎の 山と 言われる だけ あって 深いのです．
・目の 前には アッと 言う 間に 平らげた 豆腐料理の 皿や 椀が 並べられて いる．名物だけ あって カリッと 表面を 焼き上げて，たっぷりの おかかを 載せた ステーキが 絶品だ．

　①と②の中間的な例もおおい．なお，①のばあいも②のばあいも，本来の主節が，倒置によって主語となり，「だけ（のことは）ある」が述語となることがある．このばあい，つづく文との関係は問題にならない．
・「妹背山婦女庭訓」の（略）見せ場は やはり 傑作の 評判 高い 「山の 段」．目の さめる ような 花の 吉野川を はさんで，舞台を 上下に 分け，床も 二つの 掛け合い

の 構成の おもしろさは，二百二十年前 経営不振で つぶれかかって いた 竹本座が，この 一作で 持ち直したと <u>いう だけの ことは ある</u>．いがみ合う 二つの 家の 息子と 娘の 恋の 悲劇は「ロミオとジュリエット」ばり．

問題 18 うえの例は，①の倒置の例か，それとも，②の倒置の例か．

問題 19 ②は，「大岳山は，なかなか変化に富んでいるだけあって，登山の目安に選ばれた日本二百名山の一つになっている．」のように，いいかえることができるが，①のほうはどうか，かんがえてみよ．

このほかの形式名詞の用法をのべておく．
（①）①の意味でつかわれる．
　・<u>する だけの</u> ことは したのだから，あとは もう 運を 天に <u>まかす だけだ</u>．
　・きょうの 試験，<u>かく だけは</u> かいたけど，あまり 自信が ないなあ．
（②）②の意味でつかわれる．
　・彼女とは，まだ 2回 <u>あった だけ</u>です．
（③）相当する程度をあらわす．
　・<u>はなす だけの</u> 元気さえ なかった．
　・<u>必要な だけ</u> もって いけ．
（④）「～すればするだけ」のかたちで，相当するていどがふえていくことをあらわす．
　・<u>きけば きく だけ</u> はらが たって きた．
（⑤）可能な最高限度をあらわす．
　・<u>はなせる だけ</u> はなす．
　・<u>わらいたい だけ</u> わらいなさい．
（⑥）ぜんぶであることをあらわす．
　・あくたいの <u>ある だけを</u> つくし，

3.10.「ばかり」によるとりたて

①だいたいの量をあらわす．
　・きょうは 競馬で <u>200万円ばかり</u> もうかった．
②その量がすくないというはなし手の評価をつけくわえる．
　・<u>すこしばかりの</u> おかね
　・<u>すこしばかり</u> よく なった．
この用法からつぎのような固定的ないいかたがうまれている．

・もうしわけばかりに かいた ものです.
・心ばかりの てみやげ
③おなじもののあつまりであることをあらわす.
・きょうは よい しらせばかり はいる.
・彼女は わらってばかり いた.

問題20 つぎの２つはどうちがうか，かんがえてみよ．なお，この問題はいろいろな年齢のひとについてしらべてみるとよい．
ア）この 寺に いるのは あまさんだけだ.
イ）この 寺に いるのは あまさんばかりだ.

④そのものごとにかぎられていることをあらわす.
・しらぬは 亭主ばかりなり.
・こればかりは なんとも ならない.
なお，④の発展形式として，「～ばかりでなく」「～ばかりか」がある.
・宮城県下ばかりで なく 東北地方全体から ひとが あつまった.
・ゴリラばかりか ゾウや バッファローにも おびやかされつづけながら しごとを した.
とりたてのくっつきの「ばかり」は，形式名詞の「ばかり」からきたものである．形式名詞の用法をあげておこう.
 (①) ていどをあらわす.
　・はなと みまがう ばかりの きれいな 女たち.
　・やがて 焦点も ぼやけ うすれる ばかりに ながめいる.
　・はために あさましい ばかりだった.
「～せんばかりに」「～とばかりに」のようなかたちがある.
　・ほとんど 手を とらん ばかりに 近づいて きた.
　・かってに しろと ばかりに とびだして いった.
 (②)「～するばかりだ」で直前を，「～したばかりだ」で直後をあらわす.
　・卒業する ばかりに なって やめさせられた.
　・いま きた ばかりだ.
 (③)「ばかり」によるとりたての④とおなじ.
　・よし，そんなら にげる ばかりだ.
「～ばかりで なく」「～ばかりか」のほか「～ばかりに」がある.「～ばかりに」は，たったひとつだけれども，それがきいているという原因をあらわす.「～という，たったひとつの原因のために」という意味になる.

・家が せまい ばかりで なく．
・なぐった ばかりか さいふまで とって いきやがった．
・ひとこと 口を すべらした ばかりに 命まで おとす ことに なった．

3.11. 「など」「なぞ」「なんぞ」「なんか」によるとりたて
①代表例をあげる．
・彼などは もっとも 優秀な 役者の ひとりだ．
・ホテルや 病院なんかは 日曜でも 仕事をして いる．
「～など」「～なぞ」は，そのあとにつづく名詞によってしめされるものの例をしめす用法をもっている．
・この あたりには マツ，スギなど 針葉樹の 林が おおい．
「なんか」は，代名詞の用法とつながっている．
・小さな 虫や なんかが ここに あつまって くる．
・予算の 委員か なんかに させられた．
②否定的な 評価をつけくわえる．その評価はいろいろで，たいしたことはないというばあい，じぶんの手のとどかないところだというばあい，その他いろいろのばあいがある．
・予定など きめても なんにも ならない．
・わたしなぞが もうしあげても わかりますまい．
・音楽なんかは わたしには わからない．
・すわってなぞ いられない．
・けっして むずかしくなんか ない．
・ないたりなんか しないわ．

3.12. 「なんて」によるとりたて
①否定的な 評価をつけくわえる．
・山へなんて いってないよ．
②句や節をとりたてる．この用法は「なんか」にはない．
・いちどで 成功するなんて すごいね．
・かれが 失敗するなんて 信じられない．

3.13. 「まで」によるとりたて
　極端な例をあげて，そのおよぶ範囲がひろいことを強調する．「までも」のかたちになることがある．

・小川の みずばかりで なく，大川の みずまで かれて しまった．
・はたらかされた うえに かねまで とられた．
・ゆり子は ちりがみにまで じぶんの なまえを かきました．
・ワンワン王国では，ライオンまでも ワンワンと なく そうだ．

第19章　文と陳述
―述語の形式―

1. 文の内容とのべかた

文には，内容としてのことがらと，それをはなし手がどのようにのべるかというのべかたがある．

問題1　つぎのAとPのちがいかたと，AとQのちがいかたは，どうちがうか．また，Aを絵にかいたばあい，PまたはQとのちがいをあらわせるか．
　　A. さくらが さいた．　　P. さくらが ちった．
　　Q. さくらが さいたか．

第1章1.1の文の定義は，つぎのようにいいかえることができる．
　文は言語活動の単位であって，一定ののべかたのかたちをとって，ことがらをあらわしのべるものである．

2. 文ののべかた

2.1. のべたてる文，たずねる文，はたらきかける文

文ははなし手のきき手に対するのべかけかたによって，のべたてる文，たずねる文，はたらきかける文にわかれる．
　　のべたてる文　　：山の むこうに おじいさんが すんで いる．
　　　　　　　　　　　きょねんの サクラは きれいだった．
　　たずねる文　　　：山の むこうに おじいさんが すんで いますか．
　　　　　　　　　　　きょねんの サクラは きれいでしたか．
　　はたらきかける文：もっと あかるい ところへ いきなさい．

いっしょに 山の むこうへ いこう.

のべたてる文は, できごとやありさまをきき手につたえる文である. たずねる文は, しらないことをきき手にたずねる文である. はたらきかける文は, きき手になにかをさせるためにはたらきかける文である.

問題2 うえの3種の文をつくれ.

たずねる文には, 疑問詞をつかわないものとつかうものがある.
　　疑問詞　だれ, どなた, どいつ, なに, どれ, どこ, どちら, どっち, いつ,
　　　　　 どう, いくら, いくつ, なぜ, どんな,　など.
・山の むこうに ひとりで いきましたか.
・山の むこうに だれと いきましたか.

問題3 うえにあげた疑問詞のうち, 規定語になれないものはどれか.

問題4 疑問詞をつかってつぎのことをたずねる文をつくれ.
　　　ア　道具・手段　　イ　目的　　ウ　原因・理由

疑問詞のないたずねる文は, 文ののべていることがそのとおりであるかどうかをたずねる文であり, 疑問詞のあるたずねる文は, わからないことをきき手にのべてもらうためにたずねる文である.

はたらきかける文には, 命令する文とさそいかける文がある.
　　命令する文　　：はやく たべろ.
　　　　　　　　　 あっちへ いきなさい.
　　さそいかける文：おい, あそこで いっぱい やろう.
　　　　　　　　　 ねえ, ラーメンでも たべましょう.

命令する文は, きき手が動作をするようにはたらきかける文であり, さそいかける文は, きき手がはなし手といっしょに動作をするようにきき手にはたらきかける文である. 命令する文のなかまにたのむ文がある. これもきき手とのかかわりかたが命令する文とおなじである.

　　たのむ文　　　：ここで スリッパに はきかえて ください.
　　　　　　　　　 けんかは やめて くれ.

問題5　ア）たずねる文のこたえが「はい」または「いいえ」だけでなりたつばあいと, そうでないばあいとがあるのは, なぜか. イ）疑問詞のない, たずねる文のこたえのなかでつかわれた「はい」と, 疑問詞のある, たずねる文のこたえのなかでつかわれた「はい」の意味についてかんがえよ.

問題6 文ののべかけかた（きき手に対する態度）によって，こたえの「はい」の意味がことなる．つぎの意味は，それぞれどののべかたのこたえのばあいか．
　a. 肯定．「そのとおりです．」とみとめる．
　b. へんじ．「問いの意味はわかりました．」と，つぎのこたえのかまえをつくる．
　c. 承知．「そのとおりにします．」とひきうける．
　d. あいづち．

のべたてる文のおわりに「か」をくっつけると，ふつうたずねる文になる．

　　　のべたてる文　　　　　　たずねる文
　展覧会は 7 日まで ある．　　展覧会は 7 日まで あるか．
　太郎は 20 歳に なった．　　太郎は 20 歳に なったか．
　まんじゅうは こわい．　　　まんじゅうは こわいか．
　そとは まっくらです．　　　そとは まっくらですか．

問題7 「これは ペンだ．」「そとは しずかだ．」「かれは くるのだ．」などを，「か」でおわるたずねる文にするには，どうすればよいか．

疑問詞があれば，「か」がつかなくてもたずねる文になる．
　・おまえは 手帳を どこに やった．
　・あかい とりは，なぜ あかい．
　・そこに かくれて いるのは だれだ．
　・この パンは だれが くうのだ．

のべたてる文をしりあがりのイントネーションにかえると，たずねる文になる．かくときには，「．」のかわりに，「？」をつけると，たずねる文であることがはっきりする．

　　　のべたてる文　　　　　　たずねる文
　展覧会は 7 日まで ある．　　展覧会は 7 日まで ある？
　太郎は 20 歳に なりました．太郎は 20 歳に なりました？
　まんじゅうは こわい．　　　まんじゅうは こわい？
　きょう 学校 おやすみなの．　きょう 学校 おやすみなの？

問題8 「これは ペンだ．」「そとは しずかだ．」「かれは くるのだ．」などの文をしりあがりのイントネーションにして，たずねる文にかえるには，どのようにするか．

こたえの文がたずねる文のみとめかたと一致したとき「はい」をつかい，くいちがったときは「いいえ」をつかう．

問題9　つぎの（　）のなかに「はい」または「いいえ」をいれよ．
　ア）クジラには へそが ありますか．（　　）あります．
　イ）カエルには へそが ありますか．（　　）ありません．
　ウ）カエルには へそが ありませんか．（　　）ありません．
　エ）クジラには へそが ありませんか．（　　）あります．

2.2.　のべかたの変容

①のべたてる文は，しっていること，かんがえたことをきき手につたえるときにつかうのだが，このほかに，いろいろにつかわれることがある．
[きき手にきかせるためでなく，いうばあい]
　・きょうこそ 帳簿を つけるぞ．
　・あっ，かねが ない．
[「ね」「だろう」などをつけて，たしかめたり，といつめたりするばあい]
　・食事を して きましたね．
　・これ，おまえの 本だろう．
[きき手にはたらきかけるばあい]
　・みんな，しずかに して，こっちを みる．
　・もう すこし たのしく して もらいたい．
②たずねる文は，しらないことをきき手にたずねるときにつかうのだが，このほかに，いろいろにつかわれることがある．
[自問自答したり，意志をきめたりするばあい]
　・これで よいのかなあ．
　・そろそろ ねるか．
[なっとくしたり，感動したりするばあい]
　・あっ，そうか．
　・あの おばあさんも とうとう なくなったか．
[つよくきき手にのべたてるばあい]
（文のみとめかたが，ほんとうにいいたいことと反対になる）
　・そんな ことを する やつが どこに いる．
　・こんな ものが のめるか．
　・そんな ことを しちゃあ かわいそうじゃ ありませんか．

［うちけしのたずねる文をはたらきかけにつかうばあい］
・はやく おきないか．
・いっしょに たべないか．
・これ，おしえて くれませんか．

問題 10　うちけしのたずねる文がみとめのはたらきかけの文としてはたらいていることを，「はい」と「いいえ」のつかいわけでたしかめよ．
　ア）はやく たべないか．はい，たべます．
　イ）いっしょに いきませんか．はい，いきます．

③はたらきかける文は，きき手になにかをさせるためにつかうのだが，このほかにいろいろにつかわれるばあいがある．
［ねがいのきもちをあらわすばあい］
・雨よ，ふれ．風よ，ふけ．
・どうぞ みて いて くれ．
［なげやりなきもちをあらわすばあい］
・かってに しやがれ．
・どうにでも なれ．
［うちけしの命令をあらわすために，みとめの命令形をつかうばあい］
・うそつけ．
・ばかいえ．
［あいさつの特殊ないいかたのなかで，ひとをむかえるきもちをあらわす］
・いらっしゃいませ．
・おかえりなさい．
［「～してみろ」「～とせよ」のかたちで条件をあらわすばあい］
・この 子を いじめて みろ．承知しないから．
・あさってに なって みろ．結果が どうなるか わかるから．
・わしが しんで みろ．おまえたち どうして くらして いくんだ．
・いま かりに きょうを きのうと せよ．そうすると，あしたは いつに なるかな．

　のべたてる文，たずねる文，はたらきかける文は，ほんらいのはたらきからずれたはたらきをすることがある．そのずれかたは，いろんな種類や程度があって，そのさかいめをはっきりさせることがむずかしい．

2.3. いいきる文, おしはかる文

のべたてる文, たずねる文は, はなし手の現実に対する態度によって, いいきる文とおしはかる文にわかれる.

① いいきる文　：あすは 雨が ふる.
　　　　　　　　あねは きのう ロンドンに ついた.
② おしはかる文：あすは 雨が ふるだろう.
　　　　　　　　あねは きのう ロンドンに ついただろう.

いいきる文は, できごとやありさまをはっきりのべる文であり, おしはかる文は, 事実を確認できないときに, 推量したり, 想像したりしてのべる文である.

2.4. 文のとき

文のあらわすことがらのさししめす現実のできごとやありさまのなりたつときが, その文をのべる時点とどうかかわっているかということを「文のとき」という.

現在：太郎が 2 階で はしゃいで いる.
過去：太郎は おととい さらを わった.
未来：太郎の ともだちが あす たずねて くる.
超時：みずは いれものに したがって かたちを かえる.

問題 11　つぎの文ののべかたやときは, どのようなことからわかるか.
ア) おしはかりの文
　　あした あめが ふるだろう.
　　あした たぶん あめが ふる.
　　あした たぶん あめが ふるだろう.
イ) はたらきかけの文
　　はやく こい.
　　おもとめの かたは おはやめに.
ウ) 過去の文
　　きのう あめが ふった.
　　(日記のなかで) 六時 起床.

3. モダリティー

文の内容としてのことがらは, はなし手によって, 現実と関係づけられる. はなし

手が，文のことがらを，現実とどのように関係づけるかをモダリティーという．文のモダリティーは，きき手に対するのべかけかたと，現実に対するとらえかたからできている．

モダリティーは，はなし手によることがらの現実への関係づけであるが，このばあい，はなし手は，発話時（つまり現在）においてことがらを現実と関係づけているのである．

文は，内容としてのことがらと，そのことがらをはなし手のたちばから現実と関係づけるモダリティーとからなりたっている．そして，この，はなし手による現実への関係づけというはたらきによって，文はコミュニケーションをなりたたせる役めをひきうけることができるのである．こうして，文は，言語活動（はなしや文章）の単位となる．そして，また，「文はかんがえをあらわす最小の単位である」ともいわれるのである．

文のモダリティーは，文の構造全体によってあらわされるのであるが，とくに，述語の形式やイントネーションがモダリティーとふかくかかわっているし，また，陳述副詞がこれをたすけることがある．さらに，現実の会話では，場面もこれにあずかる．

問題12　つぎのア）がはたらきかける文であり，イ）がたずねる文であることを，それぞれ，構造の面，述語形式の面，陳述副詞，疑問詞，場面などの面から考察せよ．

ア）・はやく こい．
　　・どうか おゆるしください．
　　・（「あす おうかがいしても いいですか．」）「どうぞ．」
　　・どうぞ こちらへ．
　　・おもとめの かたは おはやめに！
イ）・あのかたが 田中さんの おくさんですか．
　　・この ほん あなたの？
　　・これは なんですか．
　　・いったい だれが そんな ことを いった．
　　・（「田中さん とこ，あかちゃん うまれたよ．」）「いつ．」

4．いろいろな述語の形式

ここでいろいろな述語の形式をあげておく．これらの形式は基本的には客観的モダ

リティーをあらわすものである．(このことについては，すぐあとの〈推定の文とおしはかりの文〉をみよ．)なお，ここにあげるものは，こうしたもののすべてではない．

4.1. 推定，伝聞などをあらわす述語

「らしい」「ようだ」「みたいだ」「ちがいない」「しれない」のような，コピュラをくみあわせて，推定をあらわす述語をつくることができる．また，「そうだ」をくみあわせて，伝聞をあらわす述語をつくることができる．
・つくえの ようすが かわって いる．るすちゅうに，だれか <u>きた らしい</u>．
・おとなりは きょうは <u>るすの ようだ</u>．
・あそこに だれか <u>いる みたいだ</u>．
・ひょっと すると，山田くんは もう うちに <u>かえって いるかも しれない</u>．
・窓べで 外を みて いる あの 子は，おかあさんの かえりを <u>まって いるのに ちがいない</u>．
・高田さんは 高知県で <u>うまれた そうです</u>．

4.1.1. 推定の文とおしはかりの文

推定の文は，コピュラを過去形にして，過去に，そのように推定したことをあらわすことができる．
・家に かえると，つくえの ようすが かわって いた．るすちゅうに，だれか へやに <u>はいった らしかった</u>．
・みんなが 山の ほうを みて いた．山の 中腹から けむりが <u>でて いる ようだった</u>．
・ひるから 八重ちゃんが <u>くるかも しれなかった</u>ので，そとへ でる わけには いかなかった．

これに対して，おしはかり（推量）の文は，過去におしはかったことをあらわすことができない．断定形でむすぶ文は，発話時に断定しており，推量形でむすぶ文は，発話時におしはかっているのである．この点で，「〜だろう」でおわる文のほうが，はなし手の判断として，主体的であるということができる．それにくらべると，推定の文は，そのように推定されるようすがあるとでもいいかえられそうな客観性をおびているということができるだろう．

こうしたことから，断定や推量が主観的モダリティーであるのに対して，推定や伝聞は客観的モダリティーであるといわれる．なお，このことは，4.であつかっている諸形式全体についていえることである．

問題13　そのあとに「ので」がつくかどうかについて，おしはかりの文と推定の文をくらべよ．

4.1.2.「らしい」と「ようだ」「みたいだ」
なにかを根拠にして推定するとき，「らしい」「ようだ」「みたいだ」は，みなつかえる．
・そとが くらく なって きた．どうやら 雨が ふって いる らしい．（／ようだ．／みたいだ．）

「らしい」「ようだ」「みたいだ」のどれでもがつかえるいいかたのばあい，「らしい」がもっとも文章語的で，「みたいだ」がもっともはなしことば的である．

けれども，それ自身のようすを，そうじゃないかと推定するばあいは，「ようだ」「みたいだ」はつかえても，「らしい」はつかえない．
・これで みんな そろった ようだね（みたいだね）．
・この ぼうしは，おまえには 大きすぎる みたいだ（ようだ）．

「ようだ」「みたいだ」には，たとえをあらわす用法がある．（この用法は比況といわれることがある．）
・きれいな 女性が あつまって，まるで 花が さいた ようだ．
・かれの 字は 虫が はって いる みたいだ．

問題14　A氏から，かれの退学のはなしをきいたあとではなすとき，つぎの二様のいいかたができる．このことについてかんがえてみよ．
ア）A氏の はなしに よると，かれは 退学する そうだ．
イ）A氏の はなしに よると，かれは 退学する らしい．

問題15　「～しそうだ」という文法的派生形容詞（参照：第9章-11）は，そのことの成立する可能性がつよくあらわれている状態にあることをあらわすが，これを「ようだ」「みたいだ」とくらべてみよ．

4.1.3.「しれない」と「ちがいない」
「しれない」と「ちがいない」は，ことの成立の可能性のどあいをあらわす文につかう．前者は可能性がゼロでないことをあらわし，後者は可能性が100パーセントにちかいことをあらわす．
・そればかり かんがえて いたから，あるいは，そんな ねごとを いったかも しれない．
・あしたは，雨が ふるに ちがいない．

・ひるから あめが ふるかも しれなかったので，かさを もって でかけた．

4.2. 条件形や中止形に「よい（いい）」「いけない」「ならない」「ほしい」をくみあわせてつくる述語

4.2.1.「すれば よい」，「したら よい」，「すると よい」
①目的をみたす条件をあらわす．
　・駅へ ゆくには，つぎの 十字路で 右へ まがれば よい．
　・ふとりたく なかったら，くわなければ よい．
　・これ，どうしたら いいのかなあ．
②すすめや許可をあらわす．
　・しごとは，みんな すんだから，かえりたい ひとは かえれば よい．
　・かねは おれが はらうから，くいたい だけ くえば よい．
　・はやく 病院へ いって やると よい．
　・おまえ，すもうとりに なると いいよ．
③希望をあらわす．
　・はやく あしたに なると いいのになあ．
　・あんな やつ いなくなってしまえば いい．
④（過去形で）過去における実際と反対のことを仮定して，残念がるきもちをあらわす．
　・こんなに 値あがりするんだったら，あの とき うらなきゃ よかった．
　・あんな やつ しんじゃえば よかったのにねえ．

4.2.2.「しては いけない」，「しては ならない」
①禁止や不許可をあらわす．
　・ここで タバコを すっては いけない．
②ありえないという必然性をあらわす．
　・マイナスと マイナスを かけたのだから，ここが マイナスに なっては ならない．

4.2.3.「しなくては いけない」，「しなくては ならない」
①義務をあらわす．
　・毎朝6時に おきなくては いけない．
　・注射の あとは，ふろに はいっては ならない．

②すすめをあらわす．
・もっと 勉強しなくては いけないよ．
③論理的な必然性をあらわす．
・かれが 犯人だと いう ためには，7日の 夜，かれが ここに きて いなくては ならない．

4.2.4.「しなければ ならない」，「しなければ いけない」
①義務や当然をあらわす．
・あしたから，8時までに 会社に はいらなければ ならない．
・父の 死後 わたしは，自分で 学資を かせがなければ ならなかった．
・わたしたちは 先人の 業績を みならわなければ いけない．
②論理的な必然性をあらわす．
・あっちが 東なら，こっちは 西で なければ ならない．
・もし かれと であったと すれば，彼女は 3時には 家を でて いなければ ならない．

4.2.5.「すると いけない」
①つごうのわるいことを予想してあらわす．
・はずれると いけないから，しっかりと とめて おけ．
・そんな かっこうを して いって，かぜを ひくと いけないねえ．
・わすれると いけないから，いまの うちに カバンに いれて おくよ．
②「しないと いけない」のかたちで「しなければ いけない」とおなじ意味になる．
・構内に はいる ためには，入場券を かわないと いけない．

4.2.6.「して よい」，「しても よい」
①許可や放任をあらわす．
・そうじが すんだら，かえって（も）よい．
・あしたは 正規の 授業じゃ ないから，だれが きても よい．
②そうするだけの値うちがあることをあらわす．
・はじめて 母ちゃんと 言って おくれだねえ．わたしは それを 聞いて，もう もう……いつ 死んでも よい．
・きのうの かれは，100点を つけて やっても よい．

③当然であることをあらわす．
・2時間 まえに 家を でたと いうが そろそろ <u>ついても よい</u>．
・もう <u>気が ついても よさそうな ものだがなあ</u>．

4.2.7. 「して ほしい」，「して もらいたい」
①希望をあらわす．
・雨が <u>ふって ほしい</u>．
・ああいう ひとに <u>きて もらいたいね</u>．
②あいてに対するねがいをあらわす．（命令をやわらげる用法として，これがつかわれることがある．）
・もう すこし，<u>しずかに して ほしい</u>．
・あなたには ぜひ <u>きて もらいたい</u>．
③ （「してほしかった」「してもらいたかった」のかたちで）過去に実現しなかったこと（または，現在実現していないこと）へのうらみをあらわす．
・あしたが しめきりだなんて，もっと はやく <u>おしえて ほしかった</u>．
・あの おとこには <u>いわないで もらいたかった</u>．
・田中さんには，<u>きて ほしかったなあ</u>．
・こんな 日に 雨は ふって <u>ほしく なかったねえ</u>．

4.3. 連体形と「ほう」「はず」「わけ」「もの」「こと」などの形式名詞をくみあわせてつくる述語

4.3.1. 「した ほうが いい」，「する ほうが いい」
①すすめ・うながしをあらわす．
・数メートル 先の ところで，フィンを つけた 足で 立ち泳ぎを して いる 洋介が「父さん，マスク <u>つけた 方が いいよ</u>」と 叫んだ．
・「あなた，来週は 本当に 病院に <u>行った ほうが いいんじゃ ないかしら</u>」
・「少し 泣きようが 変じゃ ないこと？」と 云った．実際 泣き声は 普段と 変っていた．
「お湯の 時，ガアゼの 水が 少し 鼻に 入ったんですけど，それじゃ ないでしょうね．」と 妻が 云った．「そんな 事は ないだろう．兎も角 早く <u>寝かす 方が いい</u>」と 自分は 云った．
「シタホウガイイ」を述語にもつ文は，もともと，のべたてる文のなかまであるが，一定の形態構文的条件をみたすと，はたらきかける文へ移行し，すすめ

あらわす．
　移行の条件は，行為の主体が２人称であること，動詞が意志動詞であること，第２テンス形が非過去であること，評価部「イイ」が，推量・推定・判断の形式の後接しないはだかのかたちであるか，「イインジャ ナイカ」と持ちかけるかたちであること，の４点である．
「シタ ホウガイイ」では，条件にあてはまるもののほとんどに移行がみられることから，はたらきかける文への移行が，語用論的なものではなく，形態・構文的な条件によるものといえる．一方，「スル ホウガイイ」の移行は，文脈に左右されることがおおく，形態・構文的な条件によるとはいいがたい．
②そうすべきだ，という，はなし手の判断をあらわす．
- 「つまりね……　ざっくばらんに 言った 方が いいわね．あなたは 私と 結婚する おつもりなの？」
- 「ギャロン，また あとで くるよ．すこし 聞きたい ことも あるが，きみは まだ，眠って いた ほうが よさそうだ．」
- ものを 書いて 暮すなぞと 云う 事は あきらめる 方が いい．どうにも ものには ならぬ．

うえの移行の条件をみたさないばあい，「シタ／スル ホウガイイ」は判断をのべたてる文にとどまる．②のように，当為的な判断をあらわすものと，したの③のように肯定的な評価をあらわすものとがある．
③事態に対する肯定的評価をあらわす．
- 「この 熊五郎は 末梢事に 捕われる ような，そんな 尻の 穴の 小さい 連中とは 違いますぜ．言うなれば 大政治家の 器ですぞ．有体に いって，あんたは 軍隊に 行っても 役に 立たない．アスパラガスを 作って いた ほうが ずっと いい．まあ 戦争のことは この 熊五郎に まかして おきなさい」
- 「… 私は この 家を，泊るに 家の ない 旅人の ものに したい．元より この 家に 泊れる 人は 少ない．だが 皆無よりは，一つでも あつた 方が いゝ．…」
- 立つなら 立った きり，臥るなら 臥た きりにして いる 方が いい ようだ．
- 「武子さん，海に 入ろう．君も 早川の 馬鹿の ことなんか 怒って いるより 海に 入る 方が いい」

「イイ」の部分の評価性がつよいばあい，事態に対する肯定評価をあらわす．具体的には，「イイ，〜シタ／スル ホウガ」のような倒置や，「シタ／スル ホウガ，イイ」のように読点がはいるもの，「シタ／スル ホウガ ずっと イイ」のように副詞などが挿入されるもの，比較性をもつものなどである．これらは，「シタ／スル ホウガイイ」の複合述語としてのまとまりがよわく，「イイ」に評価の意味がつよ

くのこっている．なお，「スルホウガイイ」は比較性をもつ例がおおく，肯定評価をあらわすことがおおい．
④反実仮想をあらわす．
　第2テンス形が過去であるばあい，反実仮想をあらわす．これは，実際の現実とことなる状態を仮想し，現実よりも仮想した状態が「イイ」と判断をくだすものである．
　・「教師って イヤね．私，音楽家にでも なって，派手に 飛びまわってた 方が よかったわ．」
　・「今年の 夏は 御前も つまらなかろう．折角 卒業したのに，御祝も して 上げる 事が 出来ず，御父さんの 身体も あの 通りだし．それに 天子様の 御病気で．——いっその事，帰る すぐに 御客でも 呼ぶ 方が 好かったんだよ」

4.3.2. 「～はずだ」
①当然予想されることであるという，みこみをたてることをあらわす文につかう．
　・この 天気図を みれば，あしたは はれる はずだ．
　・その 日は やすみに なる はずだった．
　・この 試合には 負ける はずじゃ なかったのに．
②こういう条件があれば，そうなるのが道理であるというすじみちをみいだして，なっとくすることをあらわす文につかう．このばあい，なっとくするのは現在である．
　・なんだ，あさめしを くわなかったのか．道理で よく くう はずだ．
　・いまから かんがえて みれば，この 試合は，かつ はずが なかったんだよね．

問題16　「はずが なかった」と「はずじゃ なかった」をくらべよ．

4.3.3. 「～わけだ」
①ことのなりゆきやすじみちを説明する文につかう．
　・この ようにして，結局 くにへ かえる ことに なった わけです．
　・つまり，そういう 結論に なる わけだ．
②そうなるのが道理だというすじみちを確認する文につかう．
　・そうか，それで わかった．あいだに そんな やつが はいって いるなら，値だんが 3倍に なる わけだ．
　・ほら，こんな トゲが ささってた．いたい わけだ．

③ものごとをあいてに確認させる文につかう．
・いろんな ことが あったけど，けっきょく おれが いく ことに なったわけだ．
・おまえが いちばん おそく かえって くる わけだから，きちんと 戸を しめて おいて もらわなくては こまるのだ．

問題17 つぎの4例のうち，まえの2例は，「わけ」が「はず」にかえられて，あとの2例は，かえられないのはなぜか，かんがえてみよ．
ア）こんな とげが ささってた．いたい わけだ．
イ）この 天気図に したがえば，あしたは あめに なる わけだ．
ウ）この 天気図に したがったから，かさの 準備を した わけだ．
エ）おまえは なにも しらないと いいはる わけだな．

4.3.4. 「するわけに(は)いかない」

一定の理由があって，することが不可能であることをあらわす．主体はいつも人間である．
① 自分の行動原理やまわりの状況やその結果にてらして，それをすることが不可能である．
・わたし ひとりだけ つれてって もらう わけに いかないじゃ ないの．
・わたしが いいだした しごとだったから，途中で 手を ひく わけには いかなかった．
② 客観的な理由でそれをすることが不可能である．
・こんな 雨の なかを かさなしで あるく わけに いかない．

4.3.5. 「しない わけに(は)いかない」

するのが当然である．せざるをえない．
① まわりの状況などにてらして，それをしないことはまずいことである．
・あんな 村だから，おれだって おまつりに でない わけには いかなかった．
② 客観的な理由でそれをしないことは不可能である．
・歩道に くるまが 駐車してるんだから，車道を あるかない わけには いかない．

4.3.6. 「～ものだ」

① 一般化されたものごとをあらわす「スル モノダ」
第1，第2両テンス形とも非過去形．パターンは，「スル モノダ」「シナイ モノダ」「スル モノデハ ナイ」．

りくつや習慣からいって当然そうなる（そうである）ことをあらわす．
  ・死にもの狂いで愛していれば，そんなこと わかる ものよ．
  ・本当に 自信の ある 人間は もっと 謙虚で 虚勢を 張らない ものです．
  ・なァ．人てえ ものは ねえ，悪い ことばかりは そう 続く もんじゃァ ないよ．
  使用の場では，あいて，またはじぶんにいってきかせるという当為的な性格をおびることがおおい．
  ・いいんだよ，さっさと 沸かしなよ．だいいち 湯なんて ものァ ねえ，ちゃんと 沸かしとく もんだよ，そうだろう？
  ・「でも，いいんです．あなたと いっしょなら，どこまで 墜ちて 行ってもかまいませんから」「そんな 怖い ことを 言う ものでは ない」
  ・「出世前の 子供に，人間の 死ぬ ところなんか 見せる もんじゃない．やっぱりやめて おくれ」そう 言って，しばらく 夜具の 中へ 顔を うずめて 泣いていたと いう ことを，私は 彼女の 死後 池本へ 訪ねて 来た 息子から 聞いた．
② できごとの回想をあらわす「シタモノダ」
  第1テンス形は過去形．第2テンス形は，非過去形，過去形のどちらのばあいもあるが，テンス的な意味はかわらない．パターンは「シタモノダ」「シタモノダッタ」．
  くりかえされたデキゴト，あるいはつづいた状態を回想するものがおおい．
  ・兄の 隆一郎が，時々，自分や弟に，カブトを 折って くれた ものだ．
  ・昔，両国の 橋詰に 放し亀と いう ものを 売ってました もんです．
  第2テンス形が過去形になると，感情調がつよまる感じである．
  ・彼が 内地から 渡って きたての ときは，でっぷり 肥えて いたが，一月も たたぬ うちに 見る見る 酷熱の ために 痩せて しまい，北山年夫は 衰弱した 彼の 面倒を よく 見て やった もので あった．
  ・やはり お酒の 席で——私たちは 三人で よく 飲んだ ものだった．
  しかし，この形式による回想には，1回だけのできごとの回想もある．1回だけのばあいは，どれも感情がこもっているようである．
  ・河井の 死体の 発見された 二十一日の 夜の 捜査会議で 山根が「重大ポイント」と 前置きして その 推理を 語った 時，百崎は 少なからぬ 衝撃を 受けた ものだ．
  ・コートダジュールでも 十一月の 昨夜の 様な 気温では，とても 野宿は 出来ない．車の 中に いた 小泉を，さぞ 寒いだろうと 眺めた もので ある．
③ 感心，あきれをあらわす「シタモノダ」「スルモノダ」
  個別的なことがらに対する，ふつうでないという評価（おおくはマイナス）を感

情的にのべる．パターンは「シタ モノダ」「スル モノダ」だが，「ヨク 〜」になるものがすくなくない．第１テンス形が非過去形・過去形のどちらでもよいものがおおいが，とくに可能動詞がつかわれると，その傾向がつよくなる．
・妙な ところに 迷いこんだ ものだ．
・「私がですか」泰三は 心外な ことを 聞く ものだ という 眼つきを した．
・よく ぬけぬけと いえた ものだ．わたしが 知らないとでも おもうのか．
「アル モンダ」「イル モンダ」は，その存在を一般的なもののようにいうことによって，かえってその特殊さを強調する．第１テンス形は過去形にもなる．
・ばかな まねを する やつが ある もんだ．
・「一億も ありがったか」「いやあ，ある もんですね」

④命題の確認と宣言の「スル モノデアル」「シタ モノデアル」
命題を確認するとともに，あいてに（または，おおやけに）宣言する．第２テンス形は，いつも断定形で，推量形にはならない．
デアル体を，はなしことばや，あいてにのべる文につかうと宣言性がつよくなる．そうでないばあいは，確認性がおもてにでる．
・——住井さんは児童文学の 名作と いわれる『夜明け 朝明け』の「あとがき」で，「嘘と かざりの ない その 生活．それは，太陽の 下に てらして，何の 恥の ない 生活です．……そして 私は ここに，文学の 真の 美しさを 見出だす ものです」と 記されて いますが，いま，そういう "恥の ない" 生き方が 問われて いるんですね．
・失神させた 上，さらに デスクの 上の 電話機の コードで 吉井を 絞殺した．その後，テーブルや 椅子，電話機，出入口の ドアの 把手などに 付着した 指紋を 拭って，逃走した もので ある．
・アイギストス よし，わしも 柄を 手に，死を 辞する ものでは ない．
パフォーマティブな発言としてつかうと，おおやけの宣言となる．
・訴状「この 訴えは，われわれ 日本国民が，多大の 貴い 犠牲と 努力に よって，ようやく 獲得する ことの できた 日本国憲法が，その 制定後 二〇有余年を 経た 今日に おいて，現憲法を 最も 尊重し，擁護すべき 義務を 有する 政府 及び 公務員 に よって 無視され，また その 運用が ゆがめられて いる 実態を，一出稼ぎ労働者の 妻が 告発する もので ある．（後略）」

⑤理由をあらわす「スル モノダカラ」「スル モノデ」
第１テンス形は，テンス的意味をもった非過去形または過去形がつかわれる．パターンは，「スル モノダカラ」「シタ モノダカラ」「スル モノデ」「シタ モノデ」．

・おっかさんは 自分が 清元が できる もんだから そんな 事を お言いだけれど
も, 長唄の 方が いいサ.
・私は 登美が そう 云った ものだから その とおりだと おもったんだ. あれが
まさか 嘘を 云うとは おもわなかった ものだからね.
　ナ活用形容詞や述語名詞は,「モノ」のまえに連体形がくるものと終止形がくる
ものとがある.
・空腹な ものですから, 失礼して います.
・子供は 能く 此の 音で 眼を さまして, 四辺を 見ると 真暗だ ものだから, 急
に 泣き出す 事が ある.
・なにしろ 一人っ子な もんですから ひっこみ思案で こまりますの.
・俺も, つい 平常, こいつが いい 人間だ もんだから 長く こうやって つきあ
って いるが,
　述語形式の―ナでおわる連体形は, あわせ述語のなかでつかわれる特殊なかたち
である.
⑥反語的な「スル モノカ」
　反語の「スル モノカ」は, おおくが個別的なものごとに対してつかわれるが,
ここは, それだけをとりあげた. パターンは,「スル モノカ」「スル モンデスカ」
・膝の 上へ 茶を こぼして, ポカンと 見てる 奴が ある もんか.
・帰りゃ しねえさ. 帰る もんか.
・あのひとが わたくしの あとを 追っかけないで いられる もんですか.

4.3.7.「〜ことだ」

①とるべき方法をあらわす「スル コトダ」
　第1テンス形が非過去形である「スル コトダ」「シナイ コトダ」は, とるべき
方法をあらわすが, 使用のなかでは, 1・2人称のばあい, 当為的な意味になるこ
とがおおい. 第2テンス形がうちけしになる「スル コトジャナイ」もある.
・トラックは 魚くさかったが, 魚屋が「何だか 知らねえが, もう そろそろ 夜
が 明けるだろう. 河岸の 松島か どっかで, 一ぱい やって, 気分を なおす こ
とだね」と 慰めて くれた.
・そうです. 決して あきらめない ことです.
・そんなに 神経質に 構える ことでも ないだろう?
　第2テンス形が過去形になった「スル コトダッタ」は, 過去にそのような方法
をとるべきであったことをあらわすだけで, はたらきかけ性はない. これらは「ス
ル 必要ガ アッタ」にかえることができる.

・彼らは 週末を すごす 別荘を 持って いないから, うまく すると シーズンオフにも 利用しそうな 気が する. 大急ぎで, この ホテルの パンフレットを 作る ことで あった.
・ここからは 一番も 負けられない. ともかく 先手必勝で, 相手を 焦らせる ことだった.

②感動的に回想・評価する「シタ コトダ」「シタ コトカ」

　感動表現は, 動詞のばあい, その大部分の第１テンス形が過去形. 第２テンス形のほうは, 非過去形と過去形があるが, 過去形のほうが感動表現性がつよいようである. 感動表現は, 疑問詞系の修飾成分やモーダルな成分, あるいは終助辞にささえられることがおおいが,「シタ コトデアッタ」には, そのようなささえなしで感動表現になるものがある.

・ああ, その時 僕が どんなに ドキドキした ことか.
・それを まあ, 選りにも 選って！―と 私は, その時 芸術家の 感興を 弁えぬ 村人たちから, 最も 不名誉な 形容詞を 浴びせられた ことで あった.

　形容詞のばあいは, 第１テンス形が非過去形のこともあるが, このばあいは回想性はない. 形容詞的につかわれる動詞もある.

・なんと いう ばかな ことだ.
・大層 お硬い ことですな.
・困った ことで ある. 慈海は 来て いない. どこへ いったのか 見当も つかない.
・亡命の 身には 希望だけが 糧だ, 知れた ことよ.

　可能動詞のばあいは, 第１テンス形が非過去形と過去形のどちらにもなれる.

・あなた 好く そんな 真似が 出来た 事ね. わたしには 商用が あるの なんのと 云って 置いて, 囲者なんぞを 拵えて.
・「ひどいじゃ ありませんか. 好く そんなに しらばっくれて いられる 事ね」夫の 落ち着いて いるのが, 却って 強い 刺激の やうに 利くので, 上さんは 声が 切れ切れに なって, 湧いて 来る 涙を 襦袢の 袖で ふいて いる.

③想像や感動の内容をかかげる「スル コトダロウ」「シタ コトダロウ」

　「スルダロウ」「シタダロウ」など, 推量形は, 間接的な認識や想像によってとらえたことをのべるのにつかう語形だが,「スル コトダロウ」「シタ コトダロウ」は, その間接的認識なり想像なりの内容を積極的におもてにだしてのべるという感じである. つまり, 想像の内容をかかげて, その実現を推量するのである.

問題 18　つぎの 3 文を くらべて みよ．
ア）彼の ゆめは 富士山に のぼる ことだろう．
イ）彼は 富士山に のぼるだろう．
ウ）彼は 富士山に のぼる ことだろう．

[スル コトダロウ]
未来
・雪どけと ともに ネズミは 土から あふれ，灰色の 洪水と なって 林に なだれ こみ，田畑に <u>ひろがって ゆく ことだろう</u>．
現在
・スリッパを ぬいで，そろそろと 靴に はきかえた．もう いいの．後ろに 看護婦が 立って いた．おそらく わたしは <u>植物の ような 顔を して いる ことだろう</u>．
超時
・若い きみが そういう 言葉を 口に するには，さぞかし 勇気が <u>いる ことだろう</u>，という ことだけは わかるよ．

[シタ コトダロウ] このかたちは，「スル コトダロウ」よりも 用例が おおい．
過去
・わたしの 葬式も もう <u>お済ましに なった ことでしょう</u>．
仮定条件の帰結
・子供の 頃，街角を 曲って 不意に おばけに 向かい合ったら，きっと 私は そういう 表情に <u>なった ことだろう</u>．

④伝聞をあらわす「〜トイウ コトダ」「〜トイウ コトダッタ」
「〜トイウ コトダ」，「〜トイウ コトダッタ」には伝聞をあらわす用法がある．
　伝聞には，ニュースソースが特定のばあいと不特定のばあいがある．「〜トイウ コトダ」は，ニュースソースが特定のばあいにも不特定のばあいにもつかわれるのに対して，「〜トイウ コトダッタ」は特定のばあいにしかつかわれない．この点で，不特定なものを原則とする「〜そうだ」とくらべて，特定性がつよいといえる．なお，「〜トイウ コトダッタ」は地の文におおい．
・話 かわって，爺は その ふくべの おかげで たいそうな 長者に なりました．そして，金七 孫七の 二人の 童と 楽しい 月日を <u>おくったと いう ことであります</u>．
・詳しい ことは 存じませんけど，母の 話ですと お作事奉行の 津田さまが <u>なすったと いう ことで ございます</u>．

・そして 五月に なり，父親が 死んだ．姉が 電話で その ように 知らせて き
た．いつもの ように 山歩きを して いて，沢で 足を すべらせて 岩に 頭を 打
ち砕いたと いう ことだった．

⑤理由や前提をあらわす「スルコトデアリ」「スルコトダガ」

　第２テンス形が中止形になったり，接続助辞をくっつけたりして，従属句節に
なると，理由や前提をあらわす．順接は理由をあらわす傾向がつよく，逆接は前提
をあらわす傾向がつよい．

・教団も 最近は 若い 信者層が 増加して いる ことでも あり，彼らの 意見を 代
表する ような 新しい 候補者を 送った ほうが よいと いう 声が 強く なって
いる．
・「実は 相談が あるのだが」と，ひどく まじめに 云いかけた．「―ざっくばら
んに 云って しまうが，典木の 家は 立派に 再興した ことでも あるし，ひと
つ この辺で，おまえに この 山治の 家を 継いで 貰いたいのだが，どうだろ
う．」
・精密な 植物図鑑を 繰れば わかる ことだが，ササは 救荒植物の 一つと いう
ことに なって いる．
・わたくしが 疲れたのは その せいですわ．それも 今に なって 気が ついた こ
とですけれど．

　つぎの 例は，文内のはさみこみ句節ではないが，文脈という観点からみたばあい
のはさみこみ文である．やはり，理由をあらわしている．

・忠平に たのみこめば，大旦那に きこえる 手前も あって，どこか 産婦人科の
医者を 世話して くれるかも しれない．忠平に 責任も ある ことだ．こちらの
苦衷を はなせば 助けて くれぬでも ない．
・しかし，これは 安兵衛に 言われるまでも なかった．もとより 寛斎も 承知の
上で 来た ことだ．

5. 陳述副詞とモダリティー

　陳述副詞は，みとめかたやモダリティーなど述語の陳述的な意味を補足強調し，明
確化する副詞である．そして，その陳述副詞のなかのムード副詞は，述語のムードの
程度を強調・限定したり，文のモダリティーを明確化したりする副詞である．

　陳述副詞は，文のモダリティーの表現に参加するのであるが，どのようなモダリテ
ィーとかかわるかについては，第13章参照．

〈願望・当為的なモダリティー〉
　依頼・勧誘など
　・ご来京の節は，どうぞ おたちよりください．
　希望・当為など
　・ぜひ 合格したい ものだ．

〈条件・譲歩的なモダリティー〉
　仮定
　・もし たりない ようでしたら，お電話ください．
　逆条件
　・どんなに がんばっても，3日では できないだろう．
　原因・理由
　・なにせ 一度に 200人も おしかけられた ものですから，なかなか 対応しきれなくて，すみません．
　譲歩
　・もちろん 精一ぱい 努力いたしますが，不十分な ところも あるかと 存じます．

〈現実認識的なモダリティー〉
　・あいつは きっと 生きて いるに ちがいない．
　・久美子は おそらく かえっては こないだろう．
　・どうやら 私は 街が すき らしい．
　・どうも ひとの でいりが あったのでは ないだろうか．
　・彼女は よほど 動物が きらいと みえる．
　・この ばあい，あるいは 成功するかも しれない．
　・あの 男は ひょっとしたら ねらわれて いるのかも しれない．
　・この 計画は ことによると つぶされないとも かぎらない．
　・本人も 案外 気に して いないのでは ないだろうか．

第 20 章　終助辞

1. 終助辞とはなにか

　終助辞は，文のおわりの述語となる単語のあとにくっつけて，はなし手ときき手のあいだの認識のギャップをうめることにかかわる接辞である．

　たとえば，「よ」は，はなし手のほうがきき手より認識の度あいがたかく，また，はなし手が，きき手にとってその情報をえる必要があるとかんがえて，きき手につたえる文にくっつけられる．これに対して「ね」は，きき手のほうが認識の度あいがたかいと はなし手がかんがえる情報について，きき手の認識をとおしてはなし手の認識をたかめるための文にくっつけられるのが基本的である．こうして「よ」と「ね」は，はなし手ときき手の認識のギャップのうめあわせかたという点で対立する．

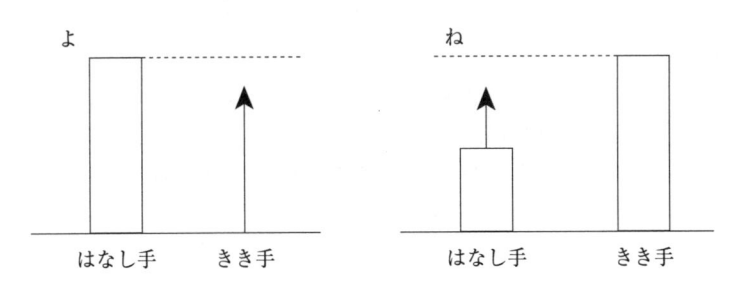

　「ぞ」・「ぜ」・「わ」も，はなし手のほうが認識の度あいのたかい情報をきき手にあたえる点で「よ」とおなじである．これらは，それぞれ男性語または女性語としての特徴をもっているが，それだけではない．「ぞ」がきき手の行為に影響するようなかたちで情報をあたえる点において，「よ」よりもきき手へのくいこみ度がたかいのに対して，「ぜ」や「わ」はきき手への影響よりも，はなし手自身の認識や判断（の内容）をあいてにきいてもらうための発言につかわれる点において，「よ」よりきき手へのくいこみ度がひくい．この観点から，「ぞ」は，「ぜ」「わ」と対立する．

「さ」も，はなし手のほうが認識の度あいが たかい情報をきき手につたえるものであるが，「さ」のばあいは，きき手，または，はなし手によって，すでに発言されている情報についての説明情報である点が，他のものとことなる．
　「な」は文体的に「ね」とことなるが，大体のはたらきは「ね」とおなじである．ただし，「な」には，きき手のいないばめんでの発言，または，内言のなかでつかわれるものがあり，この点で，特殊である．また，「ぞ」にも，きき手のいないばめんで，自身の行為に影響するような情報を，内言として発する文のなかでつかわれる用法がある．こうした特殊性は，終助辞の体系のなかで，きき手が自分自身であるという特殊なものとして位置づけられるだろう．
　終助辞はその使用のなかで，おしつけ，いたわり，ひらきなおり，感動など，いろいろな感情調がつきまとうことがおおい．けれども，それらは，うえにのべた，認識のギャップのうめあわせというはたらきのうえにのっかるものとして解釈できるものがおおい．この情報のうめあわせと感情調の関係も，体系的にとらえることが必要である．
　この章の 2.7 までの説明は，陳常好 1987「終助詞 ―話し手と聞き手の認識のギャップをうめるための文接辞―」『日本語学』6-10 による．

2. 終助辞の意味・用法

2.1.「よ」

　「よ」は，はなし手がすでに認識し，きき手がまだ認識していない情報について，はなし手がきき手に対してつたえる必要があると判断してつたえるときにつかわれる．きき手がしらず，はなし手がしっていることをのべるのであるから，はなし手や第3者についての事実をしらせる文がおおい．
　・ぼく もう 宿題 やったよ．
　・きょうは すきやきだよ．
　きき手についての事実でも，きき手が知覚できなかったり，はなし手の判断によってとらえられたりしたことのばあいは，「よ」がつかえる．
　・おまえ，ゆうべ だいぶ いびき かいてたよ．
　・ほら，ほっぺたに なにか ついて いるよ．
　・そうか．えらかったよ．
　・かえって いいよ．
　・あなたは クレオパトラに にてますよ．

「よ」は，命令，禁止，希求など，ひろい意味ではたらきかける文にもつくが，このばあいも，はなし手ときき手のあいだに認識のギャップがあって，はなし手は，そのギャップをうめるために発言している．

〈あいてがそれをする必要をまだ感じていないことをさせるとき〉
・そっちを ひっぱって みてよ．
・もっと ちゃんと かきなさいよ．

〈あいてがはなし手の命令に応じないときにさらに命令するとき〉
・いいかげんに して くれよ．
・やめて ちょうだいよ．

〈きき手がしない，あるいはきちんとしないことをおもんばかって，はなし手があらかじめ注意していうとき〉
・ダメだよ，むりしちゃ．
・時間を かけるんだよ．

問題1　つぎの対の下線部は，どちらのばあいのほうが，より適切か．また，それはなぜか．
ア）「これは，かれが つくったのか．」「そうだよ．」
イ）「これは，かれが つくったのだよ．」「そうだよ．」

2.2.「ね」

「ね」は，きき手の認識にたよって，または，きき手のまえで，はなし手が自分の認識をたしかなものにするときにつかわれる．

　基本的な用法は，はなし手が，自分の認識よりもきき手の認識のほうがたしかだとかんがえることについて，自分の認識をきき手の認識とおなじ水準にまでたかめようとするときにつかわれるもので，これは「念おし」といわれる．これがもっとも用例がおおい．
・あの 女房は なきも しなかった そうだね．
・粟津組の 奥さんですね．はじめて おめに かかります．

　きき手がどうおもっているかということについての認識についていえば，いつのばあいも，きき手の認識のほうがはなし手の認識よりもたしかであって，そのため，はなし手は自分についてのことがらに関しても，きき手の認識や判断をたずねるときに

は，念おしの用法で「ね」をつかう．
　・私は でて いく ことに なりますが，それで いい わけですね．
　つぎの例のばあい，文法的にははなし手がきき手の認識をたしかめているのだが，はなしの目的は，きき手の認識をたかめることにある．
　・あしたの 集合時間 おぼえて いますね．
　念おしは，きき手にたしかめるのであるから，たずねることになり，以上の例のようなばあいには，「ね」のかわりに「か」をつかっても，たずねるという点が共通するので，質問文としてなりたつ．けれども，「か」のばあいは，はなし手の認識の度あいが表現されていない点で，「ね」のばあいとことなる．「ね」のばあいは，はなし手もそのことについてあるていど認識しており，よりたしかな認識者であるきき手に問うことによって認識のギャップをうめるのである．
　はなし手ときき手がいっしょにいるばめんでは，きき手もおなじように認識しているだろうとはなし手がかんがえて発言するのにもつかわれる．これは質問ではないので，「か」にかえられない．
　・いい 夜だね．
　・ばかに しずかな まちですね．
　・あっ，きましたね．
　あいての情況を察して，あいての認識をさきどりして発言するばあいもある．
　・それは たのしみですね．
　・ごくろうさま，たいへんでしたね．
　かずは少ないが，はなし手だけが経験した事実やはなし手のかんがえなど，あきらかにはなし手のほうがきき手よりよくしっていることについてのべるものがある．
　・あん ときは，さすがに おれも あわてたね．
　・わたしなら 道具屋へ もってって しらべさせますね．
　このばあいは，きき手のまえで，はなし手が自分の記憶やかんがえをたしかめながら発言するという感じである．
　「しなさいね」「して（ください）ね」「いらっしゃいね」などのいいかたがある．これは，「しなさい．いいですね．」（他も同様）のちぢまったような いいかたなので，ちぢまった結果相当のかたちでは，「か」にかえられない．
　・さっきの こと だれにも いわないで くださいね．
　問題2　つぎの各例の「ね」は，どんな文についているといえばよいか．また，そのうち，「か」にかえても，いちおうつかえるのはどれか．
　ア）あなたは，きのうも こられたのですね．

イ) おや，これは おおきいですね．
ウ) おかあさんに あえたんだって？　よかったね．

問題3　つぎの文の「よ」を「ね」にかえると，どのようにかわるか．
・あのころは，わたしも おかねが なくて，たいへんでしたよ．

2.3.「さ」

「さ」は，はなし手が確認，確信していることを，きき手に対する説明としてのべる文につけられる．
はなし手がしっていることをのべる点で「さ」は「よ」とおなじである．
・「きょうは なんの おまつりなの．」「まちの おまつりさ．」
・「ヒラメって なんだ．」「サカナの1種さ．」
これは，あいての問いに対して，こたえとなる内容をつたえる必要があるという判断にもとづいて，はなし手が発言するのであるから，「よ」にかえることができるのである．
けれども，もし，これがあいての質問に対する こたえの発言としてではなく，自分のほうからいうのだとすれば，「よ」と「さ」はことなる．つぎの例は「さ」にかえられない．
・「おい，きみ，きょうは まちの おまつりだよ．」
「さ」は，その使用例の半分以上が，あいての質問に対するうけ手発言のなかでつかわれる．これは「よ」が先手発言のなかでつかわれることが多いのと対照的である．
「さ」は，はなし手が当然だとおもっていることをつたえる文につかわれる．多くのばあい，あいての先手発言があるまでのあいだ，はなし手は，あいてがそれをしらない，あるいは疑問におもっているということを意識していない．「あいてがしらないから，おしえてやろう」というきもちで発言するならば，「よ」がえらばれるのであって，「さ」はえらばれない．このばあい，「さ」のついたいい方は，こたえではあるが，ただの こたえではなくて，あいての発言に対する説明として発言されている．だから，最初の2例の「さ」は「なのだ」にかえることができる．
しかし，「さ」は，あいての先手発言に対するうけ手発言につかわれるだけではない．うけ手発言でない，はなし手自身の発言のばあいにもつかわれる．
・うちの 女房が 葬式の 手つだいに いってね．たいした 女さ．
・親方だって なるほどと 感心するぜ．ほんとうさ．
しかし，このばあいも，自分自身の発言のなかの第1文にはつかわれなくて，第2

文以後につかわれて，そのまえの文でいったことを説明する文のなかでつかわれている．それが説明であることは，「さ」を「(な)のだ」「(な)んだ」にかえても，それほどふしぜんでないことによってもわかる．ただし，（日記のような）きき手不在のばめんでは，「さ」はつかえない．この点は，「〜のだ」とことなる．
　「さ」の基本的な用法に感情的なニュアンスがつくと，そのぶんだけ説明性がへっていく．そうなると，「〜のだ」にかえられなくなる．

〈あきらめのきもちをもって，自分の行為をみとめるばあい〉
　・「イワシが魚のうちで いちばん うまいって いってたじゃ ないか.」
　　「いったさ.」
　・「おまえはね，わがままなんだよ.」「わかってるさ.」

〈なげやりのきもちで，あるいは，いいひらきとしていうばあい〉
　・「バスは まだ こないわ.」「そのうちに くるさ.」

　問題4　つぎの各文の「よ」のうち，「さ」にかえられないのは，どれか．それはなぜか．
　ア）「あの ひと だれ.」「わたしの おとうとよ.」
　イ）あそこの さかなやに 十七ぐらいの あんちゃんが いるんだけどね，とても いい 子よ．その 子がね，……
　ウ）おい，雨が ふって きたよ.

2.4.　「わ」

　女性であるはなし手が自分の認識，判断したことを（あいてにわかってもらうために）あいてにつたえる文にくっつけられる．
　自分の認識，判断したことをあいてにつたえるという文につかわれる点では，「よ」や「さ」と共通である．
　あいてがまだ認識していないことをつたえるばあいは，「よ」にかえられるものが多いし，また，うけ手発言のばあいは，「さ」にかえられるものがある．
　・とても おそろしくて，おはなし できそうも ありませんわ．
　・そんな こと きいてないわ．
　・「あなたは それを 信じたの.」「信じたわ.」
　・「じょうだん いうな.」「じょうだんを いってやしないわ.」
　けれども，「よ」にくらべると「わ」はひかえめであって，おしつけの要素がない．

このことは,「よ」がめしたに対する発言のなかで,よくつかわれるのに対して,「わ」は,あまりつかわれないことともかかわっている.母親や女教師は子どもに対して,対等という態度をとらないばあいには,「わ」をつかうことはあまりない.「わ」は対等またはめうえに対する発言につかわれるのがふつうである.

ただ,この「ひかえめ」というのは,態度に関する表現なので,コミュニケーションの側面からいいなおすならば,自分の認識やかんがえをあいてになっとくしてもらうための発言であって,あいてのためにしらせてやるのではないということなのである.この点が「よ」とことなる.「よ」が「きちんと はなすんだよ」のように,あいてにはたらきかけるときにも つかわれるのに対して,「わ」は,そういうときにはつかわれないといったことも,これに関係しているだろう.

ひかえめというのは,あいてのことに おせっかいしないということであって,自分についての事実や自分のかんがえをのべることをさしひかえるというのではない.自分のことに関しては,つよい主張の文にもつかわれる.

・ほんとうよ.日記に かいて ある はずだわ.
・コソコソなんか してないわ.

うけ手発言のばあいは,たしかさをもって こたえている点で「さ」と共通するが,「さ」にすると,説明的になったり,あるいは ひらきなおりの感じがついたりするのに対して,「わ」のばあいは,自分のかんがえをそのままなおに,すんなりのべて,こたえているという感じになる.ここにも,自分の認識,判断をつたえるという「わ」の特徴がでている.

・「あるいて みましょうか.」「いいわ.」

「わ」は,また,ひとりごとや内言のなかでつかわれることがある.

・あっ,さっきの 店で おつり もらうの わすれたわ.

問題5 つぎの各会話の,ふたつの( )の,どちらかに「よ」をいれ,どちらかに「わ」をいれるとすれば,どうなりそうか.また,それはなぜか.

ア)「わたし,できれば午後の 部に したい( ).」
　　「でも,午後の 部は,わたしたち,だれも いきません( ).」
イ)「わたし ずいぶん ごめいわくを おかけしました( ).」
　　「そんな みずくさい こと おっしゃると,おこります( ).」
ウ)「あら,おはなを いけるのを わすれてた( ).」
　　「おや,はやく しないと,まに あいません( ).」
エ)「なに してんの.じゃまするんじゃ ありません( ).」
　　「わたし じゃまなんか してない( ).」

2.5.「ぞ」

はなし手のほうがきき手よりよく認識している情報をきき手につたえて，きき手に注意をうながす文につけられる．

「ぞ」は男性語であり，また，現代語では対等またはめしたに対する発言のなかでつかわれるが，そういう文体上の特徴とからんで，かなりつよいいいかたになる．

「ぞ」は，はなし手があいての認識をたかめる必要を感じて発言するときにつかわれる点で，「よ」と共通である．しかし，「よ」があいての認識をたかめるというていどであるのに対して，「ぞ」がつかわれるのは，あいてに，その認識によってなんらかの行為をすることを期待する発言のばあいであって，あいてへのくいこみは「よ」よりつよい．

・おうい，でかけるぞ．
・なに してんだ．おいて いくぞ．
・次郎も，もう すこしの しんぼうだぞ．

このように，文の人称がどうであっても，はなしの意図としては，きき手の行為をうながしている点において，共通している．

プラグマティクスなどでは，「さむい」という発言が「戸をしめろ」と命令することをあらわすのだといわれることがある．「さむい」といったばあいに，それが間接的なはたらきかけになるのは，ばめんのはたらきによるのだが，「さむいぞ」というと，さむさをふせぐための行為をきき手に要求して，いうのだということが，言語的に表現されているといってよいだろう．「ぞ」のついた文は，そのようにあいての行為をうながすはたらきをもつのである．

・さ，ふろ わいてるぞ．
・おい，うまれた，うまれたぞ．

この２例が「ふろにはいれ」あるいは「みにこい」などの要求につながるのは直接的だが，つぎの例などでも，「だからやめろ」とか「だから覚悟しろ」とかいった意味が言外にある．

・こども そだてるのは たいへんじゃぞ．

「ぞ」は２人称の「のだ」文につくと命令の意味をもつ．この命令も「よ」よりつよい．

・わたしが いいって いった ときで なきゃ みせないんだぞ．
・あんまり おこるんじゃ ないぞ．

「ぞ」は「よ」とちがって，あいてのいないばめんで，ひとりごとあるいは内言としてもつかわれる．

・よし 来年は 執行委員長に なるぞ. ほんとうの しごとを するには 役づきに な
らなくては だめだ.
この用法では, 男性語というしばりはなくなる.
・さあ, 男とも わかれだ. なかないぞ.
このばあい, きき手がおらず, 自分にいいきかせているのだが, 自分の行為を要求している点で,「ぞ」の基本的な用法と共通である.
つぎのような内言もある.
・これも 他愛の ない おしばいなのか, さあ, これから いそがしく なるぞ. 私は
男を 二階に ふりすてると, 動坂の 町へ でて いった.
このばあいは, 直接にのべられているのは「いそがしくなる」という情況判断であるが,「ぞ」がつくことによって,「だから, がんばらねばならぬ」という決意が同時に表現されている.

2.6.「ぜ」

男性であるはなし手が, 自分の認識, 判断したことを（あいてにひけらかして）あいてにつたえる文につけられる.

「ぜ」は, 自分の認識, 判断したことをあいてにつたえる点において「よ」ににているが, あいてがそれを認識することがあいてのためになる, という判断はうすく, 自分がこれだけ認識したということをつたえることに重点がある.「ぜ」が1人称の文におおくつかわれるのと, かかわるだろう.

・証明書だって もって いるんだぜ.
・わたしは おまえさんたちなんて しらないぜ.

自分の認識, 判断をつたえることに主眼がある点で,「ぜ」は「わ」とにている. このことは,「ぜ」が「わ」と同様, めしたに対してはあまりつかわれないこととかかわっているだろう.「ぜ」は多くの例が「よ」や「ぞ」とちがって, あいてのためにおしえてやろう, という意識が希薄である.

けれども,「わ」があいてに対してひかえめに発言するときにつかわれるのに対して,「ぜ」は自分の認識したことを見せびらかすような調子ではなす発言のなかでつかわれる. この点は,「ぜ」が,「わ」とちがって, ふつう, めうえに対してはつかわれないこととかかわっている.

「ぜ」は, 対等のもののあいだだけでつかわれる. だから,「ぜ」のある文はのびのびした発言のなかでつかわれるようにおもえる.

・感謝してない わけじゃ ないんだぜ.
・おとこが すたるぜ.

「ぜ」は，自分の認識をひけらかす発言につかわれることが多いが，あいてにはたらきかける文や，あいての行為を期待する文につかわれるばあいもある．
・いたって いいけど，じゃまするんじゃ ないぜ．
・ついでに 口どめ料，ばっちり もらおうぜ．

このようなつかわれかたは，「わ」にはない．やはり「ぜ」が，対等のはなしあいのなかでだけつかわれる点で，「わ」とちがうのだろう．

けれども，これは，文体的には「ぞ」にちかいが，意味としては「よ」にちかい．「ぞ」ほどつよいはたらきかけではないようにみえる．

問題6 つぎの各問の3文は，それぞれどんなばあいにつかわれそうか，いろいろとかんがえてみよ．
ア）・あっ いたい！ いたいぞ．
　　・あっ いたい！ いたいよ．
　　・あっ いたい！ いたいぜ．
イ）・男の子には まけないぞ．
　　・男の子には まけないよ．
　　・男の子には まけないわ．

2.7.「な」

きき手の認識によって，はなし手が自分の認識をたしかなものにするときにつかわれる．また，きき手のいないときには ひとりごと，内言として，気づきやそれにともなう感動をあらわすばあいにもつかわれ，それとかかわって，あいてのまえでも詠嘆の意がこめられることがある．

はなし手が自分の認識を，きき手の認識とおなじ水準までたかめようとする用法を「念おし」というが，「な」にも「ね」とおなじように，このような「念おし」の用法がある．このばあいは，「な」を「ね」におきかえられる．
・おまえ たしかに いちど うちへ かえったんだな．
・まさか 極道と ちがうだろうな．

しかし「念おし」といわれる用法においての「な」は，「ね」とちがって，はなしあいてがいつも対等かめしたである．自分のほうがうえだという自信から，自分の認識に対して「ね」よりも自信をもってはなしている．

「な」のついた文は，かならずしもきき手がその場にいなくてもつかえるものがある．この点も「ね」とはちがう．
・きょうは よかったな．

・どうしよう！だれか きて くれないかな．

　これらの「な」をつかった文は，ひとりごと，または，内言としてつかっているようであるが，もし，それらを「ね」におきかえると，どうしてもきき手がその場にいあわせていなければならなくなる．

　「な」のついた文は，また，はなし手ときき手がいっしょにいるばめんにおいて，「ね」をつかうより いっそう はなし手の感動を前面におしだす傾向がつよい．

　「な」がひとりごとでもつかえるということで，きき手のまえでも，ひとりごと的要素があらわれるのである．

　たとえば，「ね」のところにでてきたつぎの例であるが，このばあいは，いくらか感動が音調のなかにいいこめられているとはいえ，おもにはなし手ときき手がいっしょにいるばめんにおいて，きき手もおなじように認識しているだろうとはなし手がかんがえて発言したものである．

・いい夜だね．
・ばかに しずかな まちですね．

　これを「な」におきかえると，ひとりごと的要素の作用があらわれて，あいてもともにおなじように認識しているだろうと，はなし手がかんがえて発言しているというよりも，むしろ自分の感動がまえにでているような感じになる．

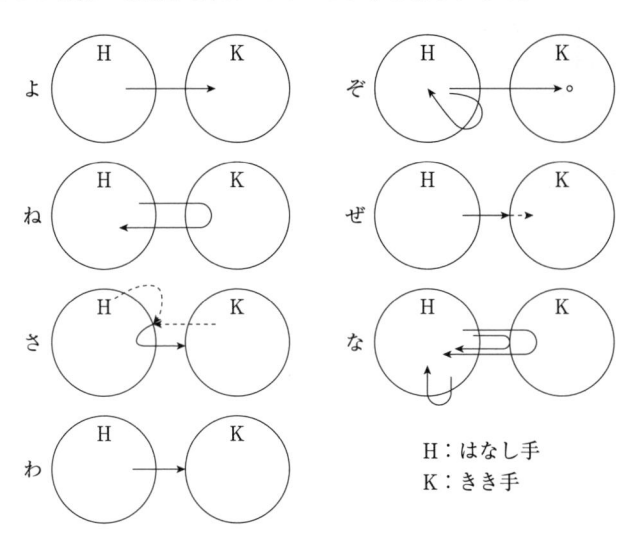

問題7　つぎのそれぞれの文の意味・ニュアンスのちがいをかんがえよ．
ア）パパの つった 魚は，とても おおきかったよ．

　　　　パパの つった 魚は, とても おおきかったね.
　イ) この 本, もう よんだよ.
　　　　この 本, もう よんだぞ.
　ウ) こいつが, つった 魚を にがしたんだぜ.
　　　　こいつが, つった 魚を にがしたんだぞ.
　エ) これ, さっき 太郎が こわしたのさ.
　　　　これ, さっき 太郎が こわしたのよ.
　オ) ずいぶん きれいな もみじだね.
　　　　ずいぶん きれいな もみじだな.
　カ) そんな はなし, もう とっくに きいてるぜ.
　　　　そんな はなし, もう とっくに きいてるよ.
　キ) きっと, かれが きて くれたんだわ.
　　　　きっと, かれが きて くれたのさ.

2.8. 「とも」
もちろんそうだと, うけあう きもちをあらわす 文につかう.
・わたしですか. いきますとも. どうぞ ご心配 なく.
・だいじょうぶですとも.
・けっこうですとも. どうぞ, どうぞ.
・「わたしは それで いいんじゃ ないかと おもうんですけど.」
　「そうですとも. そうですとも.」
・「これ, すこし もらって いって いいですか.」
　「いいとも. もてる だけ もって いきなさい.」

2.9. 「もの」
不満のきもちをもって, 反ばく的に理由をいう文につかう.
・こいつが さきに 手を だしたんだもの. しかたが ないだろう!
・「どうして まってて くれなかったの.」「だって, あんまり おそいんですもの.」
・そんな こと いったって, 正夫は まだ 子どもなんですもの. 責任を もたせるのは, むりですよ.

2.10. 「こと」
女性語で, 感心しているのだというきもちをあいてにつたえる文につかう.
・まあ, きれいですこと.

・毎朝 ここの おそうじ して いらっしゃるの？ ちいさいのに，感心だこと．
・「あのひとね，また あの子の ことを しらせに きたのよ．」「そう？ おせっかいだこと．」

問題 8 「へやへ はいる ときは ぼうしを ぬぐ ものだ．」「そんな ばかな ことがある ものか（もんか）．」「先生の はなしを ほんとうに 理解したいのなら，どんどん質問することだ．」などを 2.9, 2.10 においていない理由をかんがえよ．

3. 接続助辞の終助辞的な用法

接続助辞は，文末にくっつけられて，終助辞のようにつかわれることがある．

3.1.「から」
・ううん，いつも そんな ことばかり いうんだから．
・じゃあ そろそろ いきますから．
・「こないだの はなし 先方に つたえといたから．」「どうも ありがとうございます．」

3.2.「け(れ)ど」
・そろそろ 時間ですけど．
・「きょう なん曜？」「金曜だけど．」
・「あれ おとうさんに はなして くれた？」「いいえ，まだなんですけど」
・ここいらでは，むかしから そう いいますけど．

3.3.「のに」
・ちくしょう！ せっかく 8時に きたのに．
・あいつが しんだんだって！ わかいのに．
・しつれいな かたね．あなたが いらっしゃるのに．
・宏さんの 意地悪！ ひとが 真面目に 話して いるのに．

引用形式をみちびく「～といって」から発した「～って．」も，終助辞的につかわれる．そのばあい，「～ってば．」「～ってよ．」などのかたちになることもある．
・まあ 試験の ことなんか そう 気に するなって．
・絶対 いやだよ，いやだってば．
・あしたの のみ会，三郎も くるってよ．

問題9 つぎの諸例を参考にして，この用法の「から」と「けど」をくらべてみよ．
・「あ，きみ，てがみ だしといたから．」「ありがとう ございます．」
・「あ，課長，てがみ だしときましたから．」「ありがとう．で，報告書のほうは？」「すみません．まだなんですけど．」
・「あのう，てがみ だしときましたけど．」「ありがとう．」
・「あの，てがみ どうした．」「だしといたけど．どうか したの．」
「いや，べつに．どうも．」

4. 性差と終助辞

さきにふれたように，終助辞には，「わ」や「こと」が女性語，「ぞ」や「ぜ」が男性語というように，接辞の使用における男女差がみられる．ここで，これ以外の男女差について，かんたんにふれておく．

① ナ形容詞の語幹や述語名詞のハダカのかたちに直接「よ」「ね」がつくと，女性語的になる．
・きのう おはなししたのは このかたよ．（このかただよ）
・この おへや とっても すてきね．（すてきだね）

② 「わ」は，しりあがりイントネーションでは女性語であるが，しりさがりイントネーションでは男性語になる．同様に，2.1の「よ」も，しりあがりイントネーションでは女性語であるが，しりさがりイントネーションでは男性語になる．
・おれ，もう はら いっぱいだわ．
・そいつを やったのは この おれさまよ．

第21章　あわせ文（複合文）(1)
重文と複文

1. あわせ文
　ふたつ以上の節でくみたてられた文をあわせ文（複合文）という．
　ふたつ以上の節が対等に参加してくみたてられたあわせ文を重文（かさね文，ならべあわせ文）といい，主節（主文）とつきそい節（つきそい文，従属節，従属文）とからくみたてられたあわせ文を複文（つきそいあわせ文）という．

2. 重文

2.1. 重文のタイプ
　重文は，先行節の述語に接続助辞「し」「が」「けれども」「のに」をくっつけたり，先行節の述語の語形を「〜し（よみ）」「〜して（よんで）」「〜したり（よんだり）」「〜すれば（よめば）」のかたちにしたりしてつくる．
　［……し，……］
①それぞれになりたつふたつのことをならべる．
　・ゆきも ふったし，かぜも ふいた．
　・みんなも げんきだし，天気も いい．
②先行節が理由をあらわす．
　・みんなも そろった ようだし，そろそろ はじめようか．
　・「実は 相談が あるのだが」と，ひどく まじめに 云いかけた．「―ざっくばらんに 云って しまうが，典木の 家は 立派に 再興した ことでも あるし，ひとつ この辺で，おまえに この 山治の 家を 継いで 貰いたいのだが，どうだろう．」

[……が，……]
①くいちがうふたつのことをならべる
・日は くれたが，だれも かえって こない．
・かれは よく あそんだが，彼女は もっと よく あそんだ．
②先行節が前提をあらわす．
・きのう みんなで 山へ のぼったが，わたしは とちゅうで らくごした．
・さっき かれに きいたが，そんな ことは なかった ようだ．

[……け(れ)ど(も)，……]
①くいちがうふたつのことをならべる．
・ふつうの 植物には 葉緑素が あるけれども，きのこには ない．
・仙三は いっしょうけんめいに くさを ぬきましたけれども，くさは あとから あとから どんどん はえて くるのでした．
②先行節が前提をあらわす．
・これは じいさんに きいた はなしだけど，むかしは このあたりに 市が たった そうだ．
・ふたつ あるけど，どっちに する．

[……のに，……]
①くいちがうふたつのことをならべる．
・母は でぶっちょなのに，父は やせて いる．
・わたしは いっしょうけんめいに はなしたのに，だれも まじめに きいて くれなかった．

問題１ つぎの重文の先行節と後続節の関係をいえ．
ア）わたしの 祖父は いま 九十歳だが，わたしは ちいさい ころ 祖父から こんな 話を 聞いた．
イ）きょうは 天気も いいし，風も おだやかだ．
ウ）かれの 情報は 正確だが，情報量が すくなすぎる．
エ）よろこぶのは いいけど，失敗しない ように やって くれ．
オ）カニは ハサミが ふたつ あるけれど，一方が 他方より おおきい．

おなじふたつのことであっても，とらえかたによって，そのままならべたり，くいちがったものとしてならべたりすることがある．
・うちの 薫は おとこの子だし，となりの 薫ちゃんは おんなの子だ．
・うちの 薫は おとこの子だが，となりの 薫ちゃんは おんなの子だ．

[～し，……][～して，……]
①おなじようになりたつふたつのことをならべる．
・東京は いまの 首府で あり，京都は むかしの みやこで あった．
・田中が 仙台へ はしり，木村が 沖縄へ とんだ．
②つづいておこることをあらわす．
・春も すぎ，夏が やって きた．
・ふいに ドアが あいて，なかから おばさんが とびだして きた．
③先行節が前提をあらわす
・にわに おおきな かきの 木が あって，毎年 きいろい 実を いっぱい つけました．
・さっき おたくから 電話が あって，10時59分に おじょうさんが おうまれに なった そうです．
④先行節が先行することがらで，原因になっているばあい．
・雨 ふって 地 かたまる．
・飛行機が 墜落して，たくさんの ひとが 死んだ．

問題2　つぎの重文の先行節と後続節の関係をいえ．
ア）花子が 学校に はいって，2年後に 次郎が うまれた．
イ）その 年には，次郎が 中学に はいり，太郎も 高校に はいった．
ウ）トラックが 電車と ぶつかって，数人の 死者が でた．
エ）かれは たくさん 本を かいて いて，1冊は かなり うれた．
オ）湾内を 軍艦が とおって いて，あぶなくて しかたが ない．

[～したり，～したりする]（参照：第9章-9，第10章-4）
①ふたつ（以上）のことを代表例としてならべる．
・巡査が しらべに きたり，新聞記者が 取材に きたり した．
②交互におこなわれる動作をあらわす．
・おもい にもつを つんだ リヤカーを，太郎が ひいて 次郎が おしたり，次郎が ひいて 太郎が おしたり した．

[…も ～すれば，…も ～する]
同様になりたつことをならべる．
・運動場には，ドッジボールを して いる 子どもも いれば，くるまざに なって うたを うたって いる 子どもも いた．
・店には，トラックの 運転手が べんとうを かいに くる ことも あれば，子どもが 鉛筆を かいに くる ことも あった．

2.2. 重文のはたらきのまとめ

①重文は並立することがら，または継起することがらをあらわす．

②並立することがらをあらわすばあい，おなじふたつのことがらを，とらえかたによって，単なる両立としてとらえたり，対立としてとらえたりすることがある．

③両立することがらをあらわすばあい，先行節のことがらが，後続節のことがらの成立する前提となるばあいがある．

④継起することがらをあらわすばあい，先行節のことがらが，後続節のことがらの原因となっているばあいがある．

問題3　うえの①〜④のことを，例をあげて説明せよ．

2.3. 重文と複文のあいだ

うえの①や②のばあいは，先行節と後続節とが対等であるが，③や④のばあいには，意味的にみて，後続節のほうが主で，先行節は，多少とも従属的である．そのようになると，複文に一歩ちかづいたことになる．「〜して」のばあい，こうして対等性をうしなっていくものがおおい．

2.4. 先行節の陳述性

ふたつのことがらをそれぞれ節であらわして，あわせ文でのべるとき，はなし手は，そのふたつのことがらを一定のしかたで関係づけて，さしだす．たとえば，（さきにも，のべたように）現実にはおなじ関係にある，ふたつのことがらを，つぎのように，ふたつのしかたで関係づけて，さしだすことができる．

・ネコは おおきいし，ネズミは ちいさい．
・ネコは おおきいけれども，ネズミは ちいさい．

「し」「が」「けれども」などをつかう重文は，後続節だけでなく，先行節も，はなし手のとらえかたをあらわすことができる．つまり，「し」「が」「けれども」などのまえの用言は，ムードとテンスによって変化するのである．

・きのうは 雨も ふったし，風も ふいた．
・あいつは いくだろうが，おれは いかない．
・おれは それを 買ったけれども，あいつは 買わないだろう．

よむし（が，けれども）	高いし（が，けれど）	山だし（が，けど）
よんだし（が，けれども）	高かったし（が，けれど）	山だったし（が，けど）
よむだろうし（が，けれども）	高いだろうし（が，けれど）	山だろうし（が，けど）

よんだだろうし（が，けれども）　高かっただろうし（が，けれど）　山だっただろうし（が，けど）
つぎに，おなじことがらをあらわす，もうひとつの文をみよう．
・ネコは おおきく，ネズミは ちいさい．
こちらは，ふたつのことがらをすんなりならべているような感じである．さきの例がひとつひとつのことがらに対してはなし手の主観をつけくわえてのべたものであるのとちがって，こちらの例は，ふたつのことがらをまとめたものに対してはなし手が主観をつけくわえるというのべかたである．

形態論的にみても，中止形はムードやテンスをもっていない．このことが，統語論的にみたばあいの陳述性のひくさとむすびついている．
「し」や「けれども」のばあいは，後続節だけをはたらきかけのモダリティーにすることもできる．しかし，中止形のばあいは，それができない．
　ア）日も くれそうだし，あめも ふって きそうだし，はやく かえれ．
　イ）あいては つよそうだけれど，おそれては いけないよ．
　×ウ）あいては つよそうで，おそれては いけないよ．
　エ）太郎は 大阪へ いって，次郎は 東京へ いけ．
これも，先行節の陳述的な独立性のたかさとかかわっているのである．

問題4　うえのエ）がなりたつのに，ウ）がなりたたないのは，なぜか．

つぎに，「のに」のばあいの陳述性を「けれども」のばあいとくらべてみよう．
「のに」と「けれども」は，ふたつのことがらをくいちがうものとしてとらえる点で共通である．だから，つぎのようなばあいに，たがいにいいかえられる．
・かれは，あめが ふって いたのに，つりに いった．
・おやじは おおおとこだけれども，むすこは いたって ちいさい．
しかし，「のに」のばあいと「けれども」のばあいは，おなじではない．「のに」が，ふたつのできごとの関係を客観的なものとしてさしだすのに対して，「けれども」は，ふたつのできごとをはなし手のかんがえによって関係づけるのである．つぎの2文をみてみよう．
・あめが ふって いたのに，大川へ つりに いったから，かぜを ひいた．
・あめが ふって いたけれども，大川へ つりに いったから，でっかい えものに ありつく ことが できた．
前文では，第1節と第2節のくっついたものが第3節と対立しているが，後文では，みっつの節が対等である．これは，「のに」のほうが，陳述的な独立性がよわいからである．また，「あめが ふって いるけれども，つりに いこう（いけ）．」のような，はたらきかける文の「けれども」を「のに」にかえることもできない．

問題5 うえの2文について，どこでおおきくきれるかをしらべて，そのことと陳述的な独立性のつよさを，むすびつけてかんがえてみよ．

問題6 つぎのはじめの例がいえて，あとの例がいえないのは，どういうことのあらわれであるかをかんがえてみよ．
○・あと1時間しか ないけれど，あわてないで やりなさい．
×・あと1時間しか ないのに，あわてないで やりなさい．

形態論的にみると，「のに」のまえの用言は，テンスはあるが，ムードのカテゴリーをもたない．
　　よむのに　　よんだのに　　×よむだろうのに　　×よんだだろうのに

3. 複文（1）　規定語節，主語節，補語節，述語節，修飾語節，状況語節をもつ複文

3.1.　規定語節
　規定語としてはたらくつきそい節を規定語節という．規定語的なつきそい節の主語は「〜が」「〜の」のかたちをとる．
　・わたしが すきだった おとこの子は，いま どこに いるのだろうか．
　・理科室では，先生が あす 子どもたちの つかう 試験管を 点検して いる．
　・わたしは みんなが よろこぶ ような しごとが したい．
　「〜との」「〜という」のついた規定語節は，ことばの引用やかんがえのなかみをあらわす．また，「〜かの」のついた規定語節は疑問のなかみをあらわす．これらの規定語節の主語は「〜が」（ときとして「〜は」のかたちも）をとる．
　・あすの 会議は 15日に 延期に なるとの 連絡が はいった．
　・きのう 山田君から かれが 大学へ いくべきか どうかの 相談を うけた．

　問題7　つぎの各文の「(は，が，の)」のうち，つかえないものに×をつけよ．
　ア）きのう 太郎（は，が，の）もって きた 本が これだ．
　イ）花子（は，が，の）相談した あいて（は，が，の）だれかと いうことに 関心が あつまった．
　ウ）かれ（は，が，の）かいた 本（は，が，の）わたし（は，が，の）かいた 本よりも よく うれた ことは うれしい．
　エ）二郎を 太郎（は，が，の）なぐったとの うわさが ひろまった．

3.2. 主語節・補語節

　主語としてはたらくつきそい節を主語節，補語としてはたらくつきそい節を補語節という．主語節や補語節の述語は，「の」または「か」のついたかたちが，格のかたちや，とりたてのかたちをとって「…のは」「…のが」「…のを」「…のに」，「…かも」「…かが」「…かを」「…かには」などのようになる．主語節や補語節の主語は，節の述語が「…のは」「…のが」「…のに」などであるばあいには，「〜が」「〜の」のかたちをとり，節の述語が「…かが」「…かは」「…かを」「…かに」などのばあいには，「〜は」「〜が」のかたちをとる．

〈節が「〜の」でむすばれるばあい〉
　［主語節］
　　・わたしの つくったのが いちばん きらびやかでした．
　　・はなえが 花を つんで いるのが 窓ガラスに うつって いました．
　［補語節］
　　・みんなが まち子の くるのを まって いました．
　　・この 作品の なかから あなたが よんで 感動したのを えらんで ください．

　問題8　うえの4文を，節がものをあらわしているものと，節がことをあらわしているものとにわけよ．

〈節が「〜か」でむすばれるばあい〉
　［主語節］
　　・われわれに とって だれが われわれの 主任に なるかが 問題で ある．
　　・わたしが それを みるか みないかは わたしの 自由で ある．
　［補語節］
　　・わたしは どこへ いけば いいのかを はやく きめて くれ．
　　・なにが そんなに 困難なのかに ついて，わたしは まったく 理解できない．

　規定語的なつきそい節に「こと」「もの」「ところ」などのような形式名詞をくみあわせると，主語節や補語節にすることができる．
　　・かれが 班長に なる ことが きまった．
　　・かれはの 地面に おちた ものを おちばと いう．
　　・彼女が かえって くる ところを まちぶせして いた．

　ことがらをあらわす「〜の」と「〜こと」とは，どちらでもよい ばあいと，どち

らかでないといけないばあいとがある．
- はなよは 父の かえって くるのを 知って いた．
- 父は かずおが 高校を 卒業した ことを よろこんだ．
- 父が かえって くるのを，花子が いちばんに みつけた．
- 一太郎が 大学を 中退した ことが 母から 父に つたえられた．

問題9　うえの例の「〜の」と「〜こと」をとりかえて検討してみよ．また，「〜のを」と「〜ことを」が，それぞれどんな動詞とくみあわさるかについて，かんがえてみよ．

知覚活動の対象は「〜の」であらわされる．言語活動の内容は「〜こと」であらわされる．思考・感情活動の対象は，「〜の」でも「〜こと」でもよい．
- わたしは ウサギが なく ことを きいた ことが ある．けれども ウサギが なくの を きいた ことが ない．

3.3.　述語節
「〜こと」「〜もの」「〜か」は，述語節になることもできる．「〜の」は，モノをあらわすときだけ述語節になることができる．
- いちばん よいのは かれが 委員に なる ことだ．
- この はなしは 村の 村長さんから きいた ものです．
- 問題は，敵が なにを いちばん ほしがって いるかだ．
- 「小僧さん，酒を もって きて くれ」「すんだんですか，にごったんですか」

問題10　つぎの文はどうなおせばよいか．それはなぜか．
ア）今月の 目標は 遅刻しないのです．
イ）はなよが しって いるのは 父が かえって くるのだ．
ウ）花子が いちばんに みつけたのは，父が かえって くるのだ．
エ）さっき わたしたちが きいたのは ウグイスが なくのだ．

3.4.　修飾語節
文の修飾語としてはたらくつきそい節を修飾語節という．ようすや程度の修飾語節は，「ように」「とおり（に）」「ほど」「だけ」「くらい（に）」のような形式名詞をつけてつくる．このようなつきそい節の主語は「……の」「……が」のかたちをとる．
- 三太は おじさんが した ように 細い 枝を ちいさく おって つみあげ，マッチで 火を つけた．

- へやは 花が さいた ように あかるく なった．
- わたしは あなたの いった とおり あかい ふくを きて ここに きました．
- あの とき わたしは，目から 火が でる ほど いたかった．
- みよ子は みんなの さわぐ ほど きれいじゃ ない．
- よこの ほうは 耳が ちょうど かくれる ぐらいに かって ください．
- おまえが もてる だけ つくって やろう．

ようすをあらわす修飾語節には，例や基準をあらわすものと，たとえ（比喩）をあらわすものがある．

問題 11　うえの 7 例を，たとえをあらわすものと例や基準をあらわすものにわけよ．また「ように」と「とおり」をとりかえて，そのかたちとはたらきをくらべよ．

程度をあらわす修飾語節には，相当する程度をあらわすものと，オーバーに程度をあらわして，比喩的になるものとがある．

問題 12　うえの諸例のなかの程度をあらわすものについて，相当する程度をあらわすものと，オーバーに程度をあらわして，比喩的になるものにわけよ．

「と」のついた修飾語節は引用やかんがえのなかみをあらわす．また「ように」をくみあわせても，おなじはたらきの修飾語節になるばあいがある．
- だれかが「バラが さいた．バラが さいた．」と うたいだした．
- かれは，どうやら わたしが 学校を やめた ように おもって いる らしかった．

問題 13　おなじ「ように」でむすぶ節であっても，ようすをあらわすばあいと内容をあらわすばあいでは，節の主語の形がちがうことを確認せよ．

3.5.　状況語節

文の状況語としてはたらくつきそい節を状況語節という．状況語節は場所，とき，原因，目的をあらわす．

3.5.1.　場所をあらわす状況語節

場所をあらわす状況語節は，ふつう 場所をあらわす形式名詞をつかってつくる．
- わたしたちは おおきな くりの 木が ある ところで ひとやすみした．
- 子どもたちが あるいて いく ほうに 公園が みえる．
- おかあさんは 子どもの あそんで いる そばで あみものを して いた．

・オートバイの 列は，子どもたちが 体操して いる なかを おおきな おとを たてて とおって いった．

3.5.2. ときをあらわす状況語節

・母が しんだ とき，わたしは 8歳だった．
・花子たちが うまれた ころは この あたりは はたけだった．
・子どもたちが かえってから 先生たちは 会議を ひらいた．
・子どもたちが かえった ところで，先生たちは 会議を ひらいた．
・子どもたちが かえった あとで，先生たちは 会議を ひらいた．

「〜するまえ」には，順序としての，ひとつまえのことをしめすばあいと，以前をしめすばあい（このばあいには「〜するよりまえ」ともいえる）とがあるが，後者のばあいは，「〜しないうちに」または「〜しないまえ」にいいかえることができる．

・ねる まえに はを みがけ．
・ごはんを たく まえに おこめを みずに つけて おくと，ごはんが おいしく たけます．
・かれは わたしが くる まえに かえって しまった．
・華岡家の 中は，加恵が 縁づいて 後も しばらくは，加恵が 来ない 前と 同じ ような 段取りで 明け暮れた．

「…まで」と「…までに」はことなる．

・わたしが かえるまで 戸を あけといてね．
・わたしが かえるまでに 戸を あけといてね．

「〜してから」には，（あとの）できごとや動作のまえに，（まえの）できごとがおこったり 動作をしたりすることをあらわす用法と，状態や時間連続の はじまりの時間をあらわす用法がある．前者は「〜したあとで」にかえられるものがおおい．後者は「〜したあと（は）」にかえられるものがある．

・春子が かえってから 秋子が きた．
・手を あらってから めしを くうんだぞ．
・おやじが しんでからも，わたしは ずっと ここに すんで いた．
・父が 死んでから 5年に なる．

問題14 「…まで」と「…までに」はどうちがうか．

問題15 「〜してから」と「〜したあとで」はどうちがうか．

3.5.3. 原因や理由をあらわす状況語節
[「から」と「ので」]
- きょうは 雨が ふったから，花に 水を やらなくても よい．
- 雨が ふって いるので，子どもたちは 家の なかで あそんで いる．

「から」「ので」をつきそい節にもつ文は，原因・理由的な複文をつくる．つきそい節が「から」でむすばれている文は，はなし手のかんがえによって，その２つの節がむすびつけられるという傾向がつよく，つきそい節が「ので」でむすばれている文は，客観的な関係によって，その２つの節がむすびつけられるという傾向がつよい．

> 問題 16 つぎの（ ）には，「（だ）から」と「（な）ので」のどちらがはいる傾向がつよいか，傾向のつよいほうをえらんでかきいれて，その理由をのべよ．
> ア）この 店は 安くて うまい（ ），また こよう．
> イ）ちょうど おひるどき（ ），どの 店も こんで いるのだ．
> ウ）ちょうど おひるどき（ ），どの 店も こんで いる．
> エ）とても いい 天気（ ），どこの 家でも 洗濯を して いる．
> オ）とても いい 天気（ ），みんなで 海に いこうよ．

> 問題 17 さきに「けれども」と「のに」をくらべた方法によって，「から」と「ので」をくらべよ．なお，つぎのような文も参考になるだろう．
> - Kちゃんが くると いう でんわが あったので，さっき おかしを つくったのだが，Y子が きて，みんな たべちゃった．
> - Kちゃんが くると いう 電話が あったから，さっき おかしを つくったのだが，もう いちど つくりなおした．
> - Kちゃんと いっしょに Iちゃんも くるだろうから，うんと ごちそうを つくって おかなきゃ ならないなあ．

> 問題 18 つぎのような文で，ふつうなぜ「ので」がつかわれるのか，かんがえてみよ．
> - きたる 3日と 4日は，たなおろしを いたしますので，かってながら 休業させて いただきます．

[「ために」「おかげで」]
- 王さまの 子どもが ひとり この 村に きた ために，村じゅうが 兵隊に 監視される ことに なりました．
- 王さまの 子どもが でて いって くれた おかげで，この 村は また しずかな たの

しい 村に なりました.

3.5.4. 目的をあらわす状況語節

・みんなが 同時に ごはんを たべる ためには, ちゃわんが ちょっと たりないね.
・世界中が 平和に なる ように, わたしたちは 軍隊廃止の 運動を おこしました.
目的をあらわす「ために」は, 節よりも句をつくるためによくつかわれる.
・ひとは くう ために いきるのか, いきる ために くうのか.
・かれは 1 ぴきの ちょうを とる ために, 8年の 歳月を ついやした.

問題 19 「ために」をくみあわせてつくる句や節が, 目的をあらわすばあいと, 原因をあらわすばあいの, テンス形式のあらわれかたについてかんがえよ. なお,「ために」のまえが, 動作であるばあいと, 状態であるばあいにわけてかんがえるとよい.

〈ヒント〉かれは 1 ぴきの ちょうを とった ために 有名に なった.
　　　　　スル タメニ, シタ タメニ, シテ イル タメニ,
　　　　　アル タメニ, アッタ タメニ, ナイ タメニ
　　　王さまが いる ために, いつも 平和が おびやかされる.

問題 20 つぎの「ように」の用法をのべよ.
ア) わたしは ただ あなたが いった ように やったのだ.
イ) おとこは すべてが おわって しまった ように うなだれて いた.
ウ) おんなは じぶんも つれて いく ように おとこに たのんだ.
エ) これで おかずを かう ように, ここに お金を おきます.
オ) おじさんは 死後の 世界でも みて きた ように うつろな 目を して いた.
カ) ちょうど みみが かくれる ように かって ください.

第22章 あわせ文（複合文）(2)
条件節，ふたまた述語文

1. 複文 (2)　条件節，譲歩節をもつ複文

1.1. 条件節・譲歩節をもつ複文の性格

1.1.1. ブラックボックスのそとの関係
　条件節または譲歩節は，有効な，または無効な条件をしめすつきそい節である．
　・いなかへ いけば，あいつに あえる．
　・いなかへ いくと，あいつに あうので，いきたく ない．
　・いなかへ いったら，あいつに これを わたして くれ．
　・いなかへ いくなら，あいつに これを もって いって くれ．
　・いなかへ いっても，あいつには あえない．
　・いなかへ いったって，あいつには あえないよ．
　「Aという条件があれば，aということが成立する」というばあい，Aとaの関係はブラックボックスのそとの関係であって，aが成立するための原因や理由というかたちではのべられていない．原因や理由としてのべるためには，つきそい節の述語のかたちをかえなければならない．
　・いなかへ いくから，あいつに あえる．
　・いなかへ いくので，あいつに あえる．
　・いなかへ いくけれども，あいつに あえない．
　・いなかへ いくのに，あいつに あえない．
　また，条件・譲歩節のある複文は，原因・理由をのべるつきそい節で，さらに拡大して，ブラックボックスのなかの関係をつけくわえることができる．
　・あいつは いつも いなかに いるから，いなかへ いけば，あいつに あえる．
　・あいつも いなかへ いくから，いなかへ いけば あいつに あえる．

・あいつは いま いなかに いないから, いなかに いっても, あいつには あえない.

　日本語の条件句節 (A) と主節 (a) との関係の基本は, ブラックボックスのそとの関係をあらわすことであって, この関係さえなりたてば, 未来のことでも, 過去のことでも, また, 現実のことでも, 非現実のことでも, あらわすことができる.

・酒屋が あいて いたら, ビールを かって きて くれ.
・けさ いえの まえの みちを はいて いたら, 1万円札が おちて いた.
・はれて いれば, 富士山が みえたのになあ.

1.1.2. モーダルな性格

　文, 節, または述語のあらわす内容を, はなし手が一定の態度によって現実と関係づける, そのありかたをモダリティーという. 条件節あるいは譲歩節が, その内容(ブラックボックスのそとの関係)を, 仮定的なものとしてさしだすか, それとも, 現実的なものとしてさしだすかなどということは, これらの条件・譲歩構文のモーダルな側面である. これらの構文のつきそい節は, モーダルな側面からみると, つぎのようにわけることができる.

①仮定的な条件 (成立するかどうか まだわからないのだが, 成立するかもしれないし, 成立しないかもしれない条件) をさしだすもの
②予定的な条件 (一定時間後に成立が予定されている条件) をさしだすもの
③反現実の仮定的な条件 (現実には ないのに, かりに, あることとして さしだす条件) をさしだすもの
④既定の条件 (すでに現実に成立した条件) をさしだすもの
⑤一般的な条件 (特定の時間位置に限定されず, 習慣的なくりかえし, あるいは一般的な可能性として成立する条件) をさしだすもの

・あした 雨が ふったら, えんそくは やめる.
・むこうに ついたら, 電話しろ.
・もしも おれが おんなだったら, おまえの ような おとこが すきに なっただろう.
・目を さまして, あまどを あけると, ゆきが つもって いた.
・この あたりは おお雨に なると, かならず みずが つく.
・あした 雨が ふっても, えんそくは やめない.
・むこうに ついても, 電話するな.
・たとい おれが おんなで あっても, おまえの ような おとこは すきに ならなかっただろう.

・オーバーに ついた どろは，ブラシで こすっても，おちなかった．
・ここは 台地だから，おお雨が ふっても，みずが つかない．

問題1　うえの各例文を，つきそい節のモーダルな性格によって分類せよ．

1.1.3. 条件と帰結のことがら関係

　条件・譲歩構文のあらわす条件と帰結の関係は，基本的には，ブラックボックスのそとの関係である．しかし，実際には，条件・帰結の両者の内容から，そのことがら関係を知ることができる．条件句節の主節に対することがら関係には，つぎのようなものがある．

①ひろい意味で原因になっているもの
・そんなに おさえつけたら，こわれるよ．
・「ごはんが できたよ．」と いうと，彼女は 「まだ いらないわ．」と こたえた．
②本質的なもの，評価的なものに対して，現象や徴候などになっているもの
・あせが でれば，もう なおってるんだ．
・そんな ものが いたら，ばけものだ．
・だまって いたら すむと おもったら，おおまちがいだぞ．
③時間的，空間的な状況になっているもの
・6時の チャイムが なったら，かえりなさい．
・山田駅で おりると，すぐ まえに あります．
④言語・思考活動のばめんを設定するもの
・本当の ことを もうしあげますと，ご主人は いま 大阪に いらっしゃるのです．
・いまと なって かんがえて みると，不平に おもったのは，わたしが わかかったのだ．
⑤発見のばめんを設定するもの
・よく みると，路上に ふるびた なわが おちて いた．
・くつを はこうと すると，さきの ほうに なにか かたい ものが あった．
⑥あるできごとが成立するばめんとなる，こちらの行動を設定するもの
・へやで 本を よんで いると，とつぜん どこかで ドカンと いう おおきな おとが した．
・山門を はいると，ぼうさんが にわを はいて いた．

1.1.4. 条件節・譲歩節の陳述的な独立性

　さきに，「けれども」と「のに」，あるいは「から」と「ので」をくらべるなかでみ

たのと同様に，条件・譲歩構文のばあいにも，つきそい節のそれぞれの形式がそれぞれの程度にモーダル，ないしテンポラルな独立性をもつ可能性をもっているといってよいだろう．

　こうした陳述的な独立性の度あいは語形によってちがっており，「すれば」より「するなら（したなら）」のほうが，「すると」より「したら」のほうが，「しても」より「したって」のほうが，それぞれおおきい．

　・おまえが ついて きて くれるなら，目的地が ちかづけば おしえて くれるだろう．
　・駅に ついたら，電話を かけると むかえに きて くれる．
　・おまえが どんなに ちからもちだと いったって，こいつは ちょっとぐらい たたいても こわれる しろものでは ない．
　・かみは しめって いなかったのに，マッチで 火を つけても，もえなかった．

　問題2　まえの章で「けれども」と「のに」をくらべたような方法によって，条件節や譲歩節の陳述的な独立性を，いろいろと検討せよ．（この問題は，「1.2. 条件節」と「1.3. 譲歩節」をおわってから，とりくんだほうがよいとおもわれる．）

1.2.　条件節の用法

　主文でのべるできごとやありさまの成立や発見の条件をあらわすつきそい節を条件節という．

1.2.1.　仮定条件をあらわすばあい

　つきそい節の述語が「すれば」「したら」「するなら（したなら）」のかたちをとると，仮定条件をあらわすことができる．

　・もし 田中さんが こられれば，その ことを つたえて おきます．
　・あした 雨が ふったら，授業の 用意を して 学校へ きなさい．
　・わたしに ついて くるなら，きびだんごを やるし，ついて こないなら，やらない．

　「するなら」は，時間的に対立する語形として，「したなら」をもっている．「するなら」と「したなら」は，未完了と完了として対立している．このように語形が変化することは，陳述的な独立性が相対的におおきいことと関係しているだろう．

　・青木さんに あうなら，この 紹介状を もって いけ．
　・青木さんに あったら，この 紹介状を わたせ．
　・もし 野村が 別府いきの きっぷを かったなら，久美子に 連絡する ことは 確実

だ.
・「野村が 別府いきの きっぷを かったぞ.」「そうか. 野村が いくなら, 久美子も つれて いく はずだ.」

条件節のいろいろな用法のなかで, 仮定条件をあらわすばあいが, いちばん陳述的な独立性がたかい. この用法のばあいには, 主文の述語に命令形やさそいかけ形をつかうことができる.

「すると」の形も, つぎのようなばあいには, 仮定条件をあらわすが, 主文の述語に命令形やさそいかけ形をつかうことはできない.「もし」とも, 共存しにくい.
・へんな まねを すると, 警察に連絡するぞ.
・はやく かえらないと, おくさんが 心配するよ.

1.2.2. 反現実の仮定条件をあらわすばあい

つきそい節の述語が「すれば」「したら」のかたちをとると, 反現実の仮定をあらわすことができる.
・きのう くれば, おみこしを かつがせて やったのに. おしい ことを したね.
・もう 1 日 雨が ふったら, 大水に なる ところだった.

過去の反現実の仮定をあらわすときは,「して いれば」「して いたら」のかたちになることがおおい.
・かれに あって いれば, いろんな ところへ 案内して くれたで あろう.
・子どもの ときに おぼえて いたら, いまごろ 苦労しなくても よいのになあ.

1.2.3. 予定的な条件をあらわすばあい

未来の個別的な条件のなかで, あるていど予定されていることがらについては, 条件というよりは, 時間をあらわしているといったほうがよいばあいがある.
・むこうに ついたら, 電話して くれ.

1.2.4. 一般的な条件をあらわすばあい

つきそい節の述語が「すれば」「すると」「したら」のかたちをとると, 一般的な条件をあらわすことができる.
・このごろは, スーパーマーケットへ いけば, なんでも そろう.
・春が くると, 花が さきます.

「すれば」は過去の個別的な条件をあらわすことができないが, 一般的な条件なら, 過去のことでもあらわせる.
・むかしは, この あたりでも, 1 歩 そとへ でれば, たんぼが みられた.

1.2.5. 過去の個別的な条件をあらわすばあい

つきそい節の述語が「すると」「したら」のかたちをとると，過去の個別的な条件をあらわすことができる．このばあい，ことがら的な関係としては，きっかけをあらわすことがおおい．また，それが発見のきっかけであることもおおい．

・ふたを あけると，ゆげが ぱあっと まいあがった．
・ふたを あけると，なかには 小判が はいって いました．
・うちへ かえったら，おぼうさんが きて いました．
・おれが「コラッ」と どなったら，子どもたちは，一目散に にげて いった．

発見のきっかけのばあいもそうであるが，過去の個別的な条件の用法のなかで，ふたつのことがらの偶然的なであいをあらわすものは，ふつうつきそい節と主節の述語動詞のアスペクト形式がことなっている．

・わたしたちが 山門を はいると，ぼうさんが にわを はいて いました．
・ぼくたちが ひろばで あそんで いると，とつぜん どこかで ドカンと いう おおきな おとが しました．

問題3 「1.2. 条件節」にかかれていることを表にまとめよ．1.2.1～1.2.5の項目をひだりがわに たてにならべ，「すれば」「するなら（したなら）」「したら」「すると」という語形をうえに よこにならべて，ワクぐみをつくり，そのなかに，あるものは○，ないものは×，というふうに表をつくってみよ．

項目＼語形				

問題4 つぎの各文は，それぞれ二様にとれる．どのようにか．
ア）その 映画を みると，花子は なみだを ながした．

イ) その 映画を みれば, 花子は なみだを ながした.

1.2.6. 状況語節になるばあい
条件形の動詞が主語をともなわず, 状況語節になることがある.
・春に なると, こおりが とける.
・5時に なったら, みんな かえります.
・この さきを 100メートルほど いくと, おじぞうさんが あります.

1.2.7. 「すると する」「したと おもうと」
①「すると する」「したと する」
「する (した) と する」は仮定をあらわす動詞で,「する (した) とすれば」「する (した) と したら」「する (した) と すると」など, どの条件のかたちをとっても, 仮定をあらわす. また,「する (した) と する」「する (した) と せよ」のようないおわりのかたちでも仮定をあらわすことができる. (参照:第9章-8)
・あいつが きたと すれば (したら, すると), ここに 指紋が ついて いる はずだ.
・たとえば おまえが 社長で ある (あった) と せよ. おまえは ああいう ことを すると おもうか.

②「したと おもうと」
つきそい節の述語が「したと おもうと」「したと おもったら」でむすばれる文は, 2つのことがらがあいついでおこることや, 2つのことがらが両方ともおこることをあらわす.(「すると する」が文法的くみあわせ動詞であるのに対して,「したと おもうと」は, くみあわせ語形 (分析形) ではあるが, せまい意味の語形である. つまり,「おもうと」が, つきそい接続詞である. (参照:第16章-4)
・このあいだ サクラが さいたと おもったら, もう 夏が やって きた.
・こちらで 本を よんで いる やつが いるかと おもうと, あちらでは, すもうを とって いる やつが いる.

1.3. 譲歩節の用法
つきそい節でのべる条件があっても, 主節でのべるできごとやありさまが成立しないことをのべる複文のつきそい節を譲歩節 (ゆずり節, 逆条件節) という.
譲歩節は, 述語を「しても」「したって」「しようと (も)」「しようが」「した ところで」などにしてつくる.
・とけいが 12時を うっても, はな子は まだ ねて いた.
・いくら 雨が ふったって, ぼくは へいきだ.

・雨が ふろうと，やりが ふろうと，おれは かならず いく．
・ひとが みようが みまいが，そんな ことに かまって いる 彼女じゃ ないわね．
・いくら ないた ところで，かれは かえって こないよ．

過去の一般的な譲歩は，「しても」「したって」「しようと」などによって，あらわすことができる．

・雨が ふっても，三太は かさを ささなかった．
・だれが なんと いおうと，彼女は いつも へいきな かおを して いた．

過去の個別的な逆条件は，「しても」によって，あらわすことができる．

・「ハハ キトク」の 電報が きても，主人は きぬよを うちに かえらせなかった．

過去の反現実の仮定に対する譲歩は，いろいろな譲歩形式によってあらわすことができるが，このばあい，「して いる」の譲歩形式にすると，過去のことであることがはっきりする．

・あのとき いつもの 服装を して いても，みつかって いなかったと おもう．
・あと 半年ぐらい はやく 医者に みせて いた ところで なおりは しなかっただろう．

譲歩節は，その条件があっても なくても，おなじであることをあらわすことがある．そのばあい，対立することがらを対にしてならべることがおおい．また，疑問詞がつかわれることがある．

・この レストランは，めしを くっても くわなくても 入場料を とられる．
・この 機械を つかえば，しろうとが やっても，くろうとが やっても おんなじだ．
・だれが いっても，むこうは おなじ ように あつかうだろう．

このばあい，「……に」のあとに，つきそい接続詞の「しても」「しろ」「せよ」をくみあわせることがある．これらは対にしてつかうが，疑問詞がつかわれるばあいには，対にしなくてもよい．

・アメリカへ いくに しても，中国へ いくに しても，外国へ いく ことには かわりない．
・だれが いくに しろ，わたしの 意思は，きちんと つたえて もらわなければ ならない．

問題5 「しても」と「したって」の共通性とちがいをしらべてみよ．

2. 複雑なあわせ文

①おなじようになりたつふたつ（以上）の重文が，さらにおおきなあわせ文の，ようす，または，原因・理由をあらわすつきそい節になることがある．

・そらは あかるいし，舟の エンジンは 快調だし，とても きもちが よい．
・ひとが たくさん あつまって いるし，ポリスが いるし，なにか あったに ちがい ない．
・きのうは 雨が ふったり 風が ふいたり（して），とても ひどい 天気だった．
・山田くんが おおごえで わらったり，田川さんが さかだちしたり，小林くんが おどったり して，みんなは わらいつづけました．
・ないて いる 子も いれば，わらって いる 子も いて，たいへんな さわぎだった．
・はなが さいて，とりが ないて，わたしは とても 勉強なんか する 気に なれな い．

問題6　うえの諸例と同類の文をつくれ．

先行節の主語が「～も」のかたちをとれば，ひとつだけでも，うえと同様のつきそい節になることができる．

・きょうは そらも あかるいし，とても きもちが よい．

問題7　うえの文の先行節の述語をいろいろにかえて検討せよ．

②「…が，….」「…けれども，….」「…のに，….」をのぞく重文は，おなじかたちの節をいくつもならべてつなぐことができる．

・一郎が うたったり，二郎が おどったり，三郎が ないたり，……N郎が ころん だり した．

譲歩節はよく対にしてつかわれる．

・太郎が はなしかけても，花子が はなしかけても，三郎は くちを きかなかった．
・特急に のろうと，飛行機に のろうと，もう まにあわない．

規定語節はつみかさねてつかうことができる．

・花子は，花子が 愛して いる 男の 愛して いる 女を にくんで いる．
・次郎は ひとりの 子どもが もって いる おもちゃを もう ひとりの 子どもが とろ うと して いる 絵が はいって いる 額を かべに かけた はなしが かいて ある 本 を よんだ．

規定語節をのぞくと，おなじ形式のつきそい節は，つみかさねてつかうことができ

ない.
　×・太郎が 次郎を なぐったので，次郎が 太郎を なぐりかえしたので，太郎が な
　　きだした.

　問題8　うえの文はどのようなあわせ文にすればよいか.

　③形式のことなるいろいろな節をくみあわせて，いろいろな複雑なあわせ文をつく
ることができる.
　・急に さむく なって，ひとびとが かぜを ひいたので，お医者さんが いそがしく
　　なった.
　・急に さむく なったので，ひとびとが かぜを ひいて，お医者さんが いそがしく
　　なった.
　・急に さむく なった ために，ひとびとが かぜを ひいて，お医者さんが いそがし
　　く なった.
　・急に さむく なった ために，ひとびとが かぜを ひいたので，お医者さんが いそ
　　がしく なった.
　・急に さむく なって，ひとびとが かぜを ひいた ために，お医者さんが いそがし
　　く なった.
　・きのう 政夫君は，ぼくを なぐろうと したが，にいさんが 政夫君を にらみつけ
　　たら，政夫君は にいさんが 政夫君を なぐるのだと おもって，にげて いった.

　問題9　いろいろのジャンルの文章のなかから，いろいろなタイプの複雑なあわせ
文をさがしだしてみよ.

3. ふたまた述語文

　あわせ文ではないが，あわせ文と純粋のひとえ文とのあいだに，ふたまた述語文が
ある．ふたまた述語文は，ひとつの主語に対して述語がふたつある文である．

　ふたまた述語文も，ひとつの文のなかにふたつのことがらをいれてのべる点で，あ
わせ文とおなじであるが，そのふたつのことがらの主体がおなじであるので，ふつう
は主語をひとつしかおかないのである．
　・おばあさんは うちに かえって，おじいさんを まって いました.
　・ウサギは 耳が ながくて 目が あかい.
　・うちに かえって，おばあさんは おじいさんを まって いました.
　あわせ文であっても，ことがらの主体があきらかであるばあいは，主語を省略する

ことがある．
　・久美子は やっと うちに かえりついた．玄関の 戸を あけると，なかから おぼう
　　さんの こえが きこえて きた．
　・お電話を くださいましたら，いつでも おうかがいします．
　けれども，これらのばあいは，主語をおぎなおうとおもえば，おぎなうことができ
る点で，ふたまた述語文とことなる．

　問題 10　まえの 3 文と，あとの 2 文にそれぞれ主語をおぎなうことができるかど
うか，点検せよ．

　ふたつのことがらの主体がおなじであっても，両方とも主語をおくことがある．こ
のばあいは，あわせ文である．
　・おれが うえた 木を おれが きるのだ．それが なぜ わるい．
　・まいにち かれが じぶんで めしを つくって，かれが ひとりで それを くう．そ
　　ういう 生活に たえきれなかったのでしょうか．
　あわせ文の，先行する節の述語をかたちづくる形式は，たいていふたまた述語文の
先行する述語をかたちづくることができる．

　問題 11　第 21 章と 22 章のいろいろのタイプのあわせ文を，述語の形式をかえな
いで，ふたまた述語文にかえてみよ．

　あわせ文よりふたまた述語文のほうによくつかわれる形式がある．第 2 中止形は，
あわせ文よりふたまた述語文のほうによくつかわれる．
　・わたしは，午前中 いえの かたづけを して，午後 かいものに いきました．
　「すると」のかたちは，ふたまた述語文のなかでつかわれると，つづいておこる 2
つの動作のうちの先行動作をあらわす．このばあい，主語が「は」のかたちをとる．
　・おんなの子は たちあがると わあっと なきだした．
　「～したり ～したり」や「…も ～すれば，…も ～する」という形式は，ふたまた
述語文にもつかわれる．
　・まってる あいだ ウインドーを みたり タバコを すったり した．
　・むらびとたちは この おがわで うまも あらえば，なべも あらう．

第23章　文法的なカテゴリーと文法的なてつづき

1. 語形変化と文法的なカテゴリー
（1.でつかわれている，てつづきに関する用語は，2.で説明する.）

1.1. 語形と語形変化
　単語が文のなかでつかわれるとき，文法的なはたらきや文法的な意味にしたがってさまざまにかたちをかえる．その，それぞれのかたちをその単語の語形という．（語形は，grammatical form of word「単語の文法的なかたち」といわれる.）単語が文中で一定のはたらきをするためにかたちをかえることを語形変化という．

　問題1　「のむ」を語形変化させて，つぎの文の（　）をうめよ．
　ア）太郎，ちゃんと　くすりを　（　　　　　）だめですよ．
　イ）この　くすりを　食後に　ひとつずつ　（　　　　　）．
　ウ）この　くすりは，毎日　（　　　　）きくが，一日でも　（　　　　），ききめが　うすれる．

1.2. 文法的なカテゴリー
　文法現象はきわめて体系的であって，ひとつの語形はけっして他の語形から孤立して存在したりしない．ひとつの単語の諸語形は，たがいに特殊な面をもっていて，それによって対立しながらも，それと同時にたがいに共通な面をもっていて，それによって統一されている．たとえば，「よむ」と「よんだ」は，ともに「とき」をあらわす点で共通していて，その「とき」の特殊性の面で対立している．つまり，一方は現在・未来を，他方は過去をあらわすという点で，それぞれ独自性をもちながら，ともに「とき」をあらわすという一般性によって統一されているのである．
　いくつかの文法形式がひとつの一般的な文法的内容（意味または機能）で統一され

ているとき，その一般的な文法的内容を文法的なカテゴリーという．うえの例でいえば，非過去形と過去形のもつ文法的な意味に共通なもの，つまり，「とき」が文法的なカテゴリーである．

1.3. 曲用と活用

1.3.1. 曲用

名詞は，文中で他の単語との関係をあらわすために一定のかたちをとる．これを格語形という．

  イヌが：主格（し手格）　……　<u>イヌが</u> ネコを おいかける．
  イヌを：対格（うけ手格）　…　ほうやが <u>イヌを</u> かわいがる．
  イヌに：与格（あいて格）　…　ほうやが <u>イヌに</u> えさを やる．

名詞がいろんな格のかたちをとるためにかたちをかえることを格変化という．

名詞をならべるときには，「山と 川」「山や 川」などのように，「～と」「～や」のようなかたちをとる．これを名詞の並立形という．

名詞的なカテゴリーによる語形変化のことを曲用という．

日本語の名詞は，格と並立のカテゴリーをもっており，これによって語形変化する．これが日本語の名詞の曲用である．

日本語の名詞は，とりたてのカテゴリーによっても語形変化する．しかし，このカテゴリーは動詞や形容詞にもあって，名詞特有のものではない．とりたてのカテゴリーによる語形変化は，曲用，活用にそれぞれ分属しているとみるべきか，それとも，両者から独立しているとみるべきかは，現在のところ未研究なのであるが，1.4 でとりあげておく．

日本語の人称代名詞は，名詞と共通のカテゴリーのほかに，数，さらに一部に性のカテゴリーをもっている．これらのカテゴリーによる語形変化も，曲用である．

1.3.2. 活用

動詞は，ムードやテンスによって，「よむ」「よんだ」「よもう」「よめ」のように変化する．また，ヴォイスによって「よむ」（能動）「よまれる」（受動）「よませる」（使役）などのように変化する．また，運動の過程と関連して「よむ」「よんで いる」「よんで しまう」「よんで ある」などに変化する．

このような，動詞的なカテゴリーによる語形変化は，（一般文法論で）活用といわれている．

日本語では，動詞，形容詞，述語名詞に共通なカテゴリーは用言的なカテゴリーで

あり，動詞に特有なカテゴリーは動詞的なカテゴリーであって，両者は区別される．このちがいは，用言的なカテゴリーが用言が述語になることとかかわりをもつのに対して，動詞的なカテゴリーが，動詞が運動をあらわすこととかかわりをもつということからくるのである．

動詞（第6章-2），イ形容詞・ナ形容詞（第11章-1），述語名詞（第11章-4）にでている4つの基本的な活用表は，動詞のさそいかけ形と命令形をのぞけば，用言の活用表として共通である．そして，第9章 動詞（4）のいろいろな文法的カテゴリーの動詞の表にあるものは，動詞的なカテゴリーによる語形である．

1.4. とりたて

一定の手段をもちいて，文の部分のあらわすものごとをとくに強調して，他の同類のものごととてらしあわせてのべることを，文の部分のとりたてという．

いろいろな品詞に属する単語が，とりたて助辞をつかって，とりたて形にしてつかわれる．しかし，名詞以外の単語をとりたて形にするばあいには，かなりの制限がある．

とりたて助辞の2種については，第3章-1.3.2参照．

1.4.1. 名詞の格のとりたて形
（参照：第3章-1.3.2）

1.4.2. 動詞のとりたて形
①総合形のとりたて

総合形のとりたて形は，「のむ」「のんだ」を分析形にして，「のみも する」「のみこそ したが」のようにする．

②分析形のとりたて（1）

分析形のとりたて形は，まえ要素のあとにとりたて助辞をくっつけてつくることもある．

・のんで いる → のんでは いる／のんで いさえ する
・のんで やる → のんでも やらなかった

③分析形のとりたて（2）

分析形のとりたて形は，まえ要素，または，あと要素をとりたて形にして，つくることもある．

・のんで いる　　のみは して いる／のんで いも しない
・のんで やる　　のみは して やったが／のんで やりも しないのに

1.4.3. 形容詞のとりたて形
①総合形（みとめのかたち）のとりたて形
　みとめのかたちのとりたて形は，「きたない」「しずかだ」を分析的なかたちにして，まえ要素のあとにとりたて助辞をくっつけ，「きたなくさえ　ある」「しずかでも　ある」のようにする．
②分析形（うちけしのかたち）のとりたて（1）
　まえ要素のあとにとりたて助辞をくっつける．
　・きたなく　ない → きたなくも　ない
　・しずかで　ない → しずかでさえ　ない
③分析形（うちけしのかたち）のとりたて（2）
　あと要素「ない」を「あらない」にかえて，それをとりたて形にする．
　・きたなく　ない → きたなく　ありは　しない．
　・しずかで　ない → しずかで　ありも　しない．

2. 語形つくりのてつづき
単語の語形をどのようにしてつくるかを語形つくりのてつづきという．

2.1. 屈折と膠着
日本語の語形つくりのてつづきには主要なタイプとして屈折と膠着がある．

2.1.1. 屈折
単語の一部をとりかえて語形をつくるてつづきを屈折という．日本語の動詞は語尾のとりかえによる語形つくりを基本的なてつづきとしている．

　　　nom-u　　nom-ô　　nom-e　　nom-i　　nom-eba
　　　mi-ru　　mi-yô　　mi-ro　　mi　　　mi-reba

2.1.2. 膠着
単語に接辞をくっつけて語形をつくるてつづきを膠着という．日本語の名詞は，うしろに助辞をくっつけて語形をつくる．

　　　やま　　やまが　　やまを　　やまに　　やまへ　　やまと
　　　ぼく　　ぼくが　　ぼくを　　ぼくに　　ぼくへ　　ぼくと
　　　※名詞が名詞らしいのは，曲用するからであって，膠着のてつづきをとるからではな

い．同様に，動詞が動詞らしいのは，活用するからであって，屈折のてつづきをとるからではない．（参照：第3章−1.3.4）

問題2　つぎの語形変化は曲用か，活用か．また，その語形つくりのてつづきは，屈折か，膠着か．
ア）they − their − them　　イ）go − goes　　ウ）boy − boy's
エ）meet − met　　　　オ）tooth − teeth　　カ）want − wanted

2.2.　語幹，語尾，接辞

2.2.1.　語幹

　語幹（stem）というのは，語形の要素であって，語形から語尾や接辞をとりのぞいたものである．屈折や膠着のてつづきでつくられる語形は，

　　　　　　　語幹 ＋ 語尾
　または，　　語幹 ＋ 接辞

という，ふたつの語形つくりの要素からなりたつわけである．

　　※語幹は，語尾と対立する要素であって，原則として変化しない要素であるが，同一の単語にひとつであるとはかぎらない．日本語の強変化動詞（五段動詞）は，いわゆる音便によって，かわり語幹（音便語幹）が生じて，基本語幹と音便語幹のふたつをもつようになった．（カッコ内は語尾）
　　　　基本語幹　　nom-（-u，-ô，-e，-i，…）
　　　　音便語幹　　noN-（-da，-de，-dara，…）

2.2.2.　語尾・接辞

　語尾と接辞（ending, affix）は，ともに語形のなかにあって，文法的な機能や意味におうじて変化する部分である．語尾と接辞のちがいは，のこりの変化しない部分（語幹）に対する相対的な非分離性と分離性のちがい，つまり，語幹とのむすびつきが，かたいか，ゆるいかという，くいこみの程度のちがいである．語尾は，語幹とのむすびつきが比較的かたいものであり，接辞は，語幹とのむすびつきが比較的よわいものである．

　問題3　日本語の語形変化で，語尾の典型的なもの，接辞の典型的なものの例をあげよ．

　問題4　つぎの語形を，語幹と語尾，または，語幹と接辞にわけよ．（語尾には下線をひき，接辞はマルでかこめ．）

ア) kaita　　イ) hoNga　　ウ) miyô　　エ) anatasae
オ) kokorokara　　カ) noNdemo　　キ) tabetara　　ク) odorô

2.3.　その他の語形つくりのてつづき

屈折，膠着のほかにも，語形つくりのてつづきがある．そのいくつかをここにあげておく．なお，これらは，語構成からかりたもの（複合）をふくんでいる．

〈複合〉

語形のしるしとなる単語をくっつけて，複合語のかたちにする．
　よみはじめる，よみつづける，およみもうしあげる

〈くりかえし〉

単語の全部または一部をくりかえす．
　よみよみ，勉強しいしい

〈くみあわせ〉

補助動詞などとくみあわせる．
　よんで いる，よもうと する，よむ ことが できる
　およみに なる，よみさえ しない

〈うめあわせ〉

他の語形，または，他の単語の語形をかりてきて，その語形のかわりにする．
　ていねい体のみとめ動詞の命令形は，「よみませ」でなく，「よみなさい」である．これは，「よみなさる」の命令形からかりてきて，うめあわせたものである．

2.4.　語構成（単語つくり）のてつづきについて

語構成論（語彙論の一部）というのは，すでにある単語や造語要素をつかって，あたらしい単語をどのようにつくるかをあつかう分野であるが，それによれば，単語は単純語と合成語に，合成語は複合語と派生語にわけられる．

〈単純語〉

それ以上に，意味のある要素にわけることのできない単語．

〈合成語〉
　意味のある要素をくっつけてつくった単語.

〈複合語〉
　合成語のうち，ふたつ以上の単語でつくられたもの.

〈派生語〉
　合成語のうち，ひとつの単語と接辞（接頭辞または接尾辞）によってつくられたもの.

〈語基〉（base）
　単語つくりの要素となるときの基本的な形式.
　たとえば，「yomu」，あるいは「wakai」という単語が合成語の要素となるとき，yomi-kata, yomi-kaki, yomi-otosu, hiroi-yomi, zyûbako-yomi, あるいは，waka-daNna, waka-mono, waka-gaeru, waka-sa, tosi-waka のように，「yomi」あるいは「waka」が，単語つくりの要素となるための形式となる．これらは，それぞれの単語の語基である．

問題 5　単語つくりと語形つくりは，どうちがうか.

2.5. 語構成論からかりた概念

　語形のつくりかたは複雑で，いくつかの層をなしており，うえの層にあるものは，相対的に単語にちかい．たとえば，「よみます」という語形は，「よむ」という単語がヨム―ヨンダ―ヨモウ―ヨメと語形変化するように，ヨミマス―ヨミマシタ―ヨミマショウ―ヨミナサイと語形変化する．つまり，この「よみます」は，語形ではあるが，一定の段階において単語相当である．しかも，そのつくりかたをみると，ヨミと

			名詞	動詞	文法的カテゴリーの動詞
単純語		単語+φ	はる	たべる	よむ
合成語	複合語	単語+単語	はるかぜ	たべあるく	よみはじめる
	派生語	接頭辞+単語	こみち	ぶんなぐる	
		単語+接尾辞	はなや	すわりこむ	よみます，よまれる

いう語基にマスという接尾辞がついてできているので，これは，派生動詞相当である．しかし，語彙的にみると，「よみます」は，「よむ」とおなじ単語であって，接辞がついたといっても，派生語になったわけではない．こうしたものを文法的派生語という．

文法的複合語，文法的派生語という概念は，語構成論からの借用である．

問題6　第9章-1の文法的カテゴリーの表のなかにある，それぞれの，文法的な，派生動詞や，複合動詞や，くみあわせ動詞が，基本的な活用表にしたがって活用することをたしかめよ．

2.6. 総合形と分析形

ひとつの単語でつくられた，語形を「総合形（synthetic form）」といい，これに対して，ふたつ以上の単語をくみあわせて，つくられた語形を「分析形（analytic form）」という．

文法的派生動詞や文法的複合動詞は，せまい意味の語形と同様，総合形である．これに対して，文法的くみあわせ動詞は分析形である．

なお，はなしことばには，「わたしゃ（あ），そりゃ（あ），してらあ」のような助辞が融合化したかたちや，分析的なかたちに由来する「してる，しとく，してく，しちゃう」のようなかたちがあらわれることがある．

3. 動詞の語形つくりのてつづき

〈強変化動詞と弱変化動詞〉

日本語の動詞の語形は，屈折，つまり語尾のとりかえを基礎にしてつくられる．そこで，まず，第6章の2でしめした活用表の，ふつうの動詞のみとめの動詞のところの語形変化のしかたにそって，その変化のてつづきをながめてみる．最初は，変化のよわい「おきる」「ねる」を例にとって説明する．（この章の最後の表参照）

屈折のばあい，変化しないところを語幹といい，変化するところを語尾という．ここにあげる表のハイフン「-」のまえが語幹，うしろが語尾である．そして，ナカグロ「・」のあとは，膠着のてつづきによってくっつけられた接辞（このばあいは，接尾辞）である．

「おきる」「ねる」のばあいは，語幹は「～i-」または「～e-」，つまり，それぞれおなじ語幹でつらぬかれている．これに対して「よむ」の語形変化をみてみると，すこし複雑で，2種類の語幹をみとめなければならなくなる．（yom- のほうを基本語幹

といい，yoN- のほうを音便語幹という．）そして，語尾のほうも，i, u, e, o の母音ではじまるものと，子音 d ではじまるものとがある．

「よむ」の類は，変化がおおきく，強変化（五段活用）とよばれ，「おきる」「ねる」の類は，変化がちいさく，弱変化（一段活用）と呼ばれる．

第 6 章-2 でとりあげた表は，動詞のカテゴリーにしたがって語形をならべたものであるが，語形つくりの側面からながめると，つくりかたのタイプがいりまじることになるので，これを語形つくりの観点からならべかえ，また，おなじタイプの語形はあるていど省略して，つくりかえたのが，以下の表である．

強変化は，音便語幹のつくりかたにいくつかのタイプがあるので，それぞれをあげる．また，「する」（サ行変格活用＝サ変），「くる」（カ行変格活用＝カ変）のような特殊活用もふくめて，ここにならべる．

（参照：鈴木重幸 1972『日本語文法・形態論』）

〈語基〉

この章の最後の表は，文法的派生動詞と文法的複合動詞のつくりかたをしめしたものであるが，これらのつくりかたは，単語つくりに準ずるので，もとの動詞の語基に接辞や接辞相当の動詞をつけてつくることになる．

弱変化のばあい，派生動詞をつくるための語基は，語幹とおなじである．強変化動詞のばあい，基本語幹に i をつけたもの，つまり，第 1 中止形とおなじかたちが第 1 語基となるが，基本語幹に a をつけたかたちが第 2 語基となって，少数の文法的派生動詞をつくるのにつかわれる．不規則動詞も，それぞれに第 2 語基をもっている．これらをあわせて，ひとつの表にした．

〈特殊なもの〉

強変化動詞のなかには，部分的に特殊な変化をするものがある．たとえば，「なさる」「くださる」「おっしゃる」「いらっしゃる」の命令形，ていねい動詞は，「nasar-e」，「nasari・mas-u」ではなくて，「nasa-i」，「nasai・mas-u」である．また，「いく」の音便語幹は，「ii-」でなく，「iQ-」である．

このほか，不規則な活用表をもつものがある．たとえば，「ある」には「あらない」や「あって いる」などがなく，「ばかげる」には「ばかげよう」「ばかげろ」などがない．しかし，これはカテゴリーの問題であって，いまのべている語形つくりのてつづきの問題ではない．

※なお，日本語の強変化動詞の基本語幹，および弱変化動詞の語幹は，それぞれ，子音および母音でおわるので，これらの動詞を，それぞれ，「子音語幹動詞」および「母

強変化（五段活用）

〈基本語幹〉	sas-	kak-	kog-	yom-	sin-	tob-	tor-	tat-	ka-	〈語尾〉
	(s-)	(k-)	(g-)	(m-)	(n-)	(b-)	(r-)	(t-)	((w)-)	
非過去形	sas-u	kak-u	kog-u	yom-u	sin-u	tob-u	tor-u	tat-u	ka-u	-u
さそいかけ形	sas-ô	kak-ô	kog-ô	yom-ô	sin-ô	tob-ô	tor-ô	tat-ô	ka-ô	-ô
命令形	sas-e	kak-e	kog-e	yom-e	sin-e	tob-e	tor-e	tat-e	ka-e	-e
第1中止形	sas-i	kak-i	kog-i	yom-i	sin-i	tob-i	tor-i	tat-i	ka-i	-i
条件形（-ば）	sas-eba	kak-eba	kog-eba	yom-eba	sin-eba	tob-eba	tor-eba	tat-eba	ka-eba	-eba
〈音便語幹〉	sasi-	kai-	koi-	yoN-	siN-	toN-	toQ-	taQ-	kaQ	
	(音便なし)	(イ音便)	(イ音便)	(はつ音便)	(はつ音便)	(はつ音便)	(そく音便)	(そく音便)	(そく音便)	
過去形	sasi-ta	kai-ta	koi-da	yoN-da	siN-da	toN-da	toQ-ta	taQ-ta	kaQ-ta	-ta/da
第2中止形	sasi-te	kai-te	koi-de	yoN-de	siN-de	toN-de	toQ-te	taQ-te	kaQ-te	-te/-de
例示形	sasi-tari	kai-tari	koi-dari	yoN-dari	siN-dari	toN-dari	toQ-tari	taQ-tari	kaQ-tari	-tari/-dari
きっかけ形 (-たら)	sasi-tara	kai-tara	koi-dara	yoN-dara	siN-dara	toN-dara	toQ-tara	taQ-tara	kaQ-tara	-tara/-dara

弱変化（一段活用）

〈基本語幹〉	oki-	ne-	〈語尾〉
非過去形	oki-ru	ne-ru	-ru
さそいかけ形	oki-yô	ne-yô	-yô
命令形	oki-ro	ne-ro	-ro
第1中止形	oki-φ	ne-φ	-φ
条件形（-ば）	oki-reba	ne-reba	-reba
過去形	oki-ta	ne-ta	-ta
第2中止形	oki-te	ne-te	-te
例示形	oki-tari	ne-tari	-tari
きっかけ形 (-たら)	oki-tara	ne-tara	-tara

（特殊変化）

	k-u-ru（カ変）	s-u-ru（サ変）	ais-u-ru（サ変）	sinz-u-ru（サ変）
非過去形	k-u-ru	s-u-ru	ais-u-ru	sinz-u-ru
さそいかけ形	k-o-yô	s-i-yô	ais-i-yô	sinz-i-yô
命令形	k-o-i	s-i-ro	ais-i-ro	sinz-i-ro
第1中止形	k-i	s-i	ais-i	sinz-i
条件形（-ば）	k-u-reba	s-u-reba	ais-u-reba	sinz-u-reba
過去形	k-i-ta	s-i-ta	ais-i-ta	sinz-i-ta
第2中止形	k-i-te	s-i-te	ais-i-te	sinz-i-te
例示形	k-i-tari	s-i-tari	ais-i-tari	sinz-i-tari
きっかけ形 (-たら)	k-i-tara	s-i-tara	ais-i-tara	sinz-i-tara

音語幹動詞」とよばれることがある．

問題7　特殊変化は，なぜ「特殊」とよばれるのか，かんがえてみよ．

問題8　終止形が～iru，～eruでおわるつぎの動詞の活用を点検して，強変化動詞と弱変化動詞とにわけよ．（終止形が同音形式のものなどもあるので注意．）
a. すぎる，にぎる，かじる，とじる，おちる，せびる，のびる，おりる，
　　いる，きる，しる，ちる，にる，ひる，みる
b. かける，にげる，あせる，まぜる，あてる，つねる，しゃべる，たべる，
　　つめる，それる，える，ける，てる，でる，ねる，へる

問題9　つぎの動詞は，語形のつくりや文法的なカテゴリーのありなしなどに，ふつうの動詞とちがった点がある．その点を指摘せよ．
いく，しぬ，える，とう・そう，愛する・信じる，おっしゃる・なさる・くださる，いたす・もうす・ござる

強変化	弱変化		不規則変化	
<u>yomi</u>・mas-u	<u>oki</u>・mas-u	<u>ne</u>・mas-u	<u>si</u>・mas-u	<u>ki</u>・mas-u
<u>yomi</u>・mas-en	<u>oki</u>・mas-en	<u>ne</u>・mas-en	<u>si</u>・mas-en	<u>ki</u>・mas-en
<u>yomi</u>・hazime-ru	<u>oki</u>・hazime-ru	<u>ne</u>・hazime-ru	<u>si</u>・hazime-ru	<u>ki</u>・hazime-ru
<u>yomi</u>・owar-u	<u>oki</u>・owar-u	<u>ne</u>・owar-u	<u>si</u>・owar-u	<u>ki</u>・owar-u
<u>yomi</u>・a-u	<u>oki</u>・a-u	<u>ne</u>・a-u	<u>si</u>・a-u	<u>ki</u>・a-u
<u>yoma</u>・na-i	<u>oki</u>・na-i	<u>ne</u>・na-i	<u>si</u>・na-i	<u>ko</u>・na-i
<u>yoma</u>・re-ru	<u>oki</u>・rare-ru	<u>ne</u>・rare-ru	<u>sa</u>・re-ru	<u>ko</u>・rare-ru
<u>yoma</u>・se-ru	<u>oki</u>・sase-ru	<u>ne</u>・sase-ru	<u>sa</u>・se-ru	<u>ko</u>・sase-ru

索 引

あ

あいさつ …………………………………… 219
あいさつ語 ………………………………… 177
あいて ……………………………… 40, 41
アクチュアル … 100, 101, 111, 112, 113, 143, 144
アスペクト ……………………… 79, 80, 116, 127
　　アスペクトが未分化 ……………………… 86
　　アスペクトから解放 ……………… 91, 126
　　アスペクト形式 ………………………… 268
　　アスペクト的意味 ………………………… 80
　　アスペクト的な意味 ……………… 88, 94
あたらしい情報 …………………………… 19
あとをおう局面 …………………………… 89
アナロジー ………………………………… 117
ありか—あいて格 ………………………… 27
ありさま …………………………… 1, 220
あわせ述語 ……………………… 141, 232
あわせ部分 ……………………… 8, 181, 193
　　あわせ部分の主体 ……………………… 20
あわせ文 …………………… 22, 63, 116, 251, 271, 273
いいきり形 ………………………………… 64
いいきる文 ………………………………… 220
〈いく〉の方向 …………………………… 106
イ形容詞 …………………………………… 137
イ形容詞派生 ……………………………… 153
以後 ………………………………………… 124
移行 ………………………………… 186, 227
意志的動作 ………………………………… 165
意思的な動作 ……………… 98, 103, 104
意志動詞 ……………………………… 76, 227
以前 ………………………… 95, 96, 124, 125, 135
1 語だけの文 ……………………………… 2
1 語文 ……………………………… 176, 178
一時的な状態 ……………………………… 20
一段活用 …………………………………… 283
一段動詞 …………………………………… 110
位置づけ ……………………………… 158, 159
　　位置づけの基準 ………………………… 44
1 人称 …………………… 121, 140, 141, 145, 245
一定の意味 ………………………………… 189
　　一定の格関係 …………………………… 34
　　一定の格形式 …………………………… 34
　　一定のかたち …………………………… 189
　　一定の機能 ……………………………… 130
　　一定の構文 ……………………………… 130
　　一定の単語 ……………………………… 34
　　一定の名詞 ……………………………… 34
　　一定のやくわり ………………………… 189
1 価動詞 …………………………………… 68
一般化 ………………………………… 22, 229
一般性 ……………………………………… 275

一般的 ……………………………………… 210
　　一般的な条件 …………………… 264, 267
　　一般的な転成 …………………………… 195
一般文法論 ………………………… 56, 101, 276
意図 ………………………………………… 112
移動動詞 ………………………… 34, 37, 86
意図形 ……………………………… 134, 135
意図的 ……………………………………… 77
　　意図的でない動作 ……………………… 114
移入 ………………………………………… 177
いますぐの命令 …………………………… 93
意味 ……………………………… 130, 179, 190
意味的な関係 ……………………… 27, 34
意味分類 …………………………………… 132
依頼 ………………………………………… 158
イントネーション ……………… 23, 217, 221, 250
引用 ………………………………………… 256
引用節 ……………………………………… 42
ヴォイス ……………………… 71, 116, 276
　　ヴォイスから解放 …………………… 126
うけ手 ……………………… 9, 106, 107, 108, 110
うけ手格 …………………………………… 27
うけ手発言 ……………………… 241, 242, 243
うけみ ……………………………………… 98
うけみからの分化 ………………………… 114
うけみ構文 ……………………… 72, 74, 110
うけみ動詞 ……………………… 72, 110, 126
うけみ文 …………………………………… 38
うごき ……………………………… 9, 189
うちけし ………………… 65, 120, 121, 135, 152,
　　　　　　　　 201, 202, 203, 205, 219, 278
うちけし形式 ……………………………… 195
うながし …………………………………… 226
うめあわせ ……………………… 111, 280
運動 ……………………………… 1, 2, 17, 59, 92
運動過程 ……………………………… 84, 89
運動的 ……………………………………… 127
運動の過程 ………………………… 90, 276
　　運動の局面 ……………………………… 81
　　運動の形式 ……………………………… 81
　　運動の実現 ……………………………… 112
　　運動の主体 ……………………………… 35
　　運動の側面 ……………………………… 1
　　運動の内容 ……………………………… 81
遠近関係 …………………………………… 52
遠称 ………………………………………… 53
応答詞 ……………………………… 169, 178
大文字 ……………………………………… 51
奥田靖雄 …………………………………… 112
おくり手 ……………………… 106, 107, 110
おしはかり ……………………… 206, 222
おしはかり形 ……………………………… 64

おしはかる文 ……………………220
オノマトペ ………………………153
おもいだし ………………………93
主だて ……………………………161
おわり ……………………………80
音韻体系 …………………………176
音声 ………………………………154
音調 ………………………………23
音便 ………………………………279
音便語幹 ……………………279, 283

【か】

解説 …………………………92, 164
解説的 ……………………………209
回想 …………………………230, 233
外的 ………………………………141
解放 ………………124, 126, 127, 143
会話文 ……………………………35
ガ格 ………16, 27, 28, 35, 110, 140, 142, 145, 204
ガ格支配 …………………………122
係助辞 ………………………30, 200
かぎり格 …………………………27
格 ……………………………26, 31, 33
格関係 ……………………………34
格形式 ……………………………26
格語形 ………………………26, 276
格支配 ………67, 68, 122, 132, 134, 137, 191
格助辞 ………………………26, 28
拡大 …………………………12, 16
格的な関係 ………………………45
確認 ………………………………93
格の関係が成立する条件 ………34
格のくっつき ……………………26
格変化 ……………………………276
確率 ………………………………158
過去 …………………………83, 84
過去形 ………65, 80, 83, 120, 121, 125, 127, 143, 144, 145
過去の一般的な譲歩 ……………270
　　過去の仮定 …………………92
　　過去の個別的な条件 ………268
　　過去の個別的な逆条件 ……270
　　過去の反実仮想の仮定に対する譲歩 …270
　　過去のものごとの性質 ……92
かさね文 …………………………251
かざりつけ …………………14, 196
価値評価 …………………………159
活用 ………31, 61, 130, 146, 149, 182, 190, 276
活用表 ……………………………97
過程 ………………………………127
仮定 ………………………………159
仮定条件 ……………………236, 266
仮定的な条件 ……………………264
仮定動詞 ……………………116, 117
カテゴリー ……………52, 64, 115, 116
可能構文 …………………………110
可能性 ……………………111, 113, 121, 223

可能動作 …………………………11
可能動詞 ………10, 110, 111, 112, 113, 114, 116, 155, 231
カ変動詞 …………………………110
カラ格 …………………27, 42, 46, 195
カラノ格 ……………………27, 49
かわり語幹 ………………………279
感覚 ………………………………140
感覚形容詞述語文 ………………142
感覚形容詞 ………………………142
感覚の主体 ………………………142
　　感覚の状態 …………………10
　　感覚の対象 …………………142
関係 ………………………35, 59, 127, 157
関係的 ……………………………132
　　関係的な意味 ………………129
換言 ………………………………164
韓国語 ……………………………114
感情 …………………………36, 140
感情形容詞 ………………………140
感情形容詞述語文 ………………141
感情調 ………………………145, 230
感情的 ……………………………242
感情の主体 ………………………141
　　感情の状態 …………………10
　　感情の対象 …………………141
完成相 ………80, 81, 85, 86, 89, 101, 116
完成相形式 ………………………86
完成相のテンス …………………84
間接対象 …………………………9, 10
間接対象のうけみ ………………75
間接的なうけみ …………………76
間接的な対象 ………………37, 42
間接補語 ……………………11, 75
感嘆 ………………………………158
観点をしめす ……………………132
間投詞 ………………173, 174, 177
感動詞 ……………………………195
感動表現 …………………………233
願望 ………………………………236
願望―当為的なムード …………158
勧誘 ………………………………158
慣用的 ……………………………208
完了 ………………………………266
きき手 ………51, 52, 54, 55, 107, 115, 215, 218, 237, 240
帰結 ………………………116, 118, 146, 265
基準 ………………………11, 206, 207, 259
基準時間 ……………………84, 85, 89
基準となる時間 …………………80
擬声語 ……………………………153
期待 ………………………………112
擬態語 ………………………153, 176
きっかけ ……………………64, 268
規定語 ………14, 123, 137, 151, 191
規定語節 ……………………256, 271
規定語節の主語 …………………20

規定語的	257
既定の条件	264
疑念	158
機能	61, 63, 123, 133, 166, 179, 190
機能的	134
希望	158, 224, 226
希望形式	142
基本語幹	279, 282
義務	224, 225
きめつけ	14, 196
きめつけ詞	53, 196
きもち	155, 173
疑問詞	14, 178, 203, 205, 216, 217, 233, 270
逆条件	117, 159
逆条件節	269
逆接	135, 163, 235
逆接的	135
客観性	222
客観的	140, 210, 261
客観的モダリティー	221
共格	27
境遇性	55, 124
強調	158
強変化	283
強変化動詞	279
許可	77, 112, 224, 225
局在	112, 113, 192
局面	81
局面動詞	102
曲用	31, 136, 149, 179, 190, 276
きれつづき	63
記録	90
禁止	224
近称	53
句	102
空間的	54
句節	118
具体名詞	34, 40
屈折	24, 31, 278, 282
工藤浩	162
句の動詞	187
くみあわせ	111, 224, 226, 280
くみあわせ語形	269
くみあわせ動詞	116, 117
くりかえし	88, 264, 280
くりかえし過程	87
〈くる〉の方向	106
敬意	114, 177
継起	254
継起関係	128
経験	119
経験動詞	119
敬語	52, 56
敬語動詞	115
形式名詞	34, 56, 184, 209, 211, 212, 226, 257, 258, 259
係助辞	30, 200
継続相	80, 81, 82, 83, 86, 89, 101, 116, 125
継続相のテンス	84
継続動詞	102
形態	130, 179
形態的	134
形態論	3, 124
形態論的	110, 255
形態論的カテゴリー	177
形態論的な性格	32, 63
形態論的な側面	72
形態論的な構造	131
形態論的なカテゴリー	137
形容詞	60, 117, 119, 122, 123, 133, 137, 182, 187, 195
形容詞語基	195, 196
形容詞述語文	18
形容詞的	126
形容詞の語幹	194
形容詞の中止形	194
形容詞派生	179
形容動詞	137, 140
経歴・記録	90, 95, 120
結果	38, 41, 82, 126
結果相	101
結果の局面	81, 82, 83, 89, 91
結果の状態	96, 98, 104
結合価	68
決定の完成	92
結論	116
原因	13, 36, 38, 41, 44, 212, 254, 259, 261, 263, 265
限界動詞	102
言語・思考活動	265
言語化	176
言語活動	133, 152, 180, 221, 258
言語活動の単位	5
言語・思考活動	36
言語体系	24
現在	83, 84, 86
現在形	144
現在の運動	85
現在の属性	95
現実	1
現実認識	64, 121, 236
現実認識的なムード	158
現実の断片	1, 5, 6
謙譲	52, 115
現象	87, 265
謙譲語	115
謙譲動詞	115
限定	158
原料	40, 42
語彙	3
語彙体系	177
語彙的	56, 115
語彙的意味	179
語彙的な意味	32, 131, 137, 165, 190

索 引　289

語彙的レベル	122	材料	40
語彙・文法的	189, 190	さきだつ局面	89
語彙論	280	さきだつ述語	63
交互	133	さきだつ節	64
合成語	280	さそいかけ形	64, 148, 267
構成要素	40, 43	さそいかける文	216
後続句節	128, 129	サ変動詞	111
後続節	254	3人称	121, 141
後続の文	116	子音語幹動詞	283
後置詞	37, 39, 42, 132, 185, 186, 195	使役	276
後置詞化	133, 187	使役構文	72, 75
膠着	24, 31, 278	使役態	72, 73
肯定	65	使役動詞	72, 76
肯定評価	227, 228	使役文	38
構文的な機能	193	視覚活動	133
構文論的な側面	72	時間	43, 47
合目的的	77	時間位置	190
呼応	158, 159	時間軸	80, 94, 111, 112, 113
語幹	250, 279, 282	時間の状況語	124
語基	195, 281, 283	時間副詞	153, 155
国文法	63, 151	事件名詞	38
語形	6, 65, 271, 275	思考・感情活動	258
語形系列	116	指示語	166
語形つくりのてつづき	278	指示者	73
語形のつくりかた	190	指示代名詞	53, 166
語形変化	31, 60, 61, 65, 151, 152, 177, 179, 275, 281	指示的の意味	165
		指示動詞	165, 166
語形変化のわくぐみ	137	自称	53
語構成論	280, 282	自然発生的	176
こころのうごき	87	持続	102
語根	179	持続過程	80, 81, 82, 84, 89, 90, 98
語順	23, 24	持続のすがた	90
コソアド	53	したしさ	52
五段活用	283	質規定	126
五段動詞	110, 279	実現	112, 114
ことがら	4	質的属性	92
ことがら関係	108	質問	160
ことなり語数	193	し手	9, 110
語尾	278, 279, 282, 283	し手格	27
コピュラ	39, 149, 152, 166, 181, 182, 187, 222	自動詞	37, 68, 75, 98, 99, 112
コピュラ助辞	184	しどころ—てだて格	27
コピュラ的な接辞	149	しなさだめ文	19
個別的な転成	194	支配	68, 136, 187
コミュニケーション	4, 5, 221, 243	始発	82, 85, 102, 112, 114
小文字	51	始発の局面	89
固有名詞	51	斜格	11, 68
根拠	223	弱変化	283
今後の研究	94, 185	借用	177
コンスタント	143	習慣	160
コンスタントな属性	91	習慣相	101
		習慣的	264
[さ]		終止形	63, 95, 116, 117, 124, 136, 232
サービス	106, 107, 108, 109	修飾語	11, 14, 35, 56, 64, 89, 122, 123, 130, 131, 136, 151, 203
サービス関係	108	修飾語節	258
再帰構文	73, 78	終助辞	233, 237
再帰態	73	従属句節	64, 121, 124, 235
再帰動詞	73		

従属性	129		135, 140, 143, 144, 154
従属成分	129	状態＝性質的	127
従属節	61, 209, 251	状態的な性質	91
従属節の主語	20	状態動詞	125
従属的	254	状態の持続過程	91
従属文	251	状態の程度	151
重文	129, 251, 271	情態副詞	131, 153
終了	82, 85, 102, 103	譲歩	159, 236
主格	27	情報伝達	19
主観	255	譲歩形	64, 94, 164, 186
主観的	140	譲歩節	263, 269, 271
主観的モダリティー	222	消滅	103
主語	9, 26, 110, 123, 190, 269	消滅の過程	101
主語が省略	76	省略	20, 183
主語がない	21	所－具格	27
主語句	136	助詞	67
主語グループ	19	助数詞	56
主語節	136, 257	女性語	237, 248, 250
主辞	183	助動詞	67
主節	209	進行過程	86
主体─客体関係	110	進行性	102
主体的	222	進行性の副詞	86
主体の状態	81, 99	進行相	101
主体の動作の側面	81	進行の局面	83
主体の変化の側面	81	心理活動	152
手段	130	推測の帰結	170
述語	9, 60, 123, 128, 190, 191	推定	158, 222, 223
述語グループ	19	推量	4, 158, 220, 222
述語形式	166, 177, 184	推量形	64, 222
述語性	124, 129, 130, 135, 166	数	276
述語動詞	126, 129	数のカテゴリー	52
述語との関係	16	数量名詞	35, 56, 202, 203
述語文	22, 193	すがた	40
述語名詞	117, 119, 133, 146, 232, 250	鈴木重幸	67, 111, 184, 185, 283
出発点	43	すすめ	224, 226
受動	276	スペイン語の状況語	14
受動態	71, 72, 116	性	52, 276
受動態的	110	性格づけ	149
種類	17	性差	250
瞬間的な運動	85	生産動詞	34
順序	44	生産物	34
順接	163, 235	生産力	196
準備的な動作	105	性質	1, 2, 11, 17, 35, 140, 154
準備のできた状態	99	性質の側面	1
上位概念	16	正置文	23
状況	38, 47, 265	静的なできごと	17
状況語	12, 14, 35, 89, 124, 151, 179	節	102, 166
状況語節	259, 269	接辞	97, 278, 279
上下関係	52	接辞づけ	24
条件	117, 163, 205, 219, 224, 236, 264, 265	接続詞	131, 163, 175
条件・譲歩構文	264, 265, 266	接続助辞	164, 166, 167, 169, 235, 249, 251
条件句節	146, 265	絶対的テンス	94, 124, 125
条件形	64, 94, 104, 164, 166, 169, 186, 195, 224	接頭辞	281
条件節	263, 266	節の述語	187
条件─接続のムード	159	接尾辞	52, 56, 281, 282
条件節の主語	20	説明性	242
状態	11, 17, 35, 59, 86, 92, 126,	説明的	243

前過去	95	第2語基	283
前過去形	95	第2種のとりたて助辞	30
前現在	95	第2中止形	106, 128, 195, 273
先行句節	128, 129, 152	第2テンス形	119, 120, 121, 227, 228, 230, 231, 232, 233, 235
先行節	182, 251, 252, 253, 254, 271		
先行動作	129	対比	117
選択	164	代表例	133, 213
選択指定	160	代名詞	51
前提	129, 235, 252, 253, 254	題目	201
先手発言	241	題目語	16
前非過去形	95	対立	254, 275
全部否定	203	対立のあいて	74
前未来	95	対立のメンバー	116
総合形	277, 278, 282	多義形式	94
相互構文	73	濁音	154
相互態	73	たしかさ	144
相互的な動作	41	他称	53
相互動詞	73	たずねる文	5, 24, 17, 217, 218, 219
造語要素	280	奪格	27
操作の対象	25	他動詞	37, 68, 72, 98
喪失	130	他動詞相当の使役	77
相対的なテンス	94, 124, 125	たとえ	259
相対的な独立性	125	単語	1, 5, 8, 166
属格	27	単語相当	281
属性	17, 20, 46, 111, 126, 191	単語つくり	154
属性形容詞	140	単語の意味	5
属性形容詞述語文	141	単語の定義	6
属性的な意味	157	単語の文法的な性格	6
属性の属性	149, 151	単語の文法的な形	6
属性のもちぬし	25	単語の文法的なかたち	275
側面語	16, 192	単純語	280
尊敬	52, 114, 115	単純文	22
尊敬語	115	男女差	250
存在	59, 87	単数	52
尊大語	52	男性語	237, 244, 250
		断定	4
た		断定形	64, 222
第1語基	283	段落	166
第1中止形	128, 195, 283	談話展開	170
第1テンス	120	談話論	180
第1テンス形	119, 120, 230, 231, 232, 233	知覚	87
第1の任務	123	知覚活動	258
第1種のとりたて助辞	30	知覚・認識活動	36
対応関係	109	ちかづき相	101
対格	27	地の文	109
対格名詞	99	中国語の「状語」	14
大規模な動作	88	中止形	63, 94, 117, 122, 128, 129, 130, 131, 164, 165, 166, 167, 169, 186, 224
待遇	52		
ダイクティック	55, 124	注釈	130
体言	149	注釈的	209
第3者	51, 107, 238	中称	53
第3者のうけみ	75	抽象名詞	36
対象	9, 36	徴候	265
対称	53	超時	234
対象をとらない	140	直接対象	9, 10, 11, 72
態度	155, 220	直接対象のうけみ	74
対等	254	直接的	54

直接的な対象 ……………………… 36
直接補語 …………………………… 11, 74
直格 …………………………………… 68
陳述 ………………………………… 129
陳述語 ………………………… 15, 64, 130
陳述性 ……………………………… 255
陳述的な関係 ……………………… 27
陳述的な側面 ……………………… 157
　　陳述的な独立性 ……… 255, 266, 267
陳述副詞 ………… 131, 153, 155, 157, 164,
　　…………… 171, 195, 199, 209, 221, 235
陳常好 ……………………………… 238
対 ……………………………… 69, 271
つきそいあわせ文 ………………… 251
つきそい節 ………… 256, 257, 258, 261, 271
つきそい接続詞 ………… 187, 269, 270
つきそい接続詞化 ………………… 187
つきそい文 ………………………… 251
定義 …………………………… 32, 183
提示語 ………………………………… 17
程度 …………………… 151, 154, 158, 209, 259
程度づけ …………………………… 131
程度副詞 ………… 153, 154, 191, 203, 131
程度名詞 …………………………… 35
ていねい …………………………… 52, 115
ていねいさ ………… 61, 65, 115, 116, 177
ていねい体 ………………………… 109
ていねい体形式 ……………………… 177
ていねい動詞 ……………………… 134
テーマ ……………………………… 118
デ格 …………………………… 27, 40, 183
デ格の状況語 ……………………… 36
できごと ……………… 1, 4, 19, 91, 92, 220
できごと名詞 ……………………… 41
でどころ格 …………………………… 27
デノ格 …………………………… 27, 48
寺村秀夫 …………………………… 112
転換 ………………………………… 164
テンス ……………… 56, 60, 61, 65, 79, 83, 276
テンスから解放 ……………… 91, 143
テンス形式 …………………………… 63
テンス語形 ………………………… 124
テンス的意味 ………… 120, 124, 231
テンス的な意味 ……………… 91, 143
テンスに無関心 …………………… 143
転成 ………… 132, 166, 179, 180, 187, 194, 195
転成語 ……………………………… 196
伝聞 ………………………… 158, 222, 234
テンポラリティー ………………… 182
テンポラル ………………………… 266
当為 ………………………… 158, 236
統一 ………………………………… 275
同一性 ………………………………… 18
当為的 ………………… 121, 145, 230, 232
同音異義形式 ………………………… 94
道具 …………………………………… 40
統語論 ………………………… 3, 124, 184

統語論的 …………………… 110, 255
統語論的な性格 ………………… 32, 63
動作 …………………………… 59, 82
動作過程 …………………………… 89
動作者 ……………………………… 73
動作主体 …………………… 71, 73, 110
動作対象 …………………… 71, 73, 110
動作動詞 ……………………… 81, 82, 124
動作の局面 ……………………… 82, 89
　　動作の持続 ……………………… 82
　　動作の主体 ……………………… 38
動作名詞 …………………………… 38
動作メンバー ……………………… 71, 75
動詞 ………………………… 59, 182, 195
同時 …………………… 83, 124, 125, 135
動詞基本形 ………………………… 195
同時形 ………………………… 134, 135
動詞語基 …………………………… 195
動詞述語文 ……………………… 18, 19
動詞性 ……………………………… 120
動詞的カテゴリー ………………… 148
動詞的なカテゴリー ……………… 277
動詞の基本的な活用表 …………… 62
動詞の中止形 ……………………… 194
動詞の定義 ………………………… 61
動詞派生 …………………… 153, 179
動詞ばなれ ………………… 130, 131
同時並立関係 ……………………… 129
登場人物 …………………………… 109
動詞らしさ ………………… 123, 148
当然 ………………………… 225, 226, 229
倒置 ………………………… 118, 210, 227
倒置文 ……………………………… 23
到着点 ……………………………… 39
動的なできごと …………………… 17
動名詞 ……………………………… 136
同様 ………………………………… 202
同類 ………………………………… 202
とおのき相 ………………………… 101
ト格 …………………………… 27, 41
とき ………………………… 12, 38, 259, 275
独自性 ……………………………… 275
特殊活用 …………………………… 283
特殊性 ……………………………… 275
特殊な動詞 ………………………… 60
特性 ………………………… 112, 143, 144
特徴 ………………………………… 17
特徴の付与 ………………………… 14
特定化 ……………………………… 47
特定時 ………………………… 124, 144
特立 ………………………………… 160
独立語 …………………… 15, 35, 163, 173, 175
独立語文 …………………… 22, 173, 175, 193
独立した文 ………………… 168, 169
独立性 …………………………… 184, 266
とどき格 …………………………… 27
トノ格 …………………………… 27, 48

とりあげかた ……………………………157
とりたて ………………27, 31, 152, 276, 277
とりたて形 ……………………………27, 31
とりたて形式 ………………………………28
とりたて助辞 ……………28, 184, 200, 277
とりたて副詞 ………………158, 160, 171
とりたてる ………………………………119
とりまく状況 ………………………………13

な

内言 …………………………238, 243, 246
内的 ………………………………………141
内容 …………………………………………41
内容づけ …………………………………130
内容的な側面 ……………………………178
ナ活用形容詞 ……………………………232
なかどめ ……………………………………63
なかま ………………………………………41
なかま格 ……………………………………27
ナ形容詞 …………………………137, 250
ナ形容詞派生 ……………………………153
名づけ的 …………………………………132
名づけ的な意味 …10, 22, 133, 157, 163, 192, 193
なまえ格 ……………………………………27
ならべ ………………………………………30
ならべあわせ文 …………………129, 251
ならべ形 ……………………………………30
ならべたて形 ……………………119, 133
ならべのくっつき …………………………30
なりたつ時間 ………………………………92
ニ格 ……………………27, 37, 73, 110, 114, 132
ニ格支配の自動詞 …………………………69
2語の文 ……………………………………2
2人称 ………………………121, 145, 227, 244
『日本語文法・形態論』……………………67
ニュアンス …………………………98, 242
ニュース ……………………………………19
認識のギャップ …………………237, 239
認識の度あい ……………………………237
認識の内容 …………………………………38
人称 ……………………………………52, 56
人称代名詞 …………………………52, 276
ぬし格 ……………………………………27
ねがい ……………………………………226
念おし ……………………………239, 240, 246
能動 ………………………………………276
能動構文 ……………………………72, 74, 110
能動態 ………………………………71, 72, 116
能動態的 …………………………………110
能動動詞 …………………………………72
能力 …………………………………36, 111
ノ格 …………………………………27, 46
「のだ」文 ………………………………244
のべかた ………………4, 15, 22, 184, 215, 181
のべ語数 …………………………………193
のべたて形 ………………………………64
のべたてる文 ……………5, 24, 215, 217, 218, 226

は

パーフェクト ………………88, 89, 90, 95, 96
排他的限定 ………………………………160
はさみこみ句節 …………………………235
はさみこみ文 ……………………………235
はじまり ……………………………………80
場所 ………………12, 36, 38, 40, 41, 43, 47, 129, 259
場所名詞 ……………………………34, 36, 38
場所名詞化 ………………………………34
派生 …………………………………111, 195
派生形容詞 ………………………………122
派生語 ……………………………………280
ハダカ格 ………………16, 27, 31, 35, 195, 204
ハダカのかたち ……………………9, 17, 18
はたらきかけ ……………………109, 219
はたらきかける文 ……5, 24, 215, 219, 226
発見 …………………………………93, 265, 268
発生の過程 ………………………………100
発話時 ……………80, 83, 84, 124, 155, 221, 222
はなしことば ……………111, 116, 128, 282
はなしことば的 …………………………223
はなし手 …………51, 52, 54, 55, 107, 109, 115,
123, 130, 155, 159, 173, 206,
209, 215, 220, 237, 238, 240
はなし手のきもち ………………………157
　　　はなし手の態度 …………………157
　　　はなし手の判断 …………………222
はなしの素材 ……………………………115
パフォーマティブ ………………………231
パフォーマティブな発言 …………………85
場面 …………………………20, 115, 182, 221
場面からの独立 ……………………………2
パラダイム ……………27, 28, 29, 61, 102,
122, 134, 146, 148
範囲 …………………………………44, 213
反現実 ……………………………………117
　　　反現実の仮定条件 ………………267
　　　反現実の仮定的な条件 …………264
反語 ………………………………………232
反実仮想 …………………………………93, 228
半濁音 ……………………………………154
判断 ……………………44, 144, 183, 209, 227
比較選択 …………………………………161
比較の基準 …………………………………45
非過去形 ……………65, 80, 83, 85, 120, 121,
125, 127, 143, 144
比況 ………………………………………158
非現実 ……………………………………264
非現実の仮定 ……………………………146
卑語 …………………………………………52
非終止的 …………………………………119
必然性 ………………………………224, 225
否定 ………………………………65, 159, 207
否定推量 …………………………………159
ひとえ文 …………………………………22
ひと名詞 …………………………………42
非分離性 …………………………………279

索引 295

比喩	259
比喩的	208
評価	121, 145, 158, 159, 160, 206, 213, 233
評価性	227
評価的	92, 119, 144, 209
評価副詞	158, 159
標準的	135
品詞	132
賓辞	183
品詞性	123
品詞の下位区分	140
品詞の転化	131
品詞論	184
不確定	158
不可能	229
不完成相	101, 116
不規則動詞	283
不許可	224
複合	111, 195, 280
複合語	280
複合文	22, 251
副詞	99, 123, 131, 136, 151, 195
副詞的	135
副助辞	30, 200
複数	52
副動詞	134, 135
複文	251
副用言	149
ふたまた述語文	63, 272, 273
ふつう体	109
ふつう体形式	177
ふつう名詞	51
不特定	47
部分語	141
不変化形容詞	196
不本意	77
プラグマティクス	244
プラス評価	209
ブラックボックス	263, 264, 265
プロセス	126
文	1, 166
分化	1
文構造	129
文語的なニュアンス	46
文章	111
文章語的	128, 223
分析形	269, 277, 278, 282
分析と総合	2
文体	52, 65, 135
文中での位置	160
文中での機能	190
文の拡大	7
文の構造	129, 187
文のことがら	221
文の主語	20
文の定義	5
文のとき	220

文の部分	8, 56, 181, 183, 199
文法	1, 3
文法形式	275
文法現象	275
文法的	56
文法的あわせ動詞	102
文法的の意味	63, 179
文法的カテゴリー	80
文法的くみあわせ動詞	66, 269
文法的な意味	275
文法的内容	275
文法的なカテゴリー	26, 116, 276
文法的なくみあわせ動詞	97
文法的なてつづき	24, 115
文法的な派生動詞	97
文法的な派生形容詞	122, 134
文法的なはたらき	6, 275
文法的な複合動詞	97
文法的派生動詞	65, 66
文法的派生形容詞	142
文法的派生語	282
文法的複合動詞	66, 73
文法的複合語	282
文法論	180
文末述語	128, 129
文脈	20, 182, 235
文脈的	55
文メンバー	71, 75
分離性	279
文論的・連語論的なはたらき	137
並立	30, 31, 35, 163, 254
並立関係	128
並立形	30, 276
並立助辞	30, 164
ヘ格	27, 39, 44
ヘノ格	27, 48
変化	59, 82
変化過程	81, 89,
変化結果	89
変化動詞	81, 83, 86, 112, 124
変化の過程	100, 101
変化の局面	89, 91
変化の結果	152
変化の結果の持続	83
変容	179
母音語幹動詞	283
方言	116
方向	39, 44
方向格	27
方向性の対立	106
放任	77, 225
放任の状態	99
補語	9, 26, 75, 110, 123, 130, 190
補語句	136
補語節	136, 257
補助的な単語	39, 42, 181, 183, 193
補助的な品詞	181, 193

補助動詞 …………………………97, 106
ポテンシャル ……………………111, 113
ほねぐみ …………………………………7
ほねぐみ成分 ……………………………129
ほねぐみの文 ……………………………8

【ま】

マークされた語形 ………………………67
マークされない語形 ……………………67
マイナスの評価 …………………………119
マイナス評価 ……………………………209
マデ格 …………………………………27, 44
マデニ格 ……………………………27, 45, 27
マデノ格 …………………………………49
まるごとのすがた …80, 82, 84, 85, 87, 89, 90, 94
みあげ ……………………………………52
みさげ ……………………………………52
三上章 ……………………………………55
未完了 ……………………………………266
未研究 ………………………………46, 276
みつもり …………………………………162
みとめ ………………………65, 202, 203, 219, 278
みとめかた ………61, 65, 116, 152, 157, 218, 235
未来 …………………………………83, 84
未来の運動 ………………………………85
無意志の動作 ……………………………165
無意志動詞 ……………………77, 105, 121
ムード ………………60, 61, 64, 157, 158, 276
ムード形式 ………………………………158
ムード語形 ………………………………123, 124
ムード的な意味 …………………………92
ムード・テンス …………………………128, 129
ムード副詞 ………………………………158, 235
無効 ………………………………………263
名格 ………………………………………27
名詞 …………………………………123, 195
名詞語基 …………………………………195
名詞述語文 ……………………………18, 182
名詞の語形変化 …………………………31
名詞の定義 ………………………………32
名詞派生 …………………………………179
命題 ………………………………………183
命題の確認 ………………………………231
命令 ………………………………219, 244
命令形 ……………64, 104, 109, 148, 267, 280
めいする文 ………………………………216
めいわくのうけみ ………………………75
メロディー ………………………………23
モーダル …………………………………266
モーダルな側面 …………………………178
目的 …………………………13, 38, 47, 259
目的形 ……………………………………134
もくろみ動詞 ………………………103, 116
モダリティー ………158, 182, 221, 235, 264
もちぬし格 ………………………………27
もちぬしのうけみ ………………………75
もとの動詞 ……………………………66, 116

もの ………………………………………1, 2
ものがたり文 ……………………………19
ものごとの関係 …………………………187
ものとしてとらえる ……………………25
ものの限定 ………………………………14
　　ものの側面 …………………………1
　　ものの特徴 …………………………19
もの名詞 …………………………………42
ものをあらわす …………………………25

【や】

山田孝雄 …………………………………153
やりもらい ………………………………106
やりもらい動詞 ……………………105, 116
有効 ………………………………………263
融合化 ……………………………………282
ゆくさき格 ………………………………27
ゆずり節 …………………………………269
ゆびさし …………………………………52
用言 ………………………………………149
用言的なカテゴリー ……………………276
用言らしさ ………………………………148
用言的カテゴリー ………………………148
ようす ………………1, 38, 40, 129, 130, 151
ヨーロッパ語 ……………………………51
与格 ………………………………………27
予想 ………………………………………225
予定的な条件 ………………………264, 267
よびかけ …………………………………35
より ………………………………………45
ヨリ格 ……………………………………46

【ら】

理由 ………121, 159, 209, 231, 235, 251, 261, 263
量 …………………………………………154
両立 ………………………………………254
類推 ………………………………………161
類別辞 ……………………………………56
例 …………………………………………259
例示 ………………………………………161
例示動詞 ……………………………119, 133
レーマ ……………………………………118
歴史的評価 ………………………………210
連語 ………………………………………34
連語論 ……………………………………34
連続的 ……………………………………133
連体格 ………………………………27, 33, 46
連体形 ………………………63, 124, 126, 127, 132,
　　　　　　　　　　　136, 186, 195, 226, 232
連体形式 …………………………………185
連体詞 ………………………………53, 195, 196
連体しどころ格 …………………………27
連体節 ……………………………………182
連体的 ……………………………………132
連体でどころ格 …………………………27
連体とどき格 ……………………………27
連体なかま格 ……………………………27

連体ゆくさき格 …………………………27
連用格 …………………………27, 33, 35, 136, 190
連用形 ……………………………………132
連用形式 …………………………………185
連用的 ……………………132, 134, 135, 137
ロシア語の状況語 …………………………14
論理学 ……………………………………183

わ

和語 ………………………………………154
話題をしめす ……………………………132
われわれ …………………………………54
ヲ格 …………………………27, 28, 36, 73, 110, 132
ヲ格支配の他動詞 …………………………69
ヲ格・ニ格支配の他動詞 …………………69
ヲ格もニ格も支配しない自動詞 ……………69

A–Z

ablative ……………………………………27
accusative …………………………………27
affix ………………………………………279
agentive ……………………………………27
allative ……………………………………27
alternative ………………………………134

analytic form ……………………………282
base ………………………………………281
case government …………………………68
classifier …………………………………56
comitative …………………………………27
continuous aspect ………………………101
dative ………………………………………27
ending ……………………………………279
frequentative ……………………………134
genitive ……………………………………27
grammatical form of word ……………275
habitual aspect : be used to do ………101
imperfective aspect ……………………101
interjection ………………………………173
limitative …………………………………27
locative-instrumental ……………………27
nominative …………………………………27
perfective aspect ………………………101
potential form …………………………113
potential verb …………………………113
progressive aspect: be doing …………101
stem ………………………………………279
synthetic form …………………………282
terminative ………………………………27

あ と が き

　ながらく国立国語研究所につとめられた高橋太郎先生は，そのかたわら，共立女子短期大学の二部（夜間）で教鞭をとっていらっしゃった．その授業のために先生が1980年代の前半ごろからつくられていた文法の教材が，現在の『日本語の文法』のおおもとである．同短期大学でご一緒させていただいた際に，先生はきやすくご自分の教材をおみせくださり，私なども授業にもコピーしてつかわせていただいていた．そのうち，いろいろな方がたの協力の結果，ワープロでうたれるようになり，1987年には東京医進学院東京国際教育研修所の日本語教員養成講座のための教材として2冊本ができ，ずいぶんと使いやすいものになっていった．このころから，何人かの先生がたがこの教材を自分の授業にもつかいたいともうしでられるようになり，増刷の必要が生じ，1989年には，現在の1冊本の原形が完成した．それを機に，その教材を使っているメンバーの何人かが，よりつかいやすいものにしようと，先生をかこんであつまり，教材の改訂を毎年おこなうようになった．

　以前から高橋先生は，毎年のようにかきくわえをされていたが，その後も教材は成長をつづけ，不足している部分をおぎないながら，じょじょに体系的なものとなっていった．1994版にあらたに，名づけ的な意味のない品詞の3章（うち第14章「接続詞」は鈴木による），また第18章，第19章などでも，多くの項目が高橋先生以外のメンバーの手でかきくわえられた．その結果，内容的にかなり高度のものになり，量的にも大学の半期講義ではとてもこなせない量となった．そこで，2003年に高橋先生以外のメンバーで，『日本語文法入門―形態論の輪郭―』をそのダイジェスト版として作成した．一時はそちらの方を出版しようという計画もあったが，そのころをさかいに高橋先生がかきくわえをなさることもすくなくなり，内容としてかたまってきたという印象を皆がもつようになった．それなら，本体をこのへんで書籍にしてもよいのではないかという意見がメンバーのなかにでてきたのを機に，高橋先生のご了解をいただいて，今回出版のはこびとなった．

　そうきめた背景には，すでに中国や韓国などでは，本教材の翻訳も何種か出版されており，それらのもとになっている本書が出版されていないという転倒した状況も生じていた．また，本書はもちろん教科書としてつくられたものだが，高橋先生，およびこの教科書の改訂に参加したメンバーの文法理論をてみじかにまとめたものとして，学界でもたかく評価され，研究論文などにもしばしば引用されるようになってき

ている．しかし，書籍ではなく，講義テキスト（1990，1991年版は講義プリント）ということでは，引用や参考文献としてあげにくいということが意見としてきかれるようになってきた．講義テキストという形で印刷しているので，授業につかう方だけにおくっているという状況では，引用されたり参考文献としてあげられたりしても，それにあたってしらべることができないという問題があったが，それも出版によって解決するであろう．

　2003年版で本書は，財団法人亜細亜技術協力会・海山文化研究所（現在は，同会・言語研究センター）の出版物となったが，同会は出版社ではなく，一貫して教材の注文，印刷，発送の事務をすべて金田章宏さんにたよってきた．しかし，かなり部数にのぼるようになってきており，いつまでもあまえているわけにもいかず，その負担を出版社に委託することによってなくそうというのも今回の出版理由の1つである．金田さんには，ここに記して謝意を表したい．この出版によって，本書が教材として，これまでの常連だけでなく，あらたなおおくの方がたにつかわれるようになることを期待したい．なお，用例のなかにはおおくの引用文があるが，今回出版するにあたって，書籍としての統一をはかるため文学作品と新聞の出典をすべてけずったことを最後におことわりしておきたい．（鈴木泰）

高橋太郎　国立国語研究所名誉所員

金子尚一　元共立女子大学教授
金田章宏　千葉大学名誉教授
齋美智子　高雄科技大学助理教授
鈴木　泰　東京大学名誉教授
須田淳一　専修大学教授
松本泰丈　別府大学客員教授

日本語の文法

2005年4月28日発行　初版1刷
2024年3月22日発行　　　　8刷
定価 2400円＋税

著者	高橋太郎
	金子尚一・金田章宏・齋美智子
	鈴木　泰・須田淳一・松本泰丈
発行者	松本　功
発行所	株式会社ひつじ書房
	〒112-0011 東京都文京区千石2-1-2大和ビル2F　Tel. 03-5319-4916
	Fax. 03-5319-4917　郵便振替 00120-8-142852
印刷・製本所	株式会社シナノ
装丁	中山銀士＋佐藤睦美

造本には充分注意しておりますが、落丁・乱丁などがございましたら、小社宛お送り下さい。
送料小社負担でお取り替えいたします。
ご意見、ご感想など、小社までお寄せいただければ幸いです。

toiawase@hituzi.co.jp
https://www.hituzi.co.jp/

ISBN4-89476-244-7 C1081　Printed in Japan
ISBN978-4-89476-244-2

【刊行書籍のご案内】

真田信治著作選集　シリーズ日本語の動態

真田信治著

全4巻

○著者の長年の研究から日本語の動態をみつめるシリーズ。
- 第1巻　標準語史と方言　　定価1,800円＋税
- 第2巻　地域・ことばの生態　　定価1,600円＋税
- 第3巻　アジア太平洋の日本語　　定価1,800円＋税
- 第4巻　ことばの習得と意識　　定価1,800円＋税

古文を楽しく読むために

福田孝著　定価 1,600 円＋税

歴史的仮名遣いの読み方から、なぜ動詞の活用を覚える必要があるのか、和歌の読解方法まで、古代の人々の心情を感じ取りながら、古文を立体的に面白く読むための要を解説。

今どきの日本語　変わることば・変わらないことば

遠藤織枝編　定価 1,600 円＋税

最近問題の「やばい」の実際は？　「すごいおいしい」と「すごくおいしい」はどう違う？　実際に話されたことばから解き明かす、今どきの日本語の事情を楽しく読める1冊。

基礎日本語学　第2版
衣畑智秀編　定価1,800円＋税

新たに「文字・表記」の章を加えリニューアル。過不足のない記述で日本語学の諸分野を包括的にカバーし、日本語学を学びたい、または知りたいと思ったときに、まず一番初めに手にとるべき日本語学入門の決定版。

ガイドブック日本語文法史
高山善行・青木博史編　定価1,900円＋税

日本語文法史の基本テーマをわかりやすく解説した教科書。「モダリティ」「係り結び」など日本語文法史の基本テーマをわかりやすく解説。日本語学だけでなく言語学、日本語教育、国語教育、古典文学など、幅広いニーズに応える。

解答

『日本語の文法』高橋太郎他著
ひつじ書房　2013.4

目次

章	頁
第1章	2
第2章	2
第3章	8
第4章	9
第5章	11
第6章	13
第7章	14
第8章	16
第9章	18
第10章	20
第11章	22
第12章	24
第13章	25
第14章	26
第15章	28
第16章	29
第17章	31
第18章	32
第19章	34
第20章	37
第20章	37
第21章	40
第22章	44
第23章	47

第1章

問題1 現実のできごとやありさまは，ひとまとまりのものである．絵は現実のできごとやありさまをそのままひとまとまりのものとしてあらわすから，わけることができない．しかし文は単語をくみあわせてできているから，わけることができる．単語は現実から，もの，運動，性質などの側面をひっぱりだしてあらわしたものである．

問題2 ア）a イ）b

問題3 よむ－よんだ－よもう－よめ
かく－かいた－かこう－かけ
たべる－たべた－たべよう－たべろ
おきる－おきた－おきよう－おきろ
くる－きた－こよう－こい
する－した－しよう－しろ

問題4 かわ－かわが－かわを－かわに－かわから
いし－いしが－いしを－いしに－いしから
ネズミ－ネズミが－ネズミを－ネズミに－ネズミから
はは－ははが－ははを－ははに－ははから
がっこう－がっこうが－がっこうを－がっこうに－がっこうから
あなた－あなたが－あなたを－あなたに－あなたから

問題5 文法はない．ニホンザルのことばは単語にわけられないとかんがえられているから．

問題6
1. キノウ ウチノ ネコガ ネズミヲ トッタ．
2. キノウ ネコガ ウチノ ネズミヲ トッタ．
3. キノウ ネズミヲ トッタノハ ウチノ ネコダ．
4. キノウ ウチデ ネコガ ネズミヲ トッタ．

このほかにも文がつくれる．

問題7 a. 形態論　b. 統語論　c. 統語論　d. 形態論　e. 形態論

問題8 （絵は略）①・②・③はあらわしわけられない．

第2章

問題1 ア）太郎が つった．
太郎が さかなを つった．

きのう 太郎が さかなを つった．
きのう 太郎が 大きい さかなを つった．
きのう 太郎が 次郎と 大きい さかなを つった．
きのう 太郎が 川で 次郎と 大きい さかなを つった．
イ) 花子が ぶつかった．
花子が 太郎に ぶつかった．
きのう 花子が 太郎に ぶつかった．
きのう 花子が 太郎に ドンと ぶつかった．
きのう 花子が 太郎に 廊下で ドンと ぶつかった．

問題2 a. ふえる　b. ふえる　c. へる

問題3 ア) おいしは <u>がんじょうな</u> ばあさんだった．―「がんじょうな」で拡大．
おいしは がんじょうな たちだった．―拡大されていない．
イ) <u>わかい 青年の</u> かみは ながかった．―まず「青年」で拡大，つぎに「わかい」で拡大．
<u>ながい かみの</u> 青年は わかかった．―「ながいかみの」で拡大．
ウ) ゾウは はなが ながい．―拡大されていない．
ゾウは <u>体重が</u> おもい．―「体重が」で拡大．
エ) かれは <u>ながい あいだ</u> まっていて くれた．―「ながいあいだ」で拡大．

問題4 ア) 太郎は 敵にも 旗を ふって いる．
―太郎は／敵にも／旗を／ふって いる．
イ) 太郎は 旗を ふって 次郎を 応援して いる．
―太郎は／旗を ふって／次郎を／応援して いる．

問題5 (略)

問題6 ア) <u>子ツバメが</u>　<u>おやツバメから</u>　<u>えさを</u>　<u>もらう</u>．
　　　　主語　　　　　補語　　　　　　補語　　　述語
イ) <u>ふねが</u>　<u>みなとに</u>　<u>ついた</u> ようだ．
　　主語　　　補語　　　　述語
ウ) <u>じゅん子は</u>　<u>入学式が</u>　<u>まちどおしかった</u>．
　　　主語　　　　　補語　　　　　述語
エ) <u>与吉が</u>　<u>おつぎに</u>　<u>しかられて いる</u>．
　　主語　　　補語　　　　述語
オ) ははおやは　むすこの ことを　かんがえて いた．

	主語	補語	述語

問題 7 ア）直接補語：おきぬを　　間接補語：リヤカーで　病院へ
　　　　イ）直接補語：みちを　　間接補語：たびびとに
　　　　ウ）直接補語：やきいもが

問題 8 ア）すごすごと　　イ）2回　　ウ）ちょっと
　　　　エ）はおりはかまで　　オ）もっと，気をつけて

問題 9 カ）うごきの量　　キ）状態の量（差）
　　　　ク）主語のさししめすものの量　　ケ）補語のさししめすものの量

問題 10 形容詞，副詞，状態や性質をあらわす動詞，状態や性質の変化をあらわす動詞

問題 11 （略）

問題 12 （略）

問題 13 ア）間接補語　　イ）間接補語　　ウ）修飾語　　エ）修飾語
　　　　オ）状況語

問題 14 ア）主語　　イ）直接補語　　ウ）間接補語　　エ）修飾語
　　　　オ）修飾語　　カ）修飾語　　キ）状況語，状況語　　ク）状況語
　　　　ケ）状況語　　コ）主語　　サ）直接補語　　シ）間接補語
　　　　ス）修飾語

問題 15 ・きめつけ　限定している．
　　　　・きめつけ　限定している．
　　　　・かざりつけ　特徴をあらわす．
　　　　・かざりつけ　特徴をあらわす．
　　　　・かざりつけ　特徴をあらわす．

問題 16 ア）いえる．この「おおきな」はかざりつけだから．
　　　　イ）いえない．この「おおきな」は，「ちいさな」との関係で，2ひきのネコを比較して用いられている．すなわち，きめつけだから．

問題 17 （おしはかり）かれは おそらく きょうも こないだろう．
　　　　（うちけし）ゆうべ ろくに ねて いないから，ねむくて しかたが ない．
　　　　（うちけし・おしはかり）まさか 本気で いって いるのでは ないでしょうね．
　　　　（ねがい）どうか みずを のませて ください．
　　　　（にかよい）ななつの 星が ちょうど ひしゃくの かたちに ならんで

いる．
(はなし手の注釈をつけくわえる)
あいにく かさを もって いなかったので，ぬれて しまった．

問題 18 (さけび)まあ，かわいい．
(よびかけ)あのう，すみませんが．
(うけこたえ)いいえ，ちがいます．
(あいず・かけごえ)さあ，はじめましょう．
(あいさつ)おはようございます．
(まえの文とのつながり)したがって，ガソリンの 価格が 上昇した．

問題 19 ウ) エ)　なお，ア)述語節の主語，イ)直接補語，オ)述語節の主語

問題 20 ア) この シャツは <u>サイズが</u> ちいさい．
イ) この シャツは <u>いろが</u> あかい．
ウ) かれは <u>職業が</u> 運転手だ．

問題 21 ア) 3　イ) 1　ウ) 1　エ) 5　オ) 4　カ) 3　キ) 2

問題 22 a 1)　b 2)　c 3)　d 4)　e 5)
動詞述語文の中心は 1　名詞述語文の中心は 4 と 5　形容詞述語文の中心は 2 と 3

問題 23 側面語は，述語のあらわす属性が，主語のあらわすもののどの側面の属性であるかをあらわすために，文を拡大する文の部分である．「かれは 車掌だ」という文は，〈ものの属性をあらわす文〉の，②ものの特徴をあらわす文であり，述語は主語の属性をしめしている．したがって，この文は「職業が」という側面語で拡大することができる．一方，車掌をゆびさして「あれは 車掌だ」という文は〈ものの同一性をさだめる文〉である．述語は主語と同一のものをしめしているのであって，主語の属性をしめしてはいない．したがって，この文を側面語で拡大することはできない．

問題 24 疑問詞はニュース(あたらしい情報)をもとめるところにつかわれるものである．もとめたい情報(ニュース)が主語にある場合は疑問詞が主語につかわれるため，「だれが きましたか．」のように主語は「だれが」になる．もとめたい情報(ニュース)が述語にある場合は疑問詞が述語グループにつかわれるため，「あのひとは だれですか．」のように主語は「〜は」になる．

問題 25 ・おおゆきが ふったので｜みんなは 学校を やすんだ．

「みんなは」は「学校をやすんだ」の主語であり，くみたてのそとがわなので「みんなは」になりやすい．しかし「おおゆきが」は従属節の主語なので，「おおゆきは」にはならない．

・みんなは｜おおゆきが ふったので，学校を やすんだ．
語順をかえても「みんなは」はくみたてのそとがわになっている．「みんなは」はくみたてのそとがわなので，「みんなは」になりやすい．

↓

上のどちらの文も「おおゆきが」は従属節の主語，「みんなは」は文の主語(主節の主語)である．

・ゾウは／はなが ながい
「はながながい」は文の部分であり，「はなが」は文の部分の部分として，あわせ部分の主体をあらわしているので「はなが」になる．

問題26 ア) サスケが ふえを ふくと おどった．
→サスケが ふえを ふくと，コトネが おどった．
おどったのは「コトネ」

イ) サスケは ふえを ふくと おどった．
→サスケは，コトネが ふえを ふくと おどった．
おどったのは「サスケ」

問題27 (略)

問題28 ・のべたてる文
例) イヌが にわを はしった．→おおきい イヌが せまい にわを はしった．

規定語「おおきい」と「せまい」は，それぞれすぐあとの名詞「イヌ」と「にわ」にかかる．述語「はしった」は文末にある．

・たずねる文
例) ボールは まるい ですか．→サッカーの ボールは まるい ですか．

規定語「サッカーの」は，すぐあとの名詞「ボール」にかかる．述語「まるいですか」は文末にある．

・はたらきかける文
例) 公園で はしりなさい．→ジョギングコースのある 公園で はしりなさい．

規定語「ジョギングコースのある」は，すぐあとの名詞「公園」にかかる．述語「はしりなさい」は文末にある．

↓

以上のことから，規定語はつねにかかる部分のすぐまえにおかれ，述語はつねに文末におかれることがわかった．これはかたいきまりである．

問題29 ア)の2文はまったくことなるできごとをあらわす．

イ)の「上級生が 下級生を 3人 つれて きていた．」は「1人の上級生が 3人の下級生をつれてきていた．」という一通りの解釈しかできない．「上級生が 3人 下級生を つれて きて いた．」は以下の二通りの解釈ができる．

①「3人の上級生が下級生をつれてきていた．」

この場合，イ)の2文はことなるできごとをあらわす．

②「1人の上級生が3人の下級生をつれてきていた．」

この場合，イ)の2文はおなじできごとをあらわす．

ア)の2文がことなるできごとをあらわすのは，述語は文のいちばんおわり，規定語はその規定語がかかる文の部分のすぐまえにおかれるという，語順の「かたいきまり」があるためである．したがって，「ぬれた」と「かわいた」をいれかえると，文として成立するが文のあらわす内容はまったくちがってしまう．

イ)の「上級生が 3人 下級生を つれて きて いた．」に二通りの解釈ができるのは，量をあらわす修飾語は補語のすぐまえにおかれても，すぐうしろにおかれてもよいからである．量をあらわす修飾語は，文中における位置によって主語にかかることも補語にかかることもある．なぜなら，規定語のようには「かたいきまり」にしばられていないからである．

問題30 「あめ(飴)」は「あ」がひくく，「め」がたかい．たずねる文にするには，単語としての「あめ(飴)」を発音し，「め」の音を上昇させる．

「あめ(雨)」は「あ」がたかく，「め」がひくい．たずねる文にするには，単語としての「あめ(雨)」を発音し，「め」の音を上昇させる．

単語としてのアクセントはちがうが，たずねる文にするとどちらも文末が上昇するから，文としてのイントネーションはひとしいといえる．

問題31 のべたてる文：下降調　たずねる文：上昇調　はたらきかける文：下降調
問題32 「おれがさきにいくか，おまえがさきにいくか，どっちかだ．どっちにする？」の「おれがさきにいくか」と「おまえがさきにいくか」はたずねる文であるが，完結していないので，イントネーションは下降調になる．つぎの「どっちかだ」はたずねる文ではないので，イントネーションは下降調である．「どっちにする」は完結しているたずねる文であるので，イントネーションは上昇調である．

第3章

問題1 ア）美代の 太田先生との <u>であい</u>は 高校2年の ときで あった．
イ）ゾウと カバの <u>おおきさ</u>を くらべよ．
問題2 名詞はものをあらわす（または，いろいろなものごとをものとしてとらえてあらわす）単語である．主語は文ののべるものごとをさしだす．補語は文のなりたちに参加するものをおぎなう．したがって，名詞は主語または補語になることを基本とする．
問題3 （絵は略）
「山を いく」は，ひとが山のなかのみちをあるいている絵．
「山へ いく」は，ひとが山へ通じているみちを山にむかってあるいている絵．
問題4 とりたて形は，文の部分のあらわすものごとをとくに強調して，他の同類のものごととてらしあわせてのべる場合にもちいられる．「山へも いく」という文は山以外のところへもいったことをあらわしているから，絵であらわそうとするとそれをあらわす別のもうひとつの絵が必要になる．
問題5 ア）マデ格　イ）ガ格の「まで」によるとりたて形　ウ）マデ格
エ）マデ格　オ）ガ格またはヲ格の「まで」によるとりたて形
問題6 「なんか」は連用格の格助詞のあとにもまえにもくっつくことができる（になんか／なんかに）．また，連体格の格助詞のまえにくっつく．これは格のとりたて形のパラダイム（2）の「だけ」とおなじであるから，「なんか」は副助辞である．一方，「なんて」は連用格の格助詞のあとにしかくっつくことができず（になんて／×なんてに），連体格にはくっつかない．これは格のとりたて形のパラダ

イム (1) の「は」とおなじであるから,「なんて」は係助辞である.

問題7 (略)

問題8 (略)

問題9 ア) 曲用, 屈折　イ) 活用, 膠着　ウ) 曲用, 膠着

　　　　エ) 活用, 屈折　オ) 曲用, 屈折　カ) 活用, 膠着

第4章

問題1 ア) 先週④　新宿②　イ) おととい④　50通③　てがみ⑤　何通③　ウ) おかあさん①　わたし⑤　きょう④　学校⑤

問題2 ア) ごはんを①［はたらきかけを受ける対象］

　　　　　　手を①［はたらきかけを受ける対象］

　　　　イ) みなとを②［移動の出発点］

　　　　ウ) 洗濯を③　はちを①［つくりだす対象］

　　　　エ) 映画館の まえを②［とおりゆく場所］

　　　　　　Tさんを①［知覚・認識活動の対象］

問題3 ア) 日曜に③［動作や状態が成り立つとき］

　　　　　　おはかまいりに③［移動動作の目的］

　　　　イ) おばあさんに①［あいて］　粉に④［結果, ようす］

　　　　ウ) 方針に①［態度の対象］　支店に②［移動の到着点］

問題4 ア) 関西方面へ②　かたへ④　イ) 方へ②

　　　　ウ) あなへ③　［消しゴムが見えなくなったのを前提に］

問題5 ア) ②　イ) ①, ②　ウ) ①　エ) ①, ③　オ) ③のみ

問題6 ア) 木で②　飛行機で①　イ) 洪水で⑥　ウ) 姿勢で③

問題7 ア) 上杉と①［関係が成立するために必要な対象］　敵と②［内容］

　　　　イ) 太郎と①［相互的な動作のあいて］

　　　　　　ガキ大将と③［「なる」「する」とくみあわさる］

　　　　ウ) おにいさんと①［いっしょにするなかま］

問題8 ・サルは 桃太郎に きびだんごを もらった.（○）

　　　　・サルは 桃太郎から きびだんごを もらった.（○）

　　　　・わたしが 父に 話した.（○）

　　　　・わたしが 父から 話した.（×）

　　　　・きょう, 広場で 先生に あった.（○）

　　　　・きょう, 広場で 先生から あった.（×）

「ニ格」のほうが「カラ格」より使用範囲がひろい．

問題 9 ［原料］・日本酒は こめで つくる．（○）
・日本酒は こめから つくる．（○）
［構成要素］・みずは 酸素と 水素で できている．（○）
・みずは 酸素と 水素から できている．（○）
［材料］・ひろちゃんが つみきで いえを つくっている．（○）
・ひろちゃんが つみきから いえを つくっている．（×）
・わたしは ごくぶとの 毛糸で セーターを あんだ．（○）
・わたしは ごくぶとの 毛糸から セーターを あんだ．（△）
「カラ格」は「原料」「構成要素」はあらわすが，「材料」は基本的にはあらわさない．一方，「デ格」は「原料」「構成要素」「材料」のいずれもあらわす．したがって，「カラ格」は「デ格」とくらべ，使用範囲がせまい

問題 10 （略）

問題 11 ア）・おかあさんが，庭に いる 正夫を よびよせた．
・おかあさんが 庭に いて，正夫を よびよせた．
イ）・太一が，おどりばに ある にもつを ひっぱりあげた．
・太一が おどりばに いて，にもつを ひっぱりあげた．

問題 12 ［原因（原因と結果が継起的）］
・タバコの 火の ふしまつで 火事が おこった．（○）
・タバコの 火の ふしまつから 火事が おこった．（○）
［原因（原因と結果が同時的）］
・きょうは ふつかよいで あたまが ぐるぐる まわる．（○）
・きょうは ふつかよいから あたまが ぐるぐる まわる．（×）
「カラ格」は（継起的な）「原因」しかあらわさないが，「デ格」は（継起的な）「原因」，（同時的な）「原因」の両方をあらわす．したがって，「カラ格」は「デ格」よりも範囲がせまい．

問題 13 ア）　正.午　　　　かれは 正午まで いた．
イ）　正.午　　　　かれは 正午までに かえった．
　　（　正.午　　　かれは 正午までに かえった．）
ウ）　正.午　　　　かれは 正午までに いちど きた．
エ）　正.午　　　　かれは 正午までに きていた．（すぐ かえった．）
オ）　正.午　　　　かれは 正午までに きていた．（ずっと いた．）

問題 14 ア）①花子は，夫を愛する程度以上にこどもを愛している．

②花子は，夫がこどもを愛する程度以上にこどもを愛している．
イ）①次郎がよりおおくあそぶのは，太郎より花子のほうである．
②花子とよりおおくあそぶのは，太郎ではなく次郎のほうである．

問題 15

	AのB	このBはAだ
①	部分や付属物や側面に対する全体や本体	×
	もちぬし，つくりぬし，メンバー	× (「この えは ミレーだ」はいえる.)
	関係のあいて	×
	うごき，状態，性質の主体	×
	うごきやきもちの対象	×
②	ようすや特徴	○
	部分の特徴	○ (「この おやじは ひげだ」はいえない.)
	材料や原料	
	出身や経歴	○
	種類や身分など，位置づけ	△ (ばあいによっていえる.)

問題 16 「この ネコの」は，①の「部分や付属物や側面に対する全体や本体」をあらわし，あらゆるネコのしっぽのなかでも「この ネコ」のものを特定化している．しかし，「イヌの」は③の「部分，付属品，生産物の所属さき」をあらわし，「イヌの しっぽ」全体を代表しており，不特定なものである．

問題 17 (略)

第 5 章

問題 1 日本語のふつう名詞は，基本的なかたちで単数と複数の両方につかわれる．複数のばあい，「学生たち」ともいえるが，かならずしも「たち」をつけなくてもいい．つまり，「学生」というかたちは単数も複数もあらわすから「学生は3人ともきた」といえる．

一方，日本語の代名詞は，基本的なかたちは単数しかあらわさず，複数をあらわすばあいは，単数形に接尾辞をつけて複数形をつくら

なければならない．「かれは 3 人とも きた」といえないのは，「かれ」というかたちは単数しかあらわさず，複数のばあいは，「かれら」という複数形にしなければならないからである．

問題 2 (略)

問題 3 (略)

問題 4 文法的なカテゴリーとは，いくつかの文法形式がひとつの一般的な文法的内容(意味または機能)で統一されているときの，その一般的な文法的内容のことである．

日本語の代名詞，たとえば「わたし」と「わたしたち」という形式は，それぞれ単数・複数をあらわすという点で対立しながらも，ともに「数」という文法的内容をもっていて，それによって統一されている．「ぼく」と「ぼくら」，「あなた」と「あなたがた」，「かれ」と「かれら」も，同様である．日本語の代名詞は，単数形と複数形という文法形式が，「数」という文法内容で統一されている．すなわち，「数」という文法的なカテゴリーをもっている．

ふつう名詞のばあいは，たとえば「学生が 1 人」とも「学生が 3 人」ともいえるように，単数形・複数形の文法形式が分化しておらず，数のカテゴリーをもっていない．

問題 5 つぎの 2 つのかんがえかたがある．

① はなし手ときき手が接近しているばあいのコソアドの用法(直接的な用法)．つまり，「そこ」は，「われわれ」の領域外で，比較的ちかいところをさしている．

② あいさつとしての慣用的な表現．たずねる側は，具体的ないきさきをきくというより，あいさつとして発話している．こたえる側も，具体的にこたえているのではなく，慣用的なものとして発話している．

問題 6 「はなし手ときき手を対立するものとしてとらえるばあい」である．はなし手は，自分がさわっているところ＝自分のなわばりととらえてコ系であらわし，きき手がさわっているところ＝きき手のなわばりととらえてソ系であらわしている．

問題 7 類別辞(classifier)は，名詞のさししめすものがどのような種類に属するものであるかをしめす接辞のことである．助数詞(正確にいえば接辞)は，ヒトを数えるときは「－人」，イヌやネコなどの動物をかぞえるときは「－ひき」というように，かぞえるものの種類に応

じてくっつける接辞である．したがって，助数詞は類別辞のひとつであるとかんがえることができるから，助数詞のことを一般文法で類別辞という．

第6章

問題1 主語は文ののべるものごとをさしだし，述語は主語のさしだしたものごとについてのべる．動詞は基本的に運動をあらわすので述語となりやすく，名詞はものをあらわすので主語となりやすい．

問題2
はしる	はしった	はしるだろう	はしっただろう	はしろう	はしれ
みる	みた	みるだろう	みただろう	みよう	みろ
する	した	するだろう	しただろう	しよう	しろ
くる	きた	くるだろう	きただろう	こよう	こい

問題3 （第23章問題2参照）

問題4 派生語とはひとつの単語と接尾辞または接頭辞によってつくられたものである．「よまない」「よみます」はヨマ，ヨミという語基にナイ，マスという接尾辞がついてできているので，派生語相当である．しかし語彙的には「よまない」「よみます」は「よむ」とおなじ単語であって，接辞がついたといっても派生語になったわけではない．ゆえに文法的派生動詞である．

問題5 たての列は，機能やムード，テンスによって語形変化したかたちがならべられている．これらのかたちは，これ以上語形変化しないから「〜形」とかかれている．よこの列は，それ自身が語形変化する文法的派生動詞がならべられているから「〜動詞」とかかれている．

問題6 ア）「くる」ふつう体みとめ動詞連体形非過去形
「わたしなさい」ていねい体みとめ動詞終止形命令形
イ）「みて」ふつう体みとめ動詞中止形第2なかどめ
「わかったでしょう」ていねい体みとめ動詞終止形のべたて形推量形過去形
ウ）「かえろう」ふつう体みとめ動詞終止形さそいかけ形
エ）「まがると」ふつう体みとめ動詞条件形（ト条件形）
「あります」ていねい体みとめ動詞終止形のべたて形断定形非過去形
オ）「わかる」ふつう体みとめ動詞終止形のべたて形断定形非過去

形
「わかんないだろう」ふつう体うちけし動詞終止形のべたて形推量形非過去形

- カ)「きいても」ふつう体みとめ動詞譲歩形(テモ 譲歩形)
  「やめろ」ふつう体みとめ動詞終止形命令形
- キ)「ふくな」ふつう体うちけし動詞終止形命令形
  「とばそう」ふつう体みとめ動詞終止形さそいかけ形

問題7 もとの動詞　よむ

文法的派生動詞　よまれる　よませる　よませられる

文法的複合動詞　よみはじめる　よみつづける　よみおわる　よみかける　およみする　およみもうしあげる

文法的くみあわせ動詞　よんで やる　よんで くれる　よんで もらう　よんで みる　よんで みせる　よんで いる　よんで ある　およみに なる　よむと する　よんだり する

問題8 (略)

問題9 (略)

問題10 たべる　ヲ格／支配しない

具体的動作をあらわすとき，ヲ格を支配する．「こんな給料じゃ たべて いけない.」というとき，格支配はしない.

ぶつかる　ニ格／ト格

おしえる　ニ格　ヲ格／ヲ格

「三年生を おしえる.」というときは，ヲ格のみ.

第7章

問題1 ア) 使役構文　　イ) 能動構文　　ウ) 再帰構文
エ) うけみ構文　　オ) 相互構文

問題2 (略)

問題3　1　格支配の他動詞では，能動と受動の対立が典型的にあらわれる．直接補語がうけみ構文の主語になり，直接対象のうけみとなる．

2　ヲ格とニ格を支配する他動詞では，どの対象を主語にするかによって，ふたとおりのうけみ構文ができる．つまり，直接補語がうけみ構文の主語になったばあいは直接対象のうけみとな

り，間接補語がうけみ構文の主語になったばあいは間接対象のうけみとなる．
3 ニ格支配の自動詞のばあいも，ニ格でしめされた間接補語がうけみ構文の主語になったばあいは間接対象のうけみとなる．
4 ヲ格もニ格も支配しない自動詞も第3者のうけみ構文の述語になることがある．

問題4 ア）いもうとは 太郎に ほめられた．
イ）ウサギは 花子に おいかけられた．
ウ）ミミズが スズメに くわれた．
エ）花束が 太郎から 花子に おくられた．（直接対象のうけみ）
　　花子が 太郎から 花束を おくられた．（間接対象のうけみ）
オ）切手が 太郎から 花子に みせられた．（直接対象のうけみ）
　　花子が 太郎から 切手を みせられた．（間接対象のうけみ）
カ）太郎が サルに 手を ひっぱられた．
キ）（わたしは）子どもに なかれた．
ク）（花子は）太郎に かえられた．

問題5 ア）すりが 花子から さいふを すった．
イ）3年まえに さちよの 母親が しんだ．

問題6 ア）子ども　イ）母おや

問題7 ア）父親が 昌子に 切手を かいに いかせる．
イ）母親が 太郎に 次郎を おこさせる．
ウ）おばあさんが 三郎に 障子を はらせた．
エ）太郎が 花子に つくえに よりかからせた．（使役的）
　　太郎が 花子を つくえに よりかからせた．（他動詞的）
オ）学生が 先生を おどろかせた．
　　学生の こたえが 先生を おどろかせた．

問題8 ア）放任　　イ）本来の使役　　ウ）許可
エ）他動詞相当の使役（無意志動詞の使役形式）　　オ）許可・放任

問題9 本来の使役になる．

第8章

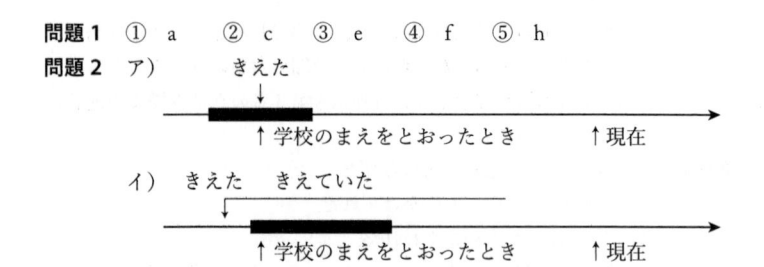

問題1 ① a ② c ③ e ④ f ⑤ h

問題2 ア)

```
          きえた
            ↓
      ━━━━━━━
         ↑学校のまえをとおったとき      ↑現在
```

イ)
```
   きえた   きえていた
     ↓  ─────────────
      ━━━━━━━
         ↑学校のまえをとおったとき      ↑現在
```

問題3 動作動詞：たべる，みる，たたく，なげく，恋愛する
変化動詞：くっつく，でる，はいる，はなれる，こわれる，結婚する
〈解説〉動詞は，各自がどの意味をイメージするかによって，動作をあらわすか変化をあらわすかがかわることがある．たとえば，「でる」は「にわに でる」のばあいは変化動詞であるが，「水道の みずが でる」のばあいは動作動詞になる．

問題4 他動詞は，動作主体が他のものにはたらきかける運動をあらわす動詞であるから，ふつうは，はたらきかける動作をおこなう動作動詞になる．「はく」「ぬぐ」「そる」は他動詞だが，「くつを はく」「ふくを ぬぐ」「ひげを そる」などは，動作主体もはたらきかけをうける対象も動作主体自身なので，動作主体がはたらきかけた結果，動作主体そのものが変化することになる．したがって，これらの動詞は変化動詞としてもはたらくことができる．

ただし，これらの動詞も，たとえば「とこやが 客の ひげを そる．」という文では，動作主体へのはたらきかけではないので，動作動詞のはたらきしかしない．

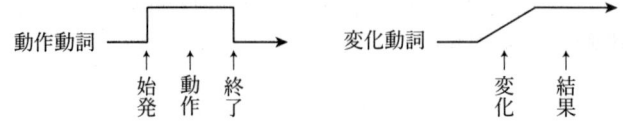

問題5

```
               ┌──────┐
動作動詞        │      │               変化動詞 ────╱────────
        ───────┘   ↑  └───→                  ↑    ↑
             ↑    動   ↑                    変   結
             始   作   終                    化   果
             発        了
```

問題6 継続相の動詞は，その局面の持続がいつまでつづいているかには基本的には無関心である．ア)とイ)のちがいは，過去に重点をおくか，現在に重点をおくかという点である．どちらをつかっても，過

去におこった「とけいが とまる」という変化の結果の局面が現在まだつづいているという事実をあらわすことができる．

問題7 ア）完成相の非過去形が現在の事実をあらわすことができるのは
イ）そのばあいの完成相の意味が
エ）基本的でないか，または
ウ）基本的ではあるが，そのさししめす運動の時間が発話時間よりながくないか
オ）どちらかのばあいである．

問題8 「おねがいする」「ことわる」は，発言そのものがその発言の内容としての行為になる動詞であるため，発言がおわれば内容としての行為も終了する．したがって，発言したすぐあとでも，行為は過去のできごとになるから，過去形にして念おしすることができる．これに対し，「存じます」「はらが たつ」という動詞は，はなし手のこころのうごきをあらわす動詞であるため，完成相がまるごとのすがたをあらわしているかどうかわからない．したがって，発言したすぐあとで，そのあらわす内容としての行為が終了しているかどうかわからないので，過去形にして念おしすることができない．

問題9 （本文参照）

問題10 ア）動作の持続　イ）変化の結果の持続　ウ）経歴・記録　エ）パーフェクト　オ）くりかえし　カ）パーフェクト

問題11 （ア）運動　（イ）時間

問題12 ア）かった．かった．（いますぐの命令）　かった！（決定の完成）
イ）あったね．（確認）　ありました，ありました．（おもいだし）
あったよ．（過去〈基本的な用法〉）　ありました．（発見）

問題13 うえの諸例は，それぞれ「目撃した．」「歩いた．」「みつかったとしたら」「みせたと しても」「よんだのに」「のべたのに」などとおきかえが可能である．したがって，アスペクト的な意味は，完成相とおなじであるとかんがえられる．

問題14 ア）は，「すでに」があるので以前の用法であるとかんがえられ，結果の状態がのこっていれば，パーフェクトの用法であるともかんがえられる．どちらのばあいも現在の特徴にはなっていないので，「むすこは 大学出である．」にいいかえることはできない．

イ）は，過去に大学を卒業し，それが現在の特徴になっているという経歴・記録の用法である．したがって，「むすこは 大学出であ

問題 15 ア)は,「ついてる」の主体が旅館について,その結果現在旅館にいることをのべているので,パーフェクトの用法であり,イ)は,「ついてる」の主体が名古屋についたあと,現在すでに名古屋にはおらず,大阪にいることをのべているので,前現在の用法である.

問題 16 ア)は,「ついて います」の主体であるバスがついたあと,でていって,いまここにいないことをのべているので,前現在の用法である.
イ)は,「ついて います」の主体であるふねが桟橋について,まだそこにいることをあらわしているので,パーフェクトの用法である.

ウ)の「ついて います」は,両方ともできごとのひづけや時間が明示されていて,主体である飛行機の過去の記録が現在のこっていることをあらわしているので,経歴・記録の用法である.

第9章

問題 1 ア) 太郎が おじさんに おもちゃを <u>かって もらう</u>.
イ) おかあさんが (花子の)かみを <u>ゆって くれる</u>.
ウ) 太郎が (次郎の)かおを <u>ふいて くれる</u>.
次郎が 太郎に かおを <u>ふいて もらう</u>.
エ) 太郎が 花子に おみやげを <u>かって あげる</u>.
オ) 花子が おばさんに 郵便局に <u>いって いただく</u>.
おばさんが (花子のために)郵便局に <u>いって あげる</u>.

問題 2 「きかせて くださいまして」の主語はきき手,サービスのおくり手はきき手,サービスのうけ手ははなし手である.
「きかせて いただきまして」の主語ははなし手,サービスのおくり手はきき手,サービスのうけ手ははなし手である.
問題のふたつの文は主語がことなるが,サービスのおくり手とうけ手は同じである.主語はいっていないから,どちらの文でもいい.

問題 3 ア) 動作のし手:わたし　　　動作のうけ手:かれ
サービスのおくり手:わたし　サービスのうけ手:かれ
イ) 動作のし手:あいつ　　　動作のうけ手:おっかさん
サービスのおくり手:あいつ　サービスのうけ手:おれ
ウ) 動作のし手:ぼく　　　　動作のうけ手:彼女

　　　　　サービスのおくり手：ぼく　　サービスのうけ手：君
　　エ）動作のし手：滝さん　　　　　　動作のうけ手：わたしのこども
　　　　　サービスのおくり手：滝さん　サービスのうけ手：わたし
　　オ）動作のし手：わたし　　　　　　動作のうけ手：かれ
　　　　　サービスのおくり手：わたし　サービスのうけ手：あなた

問題4　・山田くんがおかねをだして，山田くんがかいにいった（または
　　　　　ネットでかった）．
　　　　・わたしがもっているレコードを，山田くんがかった．
　　　　など．

問題5　ア)は，「おばば」をはなし手側のたちばにおいて（「うちの おばば」）
　　　　のべている．
　　　　イ)は，「三太」をはなし手側のたちばにおいて（「うちの 三太」）の
　　　　べている．

問題6　3文とも，「岡田」が動作のし手，「へび」が動作のうけ手であり，「岡
　　　　田へびをころした」というできごとをあらわしている．
　　　　　「お玉は岡田にへびをころしてもらった．」は，お玉が岡田に（た
　　　　のんで）へびをころしてもらった．
　　　　　「お玉は岡田にへびをころされた．」は，岡田がへびをころし，お
　　　　玉がめいわくをうけたことをあらわしている．
　　　　　「お玉は岡田にへびをころさせた．」は，お玉が岡田に（指示をし
　　　　て）へびをころさせた．

問題7　ていねいさは，はなし手の，きき手，または，場面に対する態度に
　　　　よってきまる．ていねい体になるのは，きき手がめうえのひとやあ
　　　　まりしたしくないひとのばあい，あるいはあらたまった場面のばあ
　　　　いである．ふつう体になるのは，きき手が友人や家族などのばあい
　　　　である．動作主体であるS先生に対するはなし手の敬意をあらわ
　　　　すという点では，ていねい体もふつう体も同様である．

問題8　尊敬・謙譲　→　はなしの素材にかかわる敬語
　　　　ていねい　　→　きき手や場面にかかわる敬語

問題9　「したに しても」「するに せよ」の「しても」「せよ」はつきそい接
　　　　続詞で，文の述語にはならない．
　　　　　「したとしても」「するとせよ」は，仮定動詞「したとする」「す
　　　　るとする」が活用したかたちである．「するとせよ」は終止形であ
　　　　り形式的な述語になるが，条件をあらわしており，帰結や結論を表

す後続の文が必要である.

問題10 「して みる」も，条件形や命令形でつかわれて条件をあらわす．「して みろ」は，そこで文として切れるが，後続の文が必要である．

問題11 「九州に 育った ことも あるが」は，「九州に 育った せいも あるが」で言いかえても同じ意味になる．したがって，経験ではなく理由をあらわしている．

第10章

問題1 推量するのは現在だが，推量される内容が過去である．

問題2 のべたてるとき（断定するとき，推量するとき）→発話時
さそいかけるとき→発話時，命令するとき→発話時

問題3 ア）相対的テンス　イ）絶対的テンス　ウ）絶対的テンス
エ）相対的テンス

問題4 p.62の表にあてはめて，さそいかけ形，命令形になるか，非過去形・過去形の対立があるかなどについて，各自かんがえてみよう．たとえば，「ものなれた」は終止形ではつかわれず，「ものなれた態度」のような連体－過去形でのみつかわれる．

問題5 関係をあらわす連体形動詞は，非過去形と過去形の両方につかわれていて，その両方のあいだに意味のちがいがないことがおおい．
「山梨 静岡 両県に またがった 富士山」の「またがった」は位置関係をあらわしているので，非過去形の「またがる」にかえても意味にちがいがない．一方，「うまに またがった 兵隊が やって きた．」の「またがった」は，関係ではなく運動をあらわしているので，「またがる」にいいかえることはできない．
「5人の こどもを かかえた 母おや」の「かかえた」は所有関係を表しているので，「かかえる」にかえても意味にちがいがない．一方，「おおきな はなたばを かかえた むすめ」の「かかえた」は運動をあらわしているので，「かかえる」にいいかえることはできない．

問題6 ア）継起関係　イ）並立関係　ウ）並立関係
エ）並立関係／継起関係　オ）継起関係

問題7 具体化して内容をしめしているもの：ア　エ　オ
抽象化して解説しているもの　　　：イ　ウ

問題8 ・中止形以外にはつかわれなく(つかわれにくく)なる.
「座して」「黙して」「黙々として」
・その意味になるのは,(だいたい)中止形だけである.
「とんで」「すぐれて」「きわめて」「いたって」「さだめて」「けっして」
・その意味でつかわれるかぎり,ていねい形式にならない(なりにくい).
「座して」「黙して」「とんで」「すぐれて」「きわめて」「いたって」「さだめて」「けっして」「黙々として」
・その意味でつかわれるかぎり,うちけし形式にならない(なりにくい).
「座して」「黙して」「とんで」「すぐれて」「きわめて」「いたって」「さだめて」「けっして」「黙々として」
・もとの動詞のときに類義語や反対語であった動詞が,この用法としては,類義語や反対語として(あまり)登場しない.
「座して」「黙して」「とんで」「すぐれて」「きわめて」「いたって」「さだめて」「けっして」「黙々として」
・この用法になると,副詞のなかに類義語や反対語がみつかる.
「とんで」「すぐれて」「きわめて」「いたって」「さだめて」「けっして」

問題9 alternative(二者択一):どちらかの運動がおこることをあらわす.
「したり,しなかったり」
frequentative(反復):交互に運動がおこることをあらわす.
「でたり,はいったり」

問題10 ・この 電気スタンドは 接触が わるくて,電気が ついたり,きえたりする.
・この 電気スタンドは もう ふるくて,スイッチを いれても 電気が ついたり,つかなかったりする.
「ついたり,きえたりする」は,「つく」と「きえる」というふたつの運動をくりかえすことをあらわすが,「ついたり,つかなかったりする」は,つくときもあるし,つかないときもあるという意味をあらわす.

問題11 副動詞は,①主語をもたない,②ていねい動詞にない,③原則としてうちけしとなじまない,という特徴がある.しかし,「してから」

「するまで」は主語をもつ(「太郎が きて から 出発しよう.」「太郎が くるまで ここで まとう.」).ていねい動詞も「しましてから」「しますまで」になる.この点で中止形的である.ただし,中止形とことなり,うちけしにはならない.

問題 12 ・「～の」

(主語句・補語句),主語節・補語節になることができる.モノをあらわすときだけ述語節になれる.規定語節にもなる.

主語は「～が」「～の」のかたちをとり,「～は」のかたちはとらない.

・「～か」

規定語節,(主語句・補語句),主語節・補語節,述語節になることができる.

主語は「～が」「～は」のかたちをとり,「～の」のかたちはとらない.

第 11 章

問題 1 (略)
問題 2 類義語:うつくしい－きれいな,まずしい－貧乏な,いそがしい－
多忙な

対義語:きたない－きれいな,まずしい－ゆたかな,いそがしい－
ひまな,うるさい－しずかな
問題 3 共通点:意味…性質や状態をあらわす.

機能…規定語や述語としてはたらく.

相違点:形態…「うつくしい」は連体形非過去形が「－イ」など.

「きれいな」は連体形非過去形が「－ナ」など.
問題 4 ・動詞に訳される例

an <u>old</u> man →<u>としおいた</u> ひと

a <u>superior</u> person →<u>すぐれた</u> ひと

Our opinions are <u>similar</u>. →われわれの 意見は <u>にている</u>.

・名詞に訳される例

a <u>green</u> dress →<u>グリーンの</u> ドレス

a <u>single</u> man →<u>独身の</u> おとこ

He is <u>absent</u>. →かれは <u>留守だ</u>.

問題5 ア）主体　　イ）対象　　ウ）対象
問題6 ア）感情の対象　　イ）感覚を感じる主体の部分
　　　　ウ）感情の対象　　エ）感覚の対象
問題7 ①属性形容詞はいろいろなものが主語になるが，感情形容詞の主語はおもにひとで，ふつうは1人称である．
　　　　◇「すきだ」「きらいだ」の主語はおもにひとだが，1人称以外も主語になる．（「太郎は 花子が すきだ」など）
　　　　②属性形容詞はふつう対象をとらないが，感情形容詞には感情や感覚の対象が存在するものがあり，その対象がガ格の名詞でしめされる．
　　　　◇「すきだ」「きらいだ」は感情の対象がガ格の名詞でしめされる．（「かれは サッカーが すきだ．」など）
　　　　③感情形容詞からは「～がる」という派生的な動詞をつくることができる．
　　　　◇「すきだ」「きらいだ」からは，「～がる」という派生的な動詞をつくることができない．
問題8 ①主語はおもにひとで，1人称である．「みずが のみたい」というのは，1人称の感情をあらわしている．
　　　　②他動詞からつくられる「～たい」というかたちの派生形容詞は対象をとり，ガ格の名詞でしめされることがある．
　　　　例「みずを のむ」→「みずが のみたい」「みずを のみたい」
　　　　　　「映画を みる」→「映画が みたい」「映画を みたい」
　　　　自動詞からつくられる派生形容詞は対象をとらない．
　　　　例「やすみたい」「ねたい」
　　　　③「～がる」という派生的な動詞をつくることができる．
　　　　例「こどもは そとで あそびたがる」「かれは 外国に いきたがっている」
問題9 アクチュアルな状態にかかわる形容詞は，非過去形と過去形が意味のうえで基本的に現在と過去に対立するが，運動をあらわす動詞は，完成相の非過去形と過去形が意味のうえで未来と過去に対立する．ただし，状態や存在をあらわす動詞は，形容詞とおなじく現在と過去に対立する．継続相も現在と過去に対立する．
問題10 ・連体形非過去形：述語名詞は「いぬである／いぬの」ナ形容詞は「すきな」

・第1なかどめ：述語名詞は語形がない．ナ形容詞は「すきに」

第12章

問題1 <u>はやく</u> スピードを　<u>はやく</u> しろ．
　　　　→うちけしにできない　→うちけしにできる（はやくなく）

問題2 ①ア）ものの属性をあらわす形容詞
　　　　　イ）動詞のしめす状態やようすの程度をあらわす副詞
　　　　②ア）ものの属性をあらわす形容詞
　　　　　イ）動詞のしめすようすの程度をあらわす副詞

問題3 情態副詞には，その音やようすとかかわる運動をしめす一定の動詞にかかるもの（やきいもをばくばくくった），さまざまな動詞とくみあわさって形式的には擬声語・擬態語の形式をもっていても内容的に動詞をえらばないもの（水をどんどんのんだ，めしをどんどんくった，ひとがどんどんやってきた，水がどんどんながれている）がある．「一気に」は短時間の動作をあらわす完成相の動詞にかかる．「わざわざ」は意志動詞にかかる．

問題4 電車が <u>がたんと</u> ゆれた．
　　　　電車が <u>がたがた</u> ゆれた．
　　　　家の まわりを <u>ぐるりと</u> まわった．
　　　　家の まわりを <u>ぐるぐる</u> まわった．
　　　　ライトが <u>ぴかっと</u> ひかった．
　　　　ライトが <u>ぴかぴか</u> ひかった．
　　　　「がたんと」「ぐるりと」「ぴかっと」は一回的．「がたがた」「ぐるぐる」「ぴかぴか」は多回的．

問題5 どっきり　がっちり　しっかり　きっぱり　たっぷり　など

問題6 ゆっくりと　のんびりと　しっかりと　ずっしりと　とっぷりと
　　　　ぐんと　ひょいと　ぷいと　きちんと　さっと
　　　　修飾語の用法で「ぐんと」「ひょいと」「ぷいと」「きちんと」「さっと」は「と」が義務的である．

問題7 おとこは <u>ぼろぼろの</u> コートを きて いた．
　　　　この ふくは もう <u>ぼろぼろだ</u>．
　　　　<u>がたがたの</u> いすを つくりなおす．
　　　　この つくえは <u>がたがただ</u>．

シンデレラは <u>ぴかぴかの</u> くつを はいて います．
そうじの あとの まどガラスは <u>ぴかぴかだ</u>．

問題8 ア) 動詞「ちった」にかかって「このは」の量をあらわす．
イ) 形容詞「きいろく」にかかって「きいろさ」の程度をあらわす．

問題9 ア) ○ イ) ○ ウ) ○ エ) × オ) ×
「とうぶん」「このほど」はいつも発話時を基準にしてつかわれる．
「とうぶん」は非過去形，「このほど」は過去形とくみあわさる．意味は過去だけでなく未来の決定もあらわす．

問題10 ア) 時間 イ) 情態 ウ) 程度 エ) 情態 オ) 陳述

第13章

問題1 陳述副詞の「きっと」は述語の陳述性にかかわるから，述語の品詞をえらばない．「雨だ」は動作も状態も性質もあらわさず，現象をあらわすから，程度副詞，情態副詞とは共存できない．

問題2 この二つの文が，雨のふりかたの絵としてかきわけられないのは，「かならず」と「ひょっとすると」は雨のふり方をあらわしているのではなく，はなし手の態度をあらわしているからである．

問題3

	1人称	3人称
きっと	私は きっと 南極に いく．	彼は きっと 南極に いく．
断じて	私は 断じて 南極には いかない．	彼は 断じて 南極には いかない．
もちろん	私は もちろん 南極に いく．	彼は もちろん 南極に いく．
絶対に	私は 絶対に 南極に いく．	彼は 絶対に 南極に いく．

上の例では，1人称は〈願望-当為的なムード〉，3人称は〈現実認識的なムード〉となる．

問題4 (どうか)ひとばん とめて いただけませんでしょうか．
(どうぞ)おとまりください．

問題5 ただいま <u>あいにく</u> 主人が ちょっと 出て おりまして……
ただいま <u>さいわい</u> 主人が ちょっと 出て おりまして……
<u>しんせつにも</u> その わかい おとこは むすめを いえまで おくりとどけて くれた．
<u>おせっかいにも</u> その わかい おとこは むすめを いえまで おくりとどけた．

問題6 この ばく大なる ちからの 源泉は，まさに 第5階級の 知性の なかにこそ ある．

そんな 平凡な 生活を する くらいなら，いっそ くびでも くくって死んじまえ…

かれには そんな ことが 1日に すくなくとも 二三度は かならずあった．

問題7 たとえば，次の［主だて］の例では，①，②はいれかえても，意味はかわらないが，［選択指定］の例では，①，②はややいれかえにくい．また，「特立」の例では，意味がかわってしまうのでいれかえられない．

[主だて]
① はじめは 時雄が くちを きったが，なかごろから おもに 父おやと 田中とが かたった．
② はじめは 時雄が くちを きったが，なかごろから 父おやと 田中とが おもに かたった．

[選択指定]
① あなたの 犯罪は まさしく 愛の 欠乏から おきた ものと 判断します．
② あなたの 犯罪は 愛の 欠乏から まさしく おきた ものと 判断します．

[特立]
① わたしは がんらい 動物ずきで，なかんずく いぬは だいすきだから，……
② わたしは がんらい 動物ずきで，いぬは なかんずく だいすきだから，……

問題8 ア）とりたて副詞〈特立〉
イ）評価副詞〈叙述内容に対する価値評価〉
ウ）ムード副詞〈条件－接続のムード〉
エ）ムード副詞〈願望－当為的なムード〉
オ）とりたて副詞〈選択指定〉

第14章

問題1 おもにはなしことばにもちいられるもの

だから・それで・で・でも・だとしたら・だったら・なら・でなければ・
でないと・だって・なぜかっていうと・じゃあ　など
おもにかきことばにもちいられるもの
それゆえ・ゆえに・したがって・が・しかし・しかるに・かつ・および　など

問題2　ていねいさによる対立をもつもの
だから(ですから)　つづいて(つづきまして)
したがって(したがいまして)　だが(ですが)　だけど(ですけど)
とすると(としますと)　そうしたら(そうしましたら)
だったら(でしたら)　そうでないと(そうでありませんと)
といっても(といいましても)　あわせて(あわせまして)
はなしかわって(はなしかわりまして)　というのは(といいますのは)
それはそうとして(それはそうとしまして)　など

問題3　ア)こうなって・こうして　　イ)こうして　　ウ)こうなると
　　　　エ)こうすると・こうなると　　(問題3のあとの説明参照)

問題4　「それならば」は,まえの内容をうけて,それが,あとにつづく節が成立するための条件であることをあらわしている.
「それでも」は,まえの内容をうけて,それが成立しても,あとの文が成立するという逆条件をあらわしている.
「つまり」は,まえのいくつかの節全部をうけて,あとの節にいいかえることをあらわしている.

問題5　かわってしまう.「それで」があると,ききてがわらっていた理由をたしかめる文になる.「それで」をのぞくと,ききてがわらっていたかどうかをたずねる文になる.

問題6　(略　問題6のあとの説明参照)

問題7　「一体的な処理」と「切り離し」がどういうものかという,まえの2文の内容.

問題8　ア)の「では」は,はなしの方向をかえることをあらわしている.
イ)の「じゃあ」は,あいてのいったことをうけて,それが,あとの文が成立するための条件であることをあらわしている.

問題9　・「精神的にも 思春期で あり」と「極度の 空腹の」が並列されている.

・「胃の辺りにさしこむような疼痛がある.」と「間隔をおいて吐き気がやってくる.」が並列されている.

問題 10 最初の文の「ただ」は,「次のこと」だけに範囲を限定し,その他を排除する陳述副詞(とりたて副詞)である.

あとの文の「ただ」は,まえの文へのつけくわえやおぎないであることをあらわす接続詞である.

第 15 章

問題 1 「かける.」……動作をしている絵はかける.
「かけない.」……動作をしている絵はかけても,意味が特定できないからかけない.

問題 2 感動詞は,独立語という文の部分になるし,また,1 語だけで独立語文をつくることもできる.そのため,訳すときに,独立語が独立語文になったり,逆に独立語文が独立語になったりすることがあるから.

問題 3 感嘆のきもちをあらわす感動詞(さけびの感動詞)は自然発生的で,日本語の「えっ」「おおっ」「わっ」「わあーい」などは,「IO」と同様,母音が中心でみじかい単語になっている.

問題 4 漢語起源:乾杯 失敬 失礼 合点 畜生 など
外来語起源:バイバイ オーライ ドンマイ ファイト フレー など

問題 5 「おぎゃあ」ときこえる声は自然の声そのものであり,感動詞ではない.「おぎゃあ!」とかいたときの「おぎゃあ」は単語であり,品詞としては感動詞である.

問題 6 〈語彙的〉
ていねい-目上・知らない人につかう:はい・いいえ・ええ など
ていねいではない-目上にはつかわない:おうい・これ・それ・ねえ・オーケー・うん・いや など
〈形態論的〉
ていねい体-おはようございます・おかえりなさい(ませ)・
ありがとうございます・おやすみなさい(ませ) など
ふつう体 -おはよう・おかえり・ありがとう・おやすみ・あの など

問題7 ・おかえり

　「はやく おかえり．」 というときの「おかえり」は「かえる」という語彙的意味をもっている．話者のいるところからかえるばあいと，話者のいるところにかえるばあいの両方向につかえる．また，文中で述語となる．「おかえり」は，「かえる」という動詞のていねい体－命令形「かえりなさい」に「お」がつき，「なさい」がとれたかたちで，命令をあらわしている．以上から，この「おかえり」は動詞である．

　あいさつの「おかえり」は「かえる」という意味はのこしているが，命令の意味はもたない．話者のほうへかえってきたばあいのみにつかう．機能としては，文中で独立語となったり，独立語文をつくったりする．もとの動詞「かえる」のもつ語形変化はうしなわれ，「おかえりなさい」「おかえり」というていねいさの対立だけをもつ．以上から，あいさつの「おかえり」は感動詞といえる．

・おはよう

　「はやい」という意味はうしなわれている．機能としては，文中で独立語となったり，独立語文をつくったりする．語形変化は「おはようございます」「おはよう」というていねいさの対立だけをもつ．以上から，「おはよう」は感動詞である．

問題8 　「ありがとう」は，名づけ的意味（感謝したい気持ちである）は，もっているといえる．しかし，「ありがとう」は一語だけで独立語文をつくる．また，形態論的には，ていねいさのカテゴリーだけをもち，「ありがとうございます」「ありがとう」という対立になっている．以上から，「ありがとう」は感動詞といえる．一方，「ありがたい」は名づけ的意味をもち，文中で規定語・述語になり，イ形容詞の語形変化をおこなう．つまり，「ありがたい」は形容詞である．

第16章

問題1 　ア）人間の｜　子どもは｜　人間である．
　　　　イ）花子の｜　子どもは｜　花子ではない．
　　　　ウ）赤井山は｜　体重において｜　黒野川に｜　まさっていた．
　　　　エ）後置詞に関する｜　研究が｜　ようやく｜　はじまった．
問題2 　ア）彼女は｜　かれについて｜　はなした．

イ) She | talked | about him.

前置詞とは，名詞のまえにおかれて，名詞の格を支配しながら，格などのはたらきをたすける単語の種類である．

問題3 たとえば，つぎのようなものも後置詞とかんがえられる．

格形式	連用形式	連体形式
ニ格支配	際して　したがって	際しての
ヲ格支配	とおして　ふまえて	とおしての　とおした　ふまえての　ふまえた
ノ格	もとで	もとでの

問題4 ア) あった（もとの動詞の意味には動作性（移動性）と方向性があるが，後置詞では方向性だけになる．）　イ) なかった

問題5 ア) ちがう　イ) おなじ　ウ) ちがう

問題6 前問の後置詞の連体形式にはつぎのようなものがある．

　　ア) ついて→　ついての

　　イ) 関して→　関しての・関する・関した

　　ウ) めぐって→　めぐっての・めぐる・めぐった

問題7 いま，食事したと すると，7時の 電車には のれないだろう．

いま，食事したと おもうと，もう でかけていった．

　「～したと すると」は，条件・逆条件のかたち（「～したと したら」「～したと すると」「～したと しても」など）や終止形・中止形（「～したと する」「～したと しよう」「～したと せよ」「～したとして」など）でさまざまな仮定的な条件や譲歩をあらわす．「～したと おもうと」は，形式が固定的で（「～したと おもうと」「～したと おもったら」のみ）動詞としての活用がない．また，「～したと おもうと」「～したと おもったら」には条件の意味がなく，その節の主節に対する関係（時間的関係）を表示するためにもちいられているから．

問題8 「ついて」と「つく」

　　本に しみが つく．

　　本に しみが ついて　字が よみにくい．

　　本に ついて はなしあう．

　「つく」はガ格名詞とくみあわさる自動詞である．動詞「つく」は主語をとるが，後置詞になると主語をとらなくなり，ニ格名詞

を支配して，もとの「付着」という語彙的な意味がうすれる．
「つれて」と「つれる」
　いぬを <u>つれて</u> あるく．
　いぬを <u>つれた</u> おとこのひと
　時間の 経過に <u>つれて</u>，いろが あせた．（後置詞）
　ときが たつに <u>つれて</u>，いろが あせた．（つきそい接続詞）
　動詞「つれる」はヲ格名詞とくみあわさって，中止形「つれて」や連体過去形「つれた」で使用し，終止形「つれる」「つれた」では使用されない．「つれて」はニ格名詞を支配し，語彙的な意味がうすれて後置詞やつきそい接続詞となる．

第17章

問題1 名詞や動詞は，品詞のうちのひとつである．品詞は，語彙的な意味，文中での機能，語形のつくりかたの3要素から定義される．したがって，説明の展開のしかたがおなじである．

問題2 （189ページの本文の内容を参照）

問題3 単語の語彙的な性格とは，（いわゆる語彙的な／語彙的な）意味である．単語の文法的な性格とは，文中でのかたちと機能である．

問題4 ①A氏，<u>委員会から</u> 脱会．　<u>委員会からの</u> 脱会が 報じられた．
②かれは <u>太郎の（／と）</u> ライバルだ．　<u>太郎と（／の）</u> ライバルの 選手は だれですか．
③かれは <u>とても のっぽだ</u>．　だけど，かれには <u>もっと のっぽの</u> おにいさんが いる．
④<u>天使の</u> えがお　<u>矢の</u> 催促

問題5 「ゆっくり」は副詞なので，「とりたて」以外には語形変化しない．ゆえに，「ゆっくりで なく はしる」はいえない．「かれの はしりかたは ゆっくりで ない．」の「ゆっくりで ない」は，述語「ゆっくりだ」の否定形なのでなりたつ．

問題6 ・動詞のうちけし形式から：たまらない　いけない
・形容詞語基＋さ：かしこさ　ここちよさ
・動詞語基＋動詞語基：あげさげ　ききとり

問題7 ・複合／名詞語基＋動詞語基：つきみ　さかなつり（名詞）
・複合／動詞語基＋名詞語基：ぬいめ　はなして（名詞）

・派生／名詞語基+だらけ：どろだらけ　ほこりだらけ（名詞）

問題8　ではじめる（ではじめ）　およぐ（およぎ）　かえる（かえり）
いく（いき）　つく（つき／付着）　つる（つり）　でる（で）
ねる（ね／睡眠・就寝）
つかいにくいもの：よみおわる（よみおわり→読了）
　　　　　　　　　やぶる（やぶり→破損など）　ある（あり→存在）
　　　　　　　　　とぶ（とび→跳躍など）　こわす（こわし→破壊
　　　　　　　　　など）

問題9　め：あさめ　ふかめ　おそめ　はやめ　おおめ　すくなめ　ながめ
　　　みじかめ　ふとめ　ほそめ
げ：かなしげな　うれしげな　くやしげな　やさしげな　むずかし
　　　げな　おとなしげな　すずしげな　あやしげな　くるしげな

問題10　語彙的な意味，語形のつくりかた，文中での機能がもとの品詞らしさをうしない，転成後の品詞の性格をおびてくる．

第18章

問題1　ア）太郎は海以外のところもいったが，一番いく可能性のひくい海へもいった．
イ）太郎は海やその他の場所へいった．
ウ）太郎は他の場所へはいかずにいつも海へいった．
エ）太郎は「海へいく」以外のことをした（たとえば，海についてビデオもみたし，しらべもした）が，予想をこえた「海へいく」という行為もした．

問題2　ア）a　イ）a　ウ）c　エ）b

問題3　ア）花子は きのう 岡山へも いった．花子は きのう 岡山へだけ／だけへ いった．
イ）あの 学校は ソフトボールも つよいね．あの 学校は ソフトボールだけ／だけが つよいね．

問題4　ア）本を よみは する．本を よみも する．
イ）本を よんでは いた．／本を よみは していた．／本を よんでいは した．
本を よんでも いた．本を よみも していた．／本を よんでいもした．

問題5 ・大工さんは茶ばかりのんでいて、ほかののみものはのまなかった．
・大工さんは茶ばかりのんでいて、お菓子はたべなかった．
・大工さんは茶ばかりのんでいて、ほかになにもしなかった．

問題6 ・きのうの会議に、だれも出席しなかった．
・きのうの会議に、全員出席したのではなく、欠席したひともいた．

問題7 ⑧〔3ばいも くう〕ない 「3ばい」は「くう」にかかる．
　極端な例をあげて、3ばいは「おおい」ことを強調し、たべる量はそれよりもすくないことをあらわす.
⑨4日も〔〔めしをくっている〕ない〕「4日」は「めしをくっていない」全体にかかる．
　4日はながいことを強調し、4日間まったくたべていないことをあらわす．

問題8 ア）②　　イ）⑥　　ウ）⑨　　エ）⑤　　オ）④

問題9 疑問詞の「も」「でも」によるとりたて形は全部であることをあらわすが、アはうちけし述語で全部を否定することをあらわし、イはみとめ述語で全部を肯定することをあらわす．

問題10 「なんでも たべない」は、〔〔なんでもたべる〕ない〕となって、「かぎられたものしかたべない」という意味をあらわす．

問題11 ア）の「なにもたべない」は「疑問詞も＋うちけし述語」でたべる動作を否定する．イ）の「なんでもたべない」は「疑問詞でも＋うちけし述語」で「なんでも」を否定する．これは「は」の④の「「は」＋うちけし述語」と同様である．

問題12 ア）③　　イ）①　　ウ）②

問題13 「BはAより おおきく ない」：単純に2つのものを比較する．
「BはAほど おおきく ない」：相応の程度をもつものどうしを比較する．

問題14 ア）他のクスリをつかわなくても、このクスリをつかえば、この病気はなおる．
イ）いろいろなクスリがあるが、このクスリしかこの病気はなおせない．

問題15 ①の「Aさんとだけ あいました」は、Aさんとあったという事実に、Aさん以外の人とはあわなかったという情報がくわえられているが、②の「スイカが1つだけ のこって いました」は、数量が限

定されるだけで，他の情報はふえない．

問題 16 ・虫たちがあつまってくるのは，あまいかおりの花に限定されている．

・「花のかおりがあまい」ということが，「虫たちが あつまって いる」というできごとの理由になっている．

問題 17 （略）

問題 18 ②の倒置の例

問題 19 できない．

問題 20 ア）は「この寺にいる」のは「あまさん」に限定されていて，「あまさん」以外はいないということをあらわしている．イ）は3人以上のあつまりの場合にしかつかえない．

第19章

問題 1 ・AとPは文の内容としてのことがらがちがっている．

・Aはのべてる文，Qはたずねる文なので，文ののべかたがちがっている．

・AとPのちがいは絵にあらわせるが，AとQのちがいは絵にあらわせない．

問題 2 （略）

問題 3 どう　なぜ

問題 4 ア）これは どう やって つくりますか．

イ）おじいさんは 山へ なにを しに いきましたか．

ウ）なぜ だまって いるのですか．

問題 5 ア）疑問詞のないたずねる文は，文ののべていることがそのとおりであるかどうかをたずねているので，こたえは「はい」または「いいえ」だけでなりたつ．疑問詞のあるたずねる文は，わからないことをきき手にのべてもらうためにたずねているので，「はい」または「いいえ」だけではなりたたない．

イ）疑問詞のないたずねる文のこたえの「はい」は，「そのとおりです」とみとめ，肯定することをあらわす．疑問詞のあるたずねる文のこたえの「はい」は，「問いの意味はわかりました．」と，つぎのこたえのかまえをつくるためのへんじである．

問題 6　a. 疑問詞のないたずねる文のこたえ

　　　　b. 疑問詞のあるたずねる文のこたえ
　　　　c. はたらきかける文のこたえ
　　　　d. のべたてる文のこたえ
問題7 それぞれ文末の「だ」をとって，「か」におきかえる．
問題8 文末の「だ」をとって，しりあがりのイントネーションにする．
問題9 ア）はい　イ）いいえ　ウ）はい　エ）いいえ
問題10 たずねる文であれば，こたえの文とたずねる文のみとめかたが一致していないので，「いいえ，たべます．」「いいえ，いきます．」とこたえるが，ここではどちらも「はい，たべます．」「はい，いきます．」とこたえているので，たずねる文でないことがわかる．
問題11 ア）文末に「だろう」という推量形がつかわれたり，「たぶん」のような推量をあらわす陳述副詞をともなったりしているので，おしはかりの文である．

　　　イ）「こい」は命令形であるから，はたらきかけの文である．「おはやめに」は文が中断しているが，文末に「おもとめください」などのはたらきかけの述語が略されている．ゆえにはたらきかけの文である．

　　　ウ）「ふった」という文末の述語が過去をあらわす．日記の文は，とくに未来をあらわす語や命令形がつかわれていないかぎり，過去をあらわす文となる．

問題12 ア）・「こい」は命令形．
　　　　　・「どうか」は懇願をあらわす陳述副詞．「ください」ははたらきかけをあらわす．
　　　　　・「どうぞ」は許容をあらわす陳述副詞．
　　　　　・「どうぞ」は依頼・勧誘をあらわす陳述副詞．
　　　　以上は，構造の面では，主語がでてこない．
　　　　　・「おもとめのかた」「おはやめに」は尊敬語の「お」がついている．「おはやめに」はきき手に対するすすめ・勧誘をあらわす．

　　　ア）はすべて，いまのはなし手のきもちをあらわすが，動作は未来である．
　　　以上から，これらははたらきかける文であることがわかる．

　　　イ）・「おくさんですか」と文末に「か」がついている．
　　　　　・「あなたの？」と文末に「？」がついている．しりあがりの

イントネーションになる．
・「なに（なん）」という疑問詞と，文末に「か」がある．
・「だれ」という疑問詞がある．
・「いつ」という疑問詞がある．

以上から，これらはたずねる文であることがわかる．

問題 13 おしはかりの文の例
×あすは 雨が ふるだろうので
×彼は きのう ロンドンへ ついただろうので
推定の文の例
○あすは 雨かも しれないので
○彼は きのう ロンドンへ ついた らしいので
以上から，おしはかりの文には「ので」がつかないが，推定の文にはつくことがわかる．

問題 14 ア)「そうだ」は伝聞．はなし手はA氏のはなしをそのままつたえている．
イ)「らしい」は推定．はなし手はA氏のはなしを根拠にして，推定している．

問題 15 a．あめが ふりそうだ．
b．あめが ふる ようだ．
c．あめが ふる みたいだ．
a．は「いまにも」という語によって切迫した状態をあらわせるが，b．c．は「いまにも」とはいえない．このことから「～しそうだ」は，「ようだ」「みたいだ」よりも成立する可能性がつよい状態をあらわせることがわかる．

問題 16 「はずが なかった」は，そうなる道理がなかったことをなっとくするときにつかわれる．
「はずじゃ なかった」は，結果が予想に反しているときにつかわれる．

問題 17 そうなるのが道理だというすじみちを確認する文には「わけ」も「はず」もつかわれる．したがって，ア)もイ)も「はず」にかえられる．
ウ)はことのなりゆきやすじみちを説明する文，エ)はものごとをあいてに確認させる文なので，どちらも「はず」にかえられない．

問題 18 ア) ゆめの内容をおしはかる文

イ) 間接的な認識や想像によってとらえたことをおしはかる文
ウ) 想像の内容をかかげて，その実現をおしはかる文

第20章

問題1 ア)のほうが適切．

「よ」は，はなし手がすでに認識し，きき手がまだ認識していない情報について，はなし手がきき手に対してつたえる必要があると判断してつたえるときにつかわれる終助辞である．したがって「そうだよ．」は，しらないことをたずねたきき手に対するこたえとしてつかわれるほうが適切である．

イ)は，きき手がおしえた情報ははなし手もすでにしっている情報だということをつたえるための発言である．

問題2 ア) 基本的な用法(念おし)の文．

イ) はなし手ときき手がいっしょにいる場面で，きき手もおなじように認識しているだろうとはなし手がかんがえて発言する文．

ウ) あいての情況を察して，あいての認識をさきどりして発言する文．

「か」にかえられるのはア)

問題3 「ね」にかえると，きき手のまえで，はなし手が自分の記憶をたしかめながら発言する文になる．

問題4 「さ」にかえられないのはウ)

ウ)は先手発言の第1文につかわれているから．

問題5 ア) 「わたし，できれば 午後の 部に したい(わ)」

「でも，午後の 部は，わたしたち，だれも いきません(よ)」

「〜したいわ」は，女性のはなし手が自分のきもちをあいてにわかってもらうための発言．

「〜いきませんよ」は，はなし手がきき手に対してつたえる必要があると判断してつたえる発言．

イ) 「わたし ずいぶん ごめいわくを おかけしました(わ)」

「そんな みずくさい こと おっしゃると，おこります(よ)」

「〜おかけしましたわ」は，女性のはなし手が自分のきもちをあいてにわかってもらうための発言．

「〜おこりますよ」は，はなし手がきき手に対してつたえる必

要があると判断してつたえる発言．

ウ）「あら，おはなを いけるのを わすれてた(わ)」
「おや，はやく しないと，まに あいません(よ)」
「〜わすれてたわ」は，女性のはなし手が自分の認識，判断をつたえる発言．
「〜まに あいませんよ」は，それをしないとどうなるかをのべて，間接的にはたらきかける発言．

エ）「なに してんの．じゃまするんじゃ ありません(よ)」
「わたし じゃまなんか してない(わ)」
「〜ありませんよ」は，あいてにはたらきかける発言．はたらきかける文に「わ」はつかわれない．

問題6 ア）・あっ いたい！ いたいぞ．
男性のはなし手が，目下または対等のきき手に対して「いたい」ことをつたえ，なんらかの行為をうながすばあい．
・あっ いたい！ いたいよ．
はなし手が，対等以下のきき手またはしたしいあいだがらの目上のきき手に対して「いたい」ことをおしえるばあい．
・あっ いたい！ いたいぜ．
男性のはなし手が，対等のきき手に対して「いたい」ことをいいっぱなしにするばあい．

イ）・男の子には まけないぞ．
女性のはなし手が，決意をかためながら，ひとりごとあるいは内言としていう場合．
・男の子には まけないよ．
女性のはなし手が，きき手に「まけない」という決意をつたえる場合．
・男の子には まけないわ．
女性のはなし手が，きき手に自分の決意をわかってもらうためにいう場合．

問題7 ア）「よ」をつかうと，「パパのつった魚がおおきい」ことをしらないきき手につたえる文になる．「ね」にすると，「パパのつった魚がおおきい」ことをしっているきき手にはなす文になる．
「よ」はパパ本人がいってもいい．
「ね」はパパにいってもいい．

イ)「よ」をつかうと,はなし手が「この本をもうよんだ」ことをきき手にしらせ,場合によっては,なんらかのはたらきかけをする文になる.「ぞ」にすると,男性のはなし手が「この本をもうよんだ」ことをきき手につたえ,きき手になんらかのはたらきかけをする文になる.

ウ)「ぜ」をつかうと,男性のはなし手が自分がしっているということをきき手にひけらかしてつたえる文になる.「ぞ」にすると,男性のはなし手がしっていることをきき手につたえ,きき手がなんらかの行為(たとえば非難)をすることを期待する文になる.

エ)「さ」をつかうと,おもに男性がもちいる文になる.「よ」をつかうと,おもに女性がもちいる文になる.

オ)〈きき手がいる場面〉
「ね」をつかうと,きき手もおなじようにきれいなもみじに感動しているだろうとはなし手がかんがえて発言する文になる.「な」にすると,いっそうはなし手の感動を前面におしだした文になる.

〈きき手がいない場面〉
「ね」はつかえない.「な」にすると,ひとりごと,内言として,感動をあらわす文になる.

カ)「ぜ」をつかうと,男性のはなし手が「自分はそんなはなしをもうとっくにきいていること」をきき手にひけらかしてつたえる文になる.「よ」にすると,「はなし手がそんなはなしをもうとっくにきいていること」をまだしらないきき手のためにしらせる文になる.

キ)「わ」をつかうと,きき手がいる場面でも,いない場面でも,女性のはなし手がひとりごと,内言として,感動をあらわす文になる.「さ」にすると,話題になっていることをはなし手がきき手に説明としてのべる文になる.

問題8 終助辞は文のおわりの述語となる単語のあとにくっつけるが,問題の文の「ものだ」,「ものか(もんか)」,「ことだ」は形式名詞をくみあわせてつくる述語形式であるから.また,終助辞はていねい体のうしろにもつくが,これらのばあいはつかない.

問題9 「から」は,はなし(事態)のながれがわかっているきき手に情報を

あたえ，その情報にそった行為やこころがまえをうながすときにつかう．

「けど」は，はなし（事態）のながれがわかっていないきき手にひかえめな態度で情報をあたえ，きき手の反応をみるときにつかう．

第 21 章

問題 1 ア）先行節が後続節の前提をあらわす．
イ）それぞれになりたつふたつのことをならべる．
ウ）くいちがうふたつのことをならべる．
エ）先行節が後続節の前提をあらわす．
オ）先行節が後続節の前提をあらわす．

問題 2 ア）ひきつづいておこることをあらわす．
イ）おなじようになりたつふたつのことをならべる．
ウ）先行節が先行することがらで，後続節の原因になっている．
エ）先行節が後続節の前提をあらわす．
オ）先行節が後続節の理由をあらわす．

問題 3 ①父は きびしくて，母は やさしい．（並立）
　　　雨が やんで，にじが でた．（継起）
②父は あつがりで，母は さむがりだ．（両立）
　　　父は あつがりだけれども，母は さむがりだ．（対立）
③ちかくに みずうみが あって，まいとし 白鳥が やって くる．（前提）
④電車が おくれて，おおぜいの 生徒が 遅刻した．（原因）

問題 4 中止形はムードやテンスの語形をもたず，後続節の述語のムードをかりている．エ）は，「太郎は大阪へいけ，次郎は東京へいけ」という意味で，中止形の動詞が後続節の動詞の命令というムードの意味をかりているのでなりたっている．しかし，ウ）の「つよそうで」はナ形容詞で命令の意味はないので，なりたたない．

問題 5 ・あめが ふって いたのに，大川へ つりに いったから，／かぜを ひいた．

・あめが ふって いたけれども，／大川へ つりに いったから，／でっかいえものに ありつく ことが できた．

うえの文は「から」のあとでおおきくきれるが，したの文は「けれども」と「から」のあと 2 か所できれる．ここから，「のに」は

「けれども」より陳述的な独立性がよわく,「けれども」と「から」の陳述的な独立性のつよさはおなじであることがわかる.

問題6 「あと 1時間しか ないけれど, あわてないで やりなさい.」がいえるのは,「けれど」の陳述性がたかく, 文末の動詞の命令のムードから独立しているので, 後続節だけをはたらきかけのモダリティーにすることができるからである. これに対し,「あと 1時間しか ないのに, あわてないで やりなさい」がいえないのは,「のに」の陳述性がひくく, 文末の動詞のムードから独立できないので, 後続節だけをはたらきかけのモダリティーにすることができないからである.

問題7 ア) きのう, 太郎(×は, が, の)もって きた 本が これだ.
イ) 花子(×は, が, の)相談した あいて(は, が, ×の)だれかと いうことに 関心が あつまった.
ウ) かれ(×は, が, の)かいた 本(×は, が, ×の)わたし(×は, が, の)かいた 本よりも よく うれた ことは うれしい.
エ) 二郎を 太郎(は, が, ×の)なぐったとの うわさが ひろまった.

問題8 節がものをあらわしているもの
・わたしの つくったのが いちばん きらびやかでした.
・この 作品の なかから あなたが よんで 感動したのを えらんで ください.

節がことをあらわしているもの
・はなえが 花を つんで いるのが 窓ガラスに うつって いました.
・みんなが まち子の くるのを まって いました.

問題9 ・はなよは 父の かえって くるの(こと)を 知って いた.
・父は かずおが 高校を 卒業した こと(の)を よろこんだ.
・父が かえって くるの(×こと)を 花子が いちばんに みつけた.
・一太郎が 大学を 中退した こと(×の)が 母から 父に つたえられた.

「～のを」は知覚活動をあらわす動詞とくみあわさり,「～ことを」は言語活動をあらわす動詞とくみあわさる. 思考・感情活動をあらわす動詞は「～のを」「～ことを」の両方とくみあわさる.

問題10 ア) 今月の 目標は 遅刻しないの(→こと)です.
イ) はなよが しって いるのは 父が かえって くるの(→こと)だ.
理由：ア)イ)の例で「～の」はコトをあらわしている.「～の」は

モノをあらわすときしか述語節になることができないので，述語節にするために「～こと」にかえる必要がある．

ウ）花子が いちばんに みつけたのは，父が かえって くる<u>の</u>(→すがた)だ．

エ）さっき わたしたちが きいたのは ウグイスが なく<u>の</u>(→こえ)だ．

理由：ウ）エ）の例でも「～の」はコトをあらわしているが，「みつける」「きく」という知覚活動をあらわす動詞の対象なので，「～こと」にかえることはできない．したがって，「の」を「すがた」「こえ」という名詞にかえる必要がある．

問題11 たとえをあらわすもの

・へやは 花が さいた ように あかるく なった．
・あの とき わたしは 目から 火が でる ほど いたかった．

例や基準をあらわすもの

・三太は おじさんが した ように 細い 枝を ちいさく おって つみあげ，マッチで 火を つけた．
・みよ子は みんなの さわぐ ほど きれいじゃ ない．
・わたしは あなたの いった とおり あかい ふくを きて ここに きました．
・よこの ほうは 耳が ちょうど かくれる ぐらいに かって ください．
・おまえが もてる だけ つくって やろう．

「ように」と「とおり」

×・へやは 花が さいた とおり あかるく なった．(A)
○・三太は おじさんが した とおり 細い 枝を ちいさく おって つみあげ，マッチで 火を つけた．(B)
○・わたしは あなたが いった ように あかい ふくを きて ここに きました．(C)

「ように」は，たとえをあらわすばあいと，例をあらわすばあいがある．例をあらわすばあい(B, C)は「とおり」にとりかえられるが，たとえをあらわすばあい(A)は「とおり」にとりかえられない．

問題12 相当する程度をあらわすもの

・みよ子は みんなの さわぐ ほど きれいじゃ ない．
・よこの ほうは 耳が ちょうど かくれる ぐらいに かって ください．

・おまえが もてる だけ つくって やろう.

オーバーに程度をあらわして, 比喩的になるもの

・へやは 花が さいた ように あかるく なった.

・あの とき わたしは 目から 火が でる ほど いたかった.

問題 13 ようすをあらわすばあいは, 節の主語は「〜が」「〜の」になるが,「〜は」にはならない. 内容をあらわすばあいは,「〜は」「〜が」になり,「〜の」にはならない.

例：わたしは, 彼(×は, が, の)いった ように, いそいで かくれた.（ようす）

わたしは, 彼(は, が, ×の)くる ように おもう.（内容）

問題 14 「AまでBする」は, Bが持続する運動や状態をあらわす動詞で, 運動や状態がAという時間的な限界までずっとつづくことをあらわすが, 「AまでにBする」は, Bが一回かぎりの運動で, Aという時間的な限界に達するまえに運動が成立することをあらわす.

例：父が かえって くるまで 宿題を していた.

父が かえって くるまでに 宿題を すませた.

問題 15 状態や時間連続のはじまりの時間をあらわすばあい,「〜してから」はつかえるが,「〜したあとで」はつかえない.

例：花子と わかれてから 10年に なる.

×花子と わかれた あとで 10年に なる.

問題 16 ア) から　イ) だから　ウ) なので　エ) なので　オ) だから

ア)とオ)は主節の動詞がさそいかけ形なので, はなし手のかんがえによって2つの節をむすびつけているといえる. イ)は主節の動詞が「〜のだ」のかたちで, はなし手が原因と結果を主観的な判断によってむすびつけているといえる. したがって, ア)イ)オ)は「(だ)から」がはいる傾向がつよい.

ウ)とエ)は, つきそい節と主節でのべられている二つの事実に客観的な因果関係がみとめられる. したがって,「(な)ので」がはいる傾向がつよい.

問題 17 (略)

問題 18 この文は, ふつう, 商店が休業をお客にしらせるためにつかう文である.

商店は, お客が,「たなおろし」をおこなうことと「休業」するこ

とが客観的に関係づけられていると理解することをのぞんでいる．したがって，このような文には「ので」がつかわれることがおおい．「から」をつかうと，「たなおろし」と「休業」を商店の主観的なかんがえによってむすびつけたことになり，「かって」だという印象がつよくでる．

問題 19　「ために」のまえが動作のばあい

　　　かれは 1 ぴきの ちょうを とる ために 8 年の 歳月を ついやした．
　　　→目的

　　　かれは 1 ぴきの ちょうを とった ために 有名に なった．→原因

「ために」のまえが状態のばあい

　　　かれは 1 ぴきの ちょうを とっている ために 有名に なった．
　　　→原因

　　　王さまが いる ために いつも 平和が おびやかされる．→原因
　　　王さまが いた ために いつも 平和が おびやかされた．→原因
　　　王さまが いない ために いつも 平和が おびやかされる．→原因

　「ために」のまえが動作のばあい，「非過去形＋ために」は目的をあらわし，「過去形＋ために」は原因をあらわす．「ために」のまえが状態のばあいは，「〜ために」はいつも原因をあらわす．

問題 20　ア）ようす(例)をあらわす修飾語節

　　　イ）ようす(たとえ)をあらわす修飾語節

　　　ウ）かんがえのなかみをあらわす修飾語節

　　　エ）目的をあらわす状況語節

　　　オ）ようす(たとえ)をあらわす修飾語節

　　　カ）ようす(基準)をあらわす修飾語節

第 22 章

問題 1
- あした 雨が ふったら，えんそくは やめる．（仮定的な条件）
- むこうに ついたら，電話しろ．（予定的な条件）
- もしも おれが おんなだったら，おまえの ような おとこが すきに なっただろう．（反現実の仮定的な条件）
- 目を さまして，あまどを あけると，ゆきが つもって いた．（既定の条件）
- この あたりは おお雨に なると，かならず みずが つく．（一般的

な条件)
- あした 雨が ふっても,えんそくは やめない.(仮定的な条件)
- むこうに ついても,電話するな.(予定的な条件)
- たとい おれが おんなで あっても,おまえの ような おとこは すきに ならなかっただろう.(反現実の仮定的な条件)
- オーバーに ついた どろは,ブラシで こすっても,おちなかった.(既定の条件)
- ここは 台地だから,おお雨が ふっても,みずが つかない.(一般的な条件)

問題 2　(略)

問題 3

項目＼語形	したら	すれば	するなら（したなら）	すると
仮定条件	○	○	○	△（注1）
一般的な条件	○	○	×	○
反現実の仮定条件	○	○	△（注2）	×
過去の個別的な条件	○	×	×	○
予定的な条件	○	×	×	×

注1 「すれば・するなら・したら」と異なり,「すると」は主文の述語に命令形やさそいかけ形をつかうことができないし,「もし」とも共存しにくい.

注2 p.267 の 1.2.2. の説明は「すれば」「したら」のみであり,「過去の反現実の仮定をあらわすときは,『して いれば』『して いたら』のかたちになることがおおい.」とあるが,「するなら」のばあいも「していたなら」のかたちのつぎのような例文がかんがえられる.
- もっと練習していたなら,優勝できたのに.

問題 4　ア) ① 過去の個別的な条件をあらわし,あるとき映画をみたことが,花子がなみだをながしたことのきっかけとなっている.
　　　　② 一般的な条件をあらわし,過去において花子はその映画をみるたびにいつもなみだをながした,ということをあらわしている.

　　　　イ) ① 一般的な条件をあらわし,過去において花子はその映画をみるたびにいつもなみだをながした,ということをあらわしている.

②　反現実の仮定的な条件をあらわし，花子は実際にはその映画をみていないのだが，もしみたら，おそらくなみだをながしたであろうことをあらわしている．

問題5　「しても」「したって」はどちらも過去の一般的な譲歩，過去の個別的な逆条件，過去の反現実の仮定に対する譲歩，および，過去ではない譲歩をあらわすばあいにつかえる．しかし，「しても」は公式の場や公式文書につかえるのに対し，「したって」はつかえないなどのちがいがある．

問題6
・発表は あるし，試験は あるし，いそがしくて 大変だ．
・子どもたちが 公園で ぶらんこに のったり，おいかけっこを したり して あそんでいる．
・留学生は 卒業後 帰国する ひとも いれば，日本に のこって はたらく ひとも いて，みんな ばらばらに なって しまう．
・のどが はれて，せきが でて，病院へ いった．

問題7　（略）

問題8
・太郎が 次郎を なぐったら，次郎が 太郎を なぐりかえしたので，太郎が なきだした．
・太郎が 次郎を なぐったので，次郎が 太郎を なぐりかえし，太郎が なきだした．
・太郎が 次郎を なぐった ために，次郎が 太郎を なぐりかえし，太郎が なきだした．

問題9　（略）

問題10　つぎの3文はふたまた述語文であり，ひとつの主語に対して述語がふたつある．つまり，ふたつのことがらの主体がおなじなので，ふつうは主語をひとつしかおかず，それぞれの述語に主語をおくと以下のように不自然な文になる．（おぎなった主語はイタリック体であらわしてある．）
・おばあさんは うちに かえって，*おばあさんは* おじいさんを まっていました．
・ウサギは 耳が ながくて *ウサギは* 目が あかい．
・おばあさんは うちに かえって，*おばあさんは* おじいさんを まっていました．
　一方，つぎの2文はふたまた述語文ではなく，あわせ文であり，ことがらの主体があきらかなので，主語を省略したものである．よっ

て，主語をおぎなおうとおもえば，おぎなうことができる．(おぎなった主語はイタリック体であらわしてある．)
- 久美子は やっと うちに かえりついた．久美子が 玄関の 戸を あけると，なかから おぼうさんの こえが きこえて きた．
- *田中様が* お電話を くださいましたら，わたくしは いつでも おうかがいします．

問題 11 (略)

第 23 章

問題 1 ア) のまなければ／のまないと
イ) のみなさい／のめ／のみます／のむ など
ウ) のむと／のめば／のんだら
のまないと／のまなければ／のまなかったら

問題 2 ア) 曲用−屈折　イ) 活用−膠着　ウ) 曲用−膠着
エ) 活用−屈折　オ) 曲用−屈折　カ) 活用−膠着

問題 3 ・語尾の典型的なもの：動詞の活用は，語尾のとりかえによる．
・接辞の典型的なもの：名詞の曲用は，接辞のくっつきによる．

問題 4 ア) kai-ta　イ) hoN-ga　ウ) mi-yô　エ) anata-sae
オ) kokoro-kara　カ) noN-demo　キ) tabe-tara　ク) odor-ô

問題 5 単語つくり：すでにある単語や造語要素をつかって，あたらしい単語をつくる．
語形つくり：屈折や膠着などのてつづきで，文法的な語形をつくる．

問題 6 (略)

問題 7 強変化動詞，弱変化動詞とも，その活用にそれぞれ共通性があるが，特殊変化動詞にはその共通性をもたないからである．

問題 8 ・強変化動詞
a. にぎる，かじる，せびる，いる(要る)，いる(煎る)，きる(切る)，しる，ちる，
b. あせる，つねる，しゃべる，ける，てる，ねる(練る)，へる(減る)
・弱変化動詞
a. すぎる，とじる，おちる，のびる，おりる，いる(居る)，いる(射る)，きる(着る)，にる，ひる(干る)，みる，
b. かける，にげる，まぜる，あてる，たべる，つめる，それる，

える，でる，ねる(寝る)，へる(経る)

問題9
- ふつう体としてはつかわない：いたす，もうす，ござる
- 命令形：おっしゃる→おっしゃい，なさる→なさい，くださる→ください
- ていねい体：くださる→くださいます，なさる→なさいます，おっしゃる→おっしゃいます
- 第2なかどめ：いく→いって，とう→とうて，そう→そうて／そって
- 複合語のあと要素になるとき：える→える／うる　(例)ありえる／ありうる
- 「愛する」は特殊変化(サ変)だが、強変化(愛さない、愛す、愛せば、愛そう)の活用もする．
- 「信じる」は弱変化の活用をするが，サ変(信ずる，信ずれば)にも活用する．
- ナ行の強変化動詞は「しぬ」だけである。